Erik H. Erikson

Einsicht und Verantwortung

Die Rolle des Ethischen
in der Psychoanalyse

Fischer
Taschenbuch
Verlag

Fischer Taschenbuch Verlag
August 1971
Ungekürzte Ausgabe

Umschlagentwurf: wdz-studio, Feldafing

Titel der Originalausgabe: ›Insight and Responsibility.
Lectures on the Ethical Implications of Psychoanalytic Insight‹
Erschienen bei W. W. Norton & Company Inc., New York
Aus dem Englischen übersetzt von Marianne von Eckardt-Jaffé

Fischer Taschenbuch Verlag GmbH, Frankfurt am Main
Lizenzausgabe mit freundlicher Genehmigung
des Ernst Klett Verlages, Stuttgart
© Erik H. Erikson, 1964
Gesamtherstellung: Hanseatische Druckanstalt GmbH, Hamburg
Printed in Germany
ISBN 3 436 01413 3

Für Anna Freud

Gott tut mit uns wie wir mit Fackeln tun;
Sie leuchten nicht für sich. Wenn unsre Tugend
Nicht aus uns tritt, dann ist es grad so gut
Als hätten wir sie nicht.
Shakespeare, »Maß für Maß«

Inhalt

	Vorwort	9
I	Der erste Psychoanalytiker	11
II	Das Wesen der klinischen Beweisführung	39
III	Identität und Entwurzelung in unserer Zeit	70
IV	Die menschliche Stärke und der Zyklus der Generationen	95
V	Die psychologische Realität und die historische Aktualität	141
VI	Die Goldene Regel im Licht neuer Einsicht	192
	Nachweise	216
	Namen- und Sachregister	217

Vorwort

Es ist nicht ungewöhnlich, Vorträge zu veröffentlichen, die sich an ein und dieselbe Zuhörerschaft richten. Aber die in diesem Band zusammengefaßten Vorlesungen wurden in drei Kontinenten gehalten. Man könnte vermuten, daß ihre Einheit nur in dem Wunsch des Vortragenden liegt, sich selbst an weit auseinanderliegenden Plätzen zu wiederholen. Aber während jeder Vortrag eine besondere Gelegenheit bezeichnete, erforderten alle bis auf eine von ihnen eine *Ansprache* und alle verliefen in Richtung auf ein gemeinsames Thema zu. Eine Feieransprache zu Freuds hundertstem Geburtstag in Deutschland; ein Vortrag zum Gedenken einer jungen psychiatrischen Ärztin; eine »akademische Vorlesung« in meiner Berufsvereinigung; eine Ansprache in Indien — bei all diesen Gelegenheiten fühlte ich mich aufgerufen, über das Licht zu sprechen, das die klinische Einsicht auf die Verantwortung wirft, die jede menschliche Generation gegenüber allen nachfolgenden hat. Daß die häufigste Reaktion unter solch einer Vielfalt von Zuhörern in der Bemerkung bestand »Ich freue mich darauf, das einmal lesen zu können«, braucht nicht unbedingt auf einen widerspruchslosen Erfolg des gesprochenen Wortes hinzudeuten, aber es war doch ein weiterer Grund dazu, die Vorträge im Druck vorzulegen.

Bei der Überarbeitung habe ich versucht, die gemeinsamen Themen deutlicher miteinander in Zusammenhang zu setzen. Einige der Vorträge wurden auch beträchtlich erweitert, zwei auf das Doppelte ihres Umfangs. Die Fragen, die eine kritische Zuhörerschaft stellte, sind ja oft in den Notizen des Vortragenden schon beantwortet — das heißt, gerade in den Teilen, die er als relativ entbehrlich fortgelassen hatte. Ich habe diese Teile hier wieder aufgenommen. Bei Gelegenheit habe ich aber die Möglichkeit einfach begrüßt, das ausführlicher zu sagen, was ich gerne vorgetragen, hätte ich nicht unter Zeitdruck gestanden.

Die Gesprächsebene in diesen Vorlesungen heißt Einsicht. Das ist eine Form der Wahrnehmung, die schwer zu definieren und schwerer zu verteidigen ist, denn sie enthält jene vorbewußten Annahmen, die dem empirischen Wissen und der formulierten Theorie sowohl vorangehen wie nachfolgen, und sie enthält auch aufgeklärte Vernunft und wissendes und unterrichtetes Partisanentum. Ohne all das kann der Arzt weder heilen noch lehren, während er seinen Einsichten oft nur im Akt der Deutung, im Erteilen von Rat oder tatsächlich, während er Vorlesung hält, von Angesicht zu Angesicht begegnet. Dann kann er aber unter Umständen Konzeptionen formulieren, die wiederum durch systematische Beobachtung verifiziert werden müssen. So erneuert sich die Verantwortung immer wieder selbst.

Besteht die erste Aufgabe des schreibenden Klinikers darin, Ausdruck für derartige Einsichten zu finden, und die zweite im Aufbau von Theorien, dann geht dieses Buch seinem Wesen nach bis an die Grenze der ersten Aufgabe, während es sich nur zu bald herausstellen wird, daß es die zweite nicht voll erfüllt.

Die geographische wie die thematische Reichweite der Vorträge machte es unmöglich, all denen einzeln zu danken, die bei ihrer Planung und Durchführung mithalfen, obgleich ich an jede der Gelegenheiten als an ein seltenes Erlebnis von Anruf und Freundschaft denke. Die betreuenden Organisationen werden am Anfang jedes Vortrags genannt. Alle Vorträge bis auf den letzten wurden geplant, während ich dem Stab des Austen Riggs Center in Stockbrigde angehörte und als mein Freund und Kritiker David Rapaport noch lebte. Während dieser ganzen Periode wurde ich teilweise oder ganz durch Stipendien der Ford-Foundation und der Shelter Rock Foundation für das Austen Riggs Center unterstützt. Die Vorträge wurden während meiner Gastprofessur im Center for Advanced Studies in the Behavioral Sciences im Frühling 1963 gesammelt und überarbeitet.

Joan Erikson hat das Buch revidiert und war in allem Gefährtin seiner Einsichten.

Hinweise beschränken sich zum größten Teil auf die Kenntlichmachung von Zitaten. Damit bleiben manche Schulden der Würdigung und der Widerlegung unbeglichen.

Cotuit, Massachusetts   *Erik Homburger Erikson*

I   Der erste Psychoanalytiker

Der hundertste Geburtstag Sigmund Freuds bot Gelegenheit,
einer neuen Generation deutscher Studenten ein Ereignis der
europäischen Geistesgeschichte nahezubringen, das durch die
nationalsozialistische Lehre beinahe dem Untergang anheim-
gefallen wäre: die Entdeckung der Psychoanalyse. Die folgende
Ansprache wurde bei Gelegenheit eines Festaktes gehalten, den
die Universitäten Frankfurt und Heidelberg gemeinsam in den
Räumen der Universität Frankfurt am 6. Mai 1956 veranstalteten.

1

Es ist eine feierliche und doch auch immer zutiefst wider-
spruchsvolle Aufgabe, wenn wir einen Jahrestag dazu wählen,
eines Mannes ehrend zu gedenken, der in langen, einsamen
Jahren ein einzigartiges Erlebnis durchkämpfte und der
Menschheit eine neue Art des Wissens eroberte. Für einige
unter uns ist das von Sigmund Freud geschaffene Gebiet zum
faszinierenden Beruf geworden, für andere zur unausweich-
lichen intellektuellen Herausforderung, für alle aber zum Versprechen (oder zur Drohung) eines veränderten Bildes vom
Menschen. Aber jedes Gefühl von Besitzerstolz gegenüber dem
Manne, den wir dieses Jahr ehren, sollte durch die Einsicht
gedämpft sein, daß wir wenig Recht zu der Annahme haben,
wir hätten seine Herausforderung mutiger aufgegriffen als
seine Zeitgenossen in jenen Tagen, als seine Einsichten völlig
neu waren. Es scheint mir angebracht, seinen hundertsten
Geburtstag dazu zu verwenden, einige der Dimensionen seiner einsamen Einsichten zu überblicken.
Für einen »Freudianer« ist es nicht einfach (außer er machte
es sich allzu einfach), von dem Manne zu sprechen, der
Freud *war*, von einem Manne, der vor unseren Augen zum
Mythos wurde. Ich habe Freud gekannt, als er ein sehr alter
Mann war, und ich war damals jung. Als Hauslehrer in einer
ihm befreundeten Familie beschäftigt, hatte ich Gelegenheit,
ihn bei alltäglichen Vorkommnissen zu sehen, mit Kindern
und mit Hunden oder bei Ausflügen im Gebirge. Ich weiß
nicht, ob mir Freud unter einer Menge Menschen aufgefallen
wäre. Die Züge, die ihn bemerkenswert machten, waren keine
auffälligen: die feingewölbte Stirn, die dunklen, unergründ-
lichen Augen und bestimmte kurze, trotzige Gebärden — das

alles war zum Bestandteil jener innersten Substanz geworden, die das Alter eines guten Kämpfers krönt.

Ich war damals Künstler, was auch einen europäischen Euphemismus für einen jungen Mann bedeuten kann, der Talent hat, aber nicht weiß, wohin damit. Was mich damals wohl am meisten beeindruckte, war die Tatsache, daß dieser Seelendoktor, dieser Kenner verwirrter Lebensläufe, sich in seinem Arbeitszimmer mit einer kleinen Schar von Statuetten umgeben hatte, mit zu höchster Konzentration gebrachten Spielarten menschlicher Gestalt, wie sie die namenlosen Künstler des archaischen Mittelmeerraumes geschaffen hatten. Gewiß, von Freuds eigenstem Gebiet, von Konflikten, Klagen und Bekenntnissen, war keine Spur in dieser Kunst enthalten. Diese Achtung vor der reinen Form, so überraschend bei einem Mann, der die dämonische Innenwelt der Menschheit aufgedeckt hatte, zeigte sich auch in seiner Liebe zu stolzen Hunden und fröhlich-klugen Kindern. Undeutlich empfand ich, daß ich hier auf einen Menschen von seltenen Ausmaßen und von seltenen inneren Spannungen gestoßen war.

Als ich dann selbst Psychoanalytiker wurde, verwandelte sich für mich der gleiche alte Mann — der sich vom Schauplatz der analytischen Schulung und der Zusammenkünfte zurückgezogen hatte — in das, was er nun der ganzen Welt bedeutete: in den Verfasser großartiger Prosa, in den Autor der »Gesammelten Werke«, die das Maß der Leistung eines Menschenlebens zu sprengen scheinen: zu einem Meister, so vielfältig in seiner grandiosen Einseitigkeit, daß es dem Schüler nur gelang, jeweils eine einzige Periode seines Werkes zur gleichen Zeit zu begreifen. Sonderbar genug, wir Schüler wußten damals fast nichts von seinen Anfängen, nichts von jener geheimnisvollen Selbstanalyse, auf die seine Schriften anspielen. Wir kannten Menschen, die Freud in die Psychoanalyse eingeführt hatte, aber die Analyse selbst war allem Anschein nach seinem Haupt entsprungen, wie Athena dem Haupte des Zeus.

Der frühe Freud ist uns erst vor ganz wenigen Jahren durch die zufällige Auffindung intimer Briefe bekannt geworden, die vor der Jahrhundertwende geschrieben sind. Sie haben es uns ermöglicht, Freud als Anfänger zu vergegenwärtigen, als den ersten und für ein Jahrzehnt den einzigen Psychoanalytiker. Wenn wir ihn hier als solchen ehren, so bedeutet das, im Fluß der Zeit eine unzerstörbare Bindung zu bezeichnen und doch auch Abschied zu nehmen von dem, was heute schon Geschichte geworden ist.

Lassen Sie uns zur Orientierung und zum Vergleich von den Bedingungen sprechen, unter denen eine andere Entdeckung des 19. Jahrhunderts gemacht wurde, und von einem Manne, der gleichfalls einsam und verleumdet war und doch schließlich als einer der Forscher anerkannt wurde, die das Bild des Menschen verändern. Ich spreche von Charles Darwin. Darwin traf auf einer Reise, die keineswegs Teil einer beabsichtigten wissenschaftlichen Laufbahn war, auf sein entwicklungsgeschichtliches Laboratorium, die Galapagos-Inseln. Tatsächlich hatte er bei seinem Studium der Medizin versagt, offensichtlich nicht aus Mangel an Begabung, sondern großenteils auf Grund eines wählerischen Intellekts, der ihm untersagte, sich passiv Wissen anzueignen. Es handelt sich um die gleiche Art sich selbst beschützenden, wählerischen Intellekts, für die der alte Bernhard Shaw sich rückblickend freundlich auf die Schulter klopfte, als er meinte: »Mein Gedächtnis ist wählerisch; es verwirft und sucht aus; und seine Auswahl ist nicht akademisch . . . dazu beglückwünsche ich mich.«

Nachdem sich Darwin aber erst einmal auf der *Beagle* eingeschifft hatte und auf dem Weg zu seinem »Laboratorium« war, entwickelte er jene eigensinnige, wie auf vorbewußte Ideen fußende Beharrlichkeit, die eine der Vorbereitungen ist, um aus einem originellen Kopf einen schöpferischen Geist werden zu lassen. Jetzt entfaltete er seine überragende Gabe zur Gänze »Dinge zu bemerken, die der Aufmerksamkeit leicht entgehen, und sie sorgfältig zu beobachten«. Seine körperliche Ausdauer war unerschöpflich. Sein Geist erwies sich dem Laboratorium gewachsen, das auf ihn gewartet zu haben schien. Umfassende Vorstellungsbilder, die in ihm herangereift waren, standen ihm jetzt voll zur Verfügung: bestehende statische Klassifikationen durchbrechend, die einen parallelen, linearen Ursprung aller Arten aus einem gemeinschaftlichen Schöpfungsquell annahmen, sah er überall Übergänge, Umwandlungen, Variationen, Zeichen eines dynamischen Kampfs um Anpassung. Das Gesetz von der natürlichen Auslese begann »ihn zu verfolgen«, und er begriff, daß auch der Mensch dem gleichen Gesetz unterliegen müsse.

»Ich sehe keine Möglichkeit«, schrieb er, »irgendwo einen Strich zu ziehen und zu sagen, hier mußt du halt machen.«

Im Alter von siebenundzwanzig Jahren kehrte Darwin mit seinen Fakten und mit seiner Theorie nach Hause zurück und unternahm keine Reisen mehr. Der wissenschaftlichen Welt lieferte er ein paar Arbeiten vorwiegend geologischen Inhalts und zog sich dann aufs Land zurück, um zwanzig Jahre lang an seinem »Ursprung der Arten« zu arbeiten: es war eine lange und einsame Entdeckung, die er daraus *machte.* Schlaflosigkeit, Übelkeit und Fieberschauer machten ihn jetzt körperlich hilflos. Sein Vater, der gleichzeitig sein Arzt war, konnte sein Leiden zwar nicht diagnostizieren, erklärte seinen Sohn aber für zu zart für eine Karriere in der Welt draußen. Der Sohn wurde zum lebenslänglichen Invaliden. War seine Überempfindlichkeit wirklich, wie manche Ärzte meinten, ein Anzeichen erblicher Degeneration, dann gab es niemals einen Degenerierten, der in der wissenschaftlichen Ausbeutung seiner Schwäche von einem weiseren Genius der inneren Ökonomie geleitet wurde. »Ich konnte Tatsachen, die sich auf den Ursprung der Arten beziehen, sammeln, wenn ich so krank war, daß ich sonst nichts tun konnte.« Nicht, als ob Darwin sich nicht bewußt gewesen wäre, was diese Einengung seines Lebensraumes für ihn bedeutete. Als am Ende selbst Shakespeare »so unerträglich trübsinnig« schien, daß ihm bei der Lektüre übel wurde, beklagte er den »merkwürdigen und beklagenswerten Verlust des höheren ästhetischen Geschmacks« und sprach von einer »Schwächung des gemüthaften Anteils unserer Natur«.

Ich will hier nicht über die Psychodynamik einer Neurose bei einem Menschen wie Darwin spekulieren. Ich weiß aber, daß ein besonderes Unbehagen den Menschen befallen kann, der zuviel gesehen hat, der, unschuldig wie ein Kind, das mit Bauklötzen spielt, neue Tatsachen feststellt und nun beginnt, den Ort dieser Tatsachen im moralischen Weltgefühl seiner Zeit zu ahnen. »Wir Physiker haben die Sünde gekannt«, sagt Oppenheimer. Aber es ist nicht einmal nötig, wissenschaftliche Daten zur materiellen Zerstörung der Menschheit zu verwenden, um dem Wissenschaftler das Gefühl der Sünde zu vermitteln, oder um ihn zu zwingen, sich wie ein Sünder zu verhalten. Es genügt schon, beharrlich und mit der Naivität des Genies an der Auflösung eines der Vorurteile gearbeitet zu haben, auf dem die Sicherheit und die Vertrautheit des herrschenden Menschheitsbildes beruhte. Nur hat der schöpferische Mensch keine Wahl. Fast zufällig kann er auf seine Aufgabe stoßen, die alles andere für ihn bedeutungslos macht. Aber ist er erst einmal seinem Problem begegnet, dann erweist sich seine Aufgabe gleichzeitig aufs innigste verquickt mit seinen persönlichen Konflikten, mit seiner überlegenen selektiven Wahrnehmung und mit dem Eigensinn seines in einer Richtung festgelegten Willens. Er muß es mit der Krankheit, dem Mißerfolg, dem Wahnsinn aufnehmen, um die Alternative zu erproben, ob die bestehende Welt ihn zerschmettern wird, oder ob es ihm gelingt, einen Teil der

morschen Fundamente dieser Welt fortzuräumen, um Platz
für neue zu schaffen.

Darwin befaßte sich nur mit der biologischen Herkunft des
Menschen. Seine Leistung und seine »Sünde« bestand in einer
Theorie, die den Menschen zum Teil der natürlichen Evolution machte. Einer seiner neueren Biographen, der Darwins
Stil der Naturforschung mit dem seiner Menschheitsforschung
vergleicht, meint halb scherzhaft, »auf alle Fälle dürfte kein
Mann, der unter einem schwachen Magen und Schlaflosigkeit
leidet, sich herausnehmen, seine eigenen Artgenossen zu erforschen«.

Wenn wir uns jetzt Freud, dem psychologischen Forscher
und Entdecker zuwenden, so hoffe ich, den Leser zu der Frage
hinzuleiten, ob überhaupt irgend jemand, der *nicht* wenigstens
zeitweise unter psychosomatischen Symptomen leidet, der
nicht zeitweilig krank an seiner eigenen Art ist, je seine
eigene Spezies untersuchen könnte oder wollte — vorausgesetzt, er verfügt über die Neigung, den Mut und die geistigen
Fähigkeiten, seiner eigenen Neurose mit schöpferischer Ausdauer gegenüberzutreten. Ich möchte behaupten, daß ein
Mensch nur dann beginnen kann, die innere Welt des Menschen zu erforschen, wenn er seine eigene Neurose zu dem
Engel des Herrn erhebt, mit dem er zu kämpfen hat und den
er nicht lassen wird, bis er ihn auch segnet.

3

Worin bestand nun Freuds Galapagos, welche »Spezies« brei-
teten ihre Schwingen und flatterten vor seinen suchenden
Augen? Wie oft spöttisch bemerkt wurde, waren sein schöpferisches Laboratorium das Sprechzimmer des Neuropathologen
und die dominante Spezies hysterische Damen — »Fräulein
Anna O.«, »Frau Emmi v. N.«, »Katarina« (kein Fräulein,
denn sie war ein Bauernmädchen).

Freud war dreißig Jahre alt, als er im Jahre 1886 der Privat-
arzt derartiger Patienten wurde. Er hatte ursprünglich nicht
die Absicht gehabt, zu praktizieren; er hatte sein Doktor-
examen sogar mit Verspätung bestanden: auch sein Geist war
»wählerisch« gewesen. Mit siebzehn Jahren, als er einmal
Goethes »Fragment über die Natur« hörte, hatte er die Medizin anstelle von Jura und Politik zum Beruf erwählt; es war
die Entschleierung der Natur, nicht die Heilung von Kranken,
welche sein erstes Bild vom Arzt bestimmte. Dann kam *sein*
berufliches Moratorium. Wie in einer asketischen Reaktion
auf seine romantische Hinneigung, widmete er sein Leben

dem physiologischen Laboratorium und dem mönchischen Dienst an der physikalischen Physiologie. Was Darwin die Geologie gewesen war, war Freud die Physiologie: eine methodische Schulung. Die Ideologie der physikalischen physiologischen Methode der Zeit fand ihren Ausdruck in einem Gelöbnis, auf das sich zwei ihrer hervorragendsten Lehrer geeinigt hatten, Du Bois-Reymond und Brücke: »Die Folgen dieser Wahrheit in Kraft zu setzen: innerhalb des Organismus sind keine anderen Kräfte wirksam, als die physikalisch-chemischen ... Entweder muß man die spezifische Art und Form ihrer Wirksamkeit mittels der physikalisch-mathematischen Methode finden, oder man muß neue Kräfte voraussetzen, die den der Materie innewohnenden chemisch-physikalischen Kräften an Würdigkeit gleich sind.«[1] *Neue, an Würdigkeit gleichzusetzende Kräfte* — immer wieder werden wir auf diese Wendung zurückkommen.

Als Freud das akademische Kloster mit der ärztlichen Pfarrstelle vertauschte, hatte er einen Arbeitsstil voll entwickelt, der für ein eindrucksvoll produktives Leben ausgereicht hätte. Er hatte zahlreiche Aufsätze über physiologische und neurologische Probleme veröffentlicht und hatte zwei größere Arbeiten in Vorbereitung. Er verzichtete also auf eine wissenschaftliche Zukunft, als er sich als praktizierender Neurologe niederließ. Aber er hatte das Mädchen geheiratet, das auf ihn gewartet hatte, und er wollte Familie haben, sogar eine große Familie; er hatte das Recht erworben, auf sich selbst zu vertrauen.

Aber eine in den Gedankenkonstruktionen eines Mannes vorweggenommene Zukunft bedeutet mehr als einfach noch nicht gelebte Zeit. Das Labor aufzugeben, hieß für Freud gleichzeitig einer Arbeitsdisziplin und einer Arbeitsideologie zu entsagen, die ihm im tiefsten zusagten. Der Arbeit des Facharztes auf dem täglichen Markt der Krankheiten fehlte das, was Freud sehnsüchtig einen »inneren Tyrannen« nannte, das heißt das große Prinzip. Glücklicherweise hatte er einen älteren Praktiker, Dr. Joseph Breuer, kennengelernt, der ihm bewies, daß selbst in einer neurologischen Praxis ein experimentelles Laboratorium verborgen sein kann.

Freuds neues Forschungsmaterial bestand also in Patienten, vor allem in Frauen. Sie boten ihm Symptome, in denen nur ein ungewöhnlich ernsthafter und tiefschürfender Beobachter das Wirkungsfeld »würdiger Kräfte« entdecken konnte. Die Damen litten an neuralgischen Schmerzen und Anästhesien, an Teillähmungen und Krämpfen, an Übelkeit und Über-

---

[1] E. Jones, Das Leben und Werk von Sigmund Freud, Hans Huber, Bern und Stuttgart 1960.

empfindlichkeit, an Verlust der Sehkraft und an visuellen Halluzinationen, an Gedächtnisschwund und an qualvollen Überflutungen durch Erinnerungen. In der landläufigen Meinung galten diese Damen oft als verwöhnte und eingebildete Kranke — »nach Aufmerksamkeit gierend«, würde mancher von uns noch heute sagen. Die herrschende neuropathologische Meinung jener Tage aber faßte ein Teil ihrer Störungen als Folge erblicher degenerativer Hirnveränderungen auf. Auch Freud hatte gelernt, derartige Patienten mit Massage und Elektrisierung der betroffenen Körperregionen zu behandeln und ihren Willen durch Hypnose und Suggestion zu beeinflussen. Er gab z. B. dem Patienten in Hypnose den Befehl, in Zukunft laut zu lachen, wenn er einen bestimmten Gedanken auftauchen fühlte oder einem Menschen oder einer Örtlichkeit begegnete, bei deren Anblick er bisher von einer Lähmung befallen worden war. Der wieder aufgewachte Patient lachte zwar befehlsgemäß laut, aber in der Mehrzahl der Fälle verfiel er doch wieder seinen Zuständen, nur jetzt in Verbindung mit irgendeinem anderen auslösenden Moment.

Aber wie Darwin konnte Freud nicht an eine einfache lineare Herkunft glauben — in diesem Fall an die Herkunft isolierter Symptome aus Hirnschädigungen. Auch in einer Anhäufung von Symptomen suchte er nach einem gemeinsamen Nenner, nach einem Prinzip, nach dem Kampf um ein Gleichgewicht, nach dem Zusammenprall widerstreitender Kräfte. Und er war überzeugt, daß Phänomene, die die Beachtung und Beobachtung herausfordern, eine verborgene Geschichte besitzen müssen. Während er seinen in Hypnose versetzten Patienten zuhörte, wurde ihm deutlich, daß sie ihm dringlich und verzweifelt Serien von Erinnerungen anboten, die, wenn sie auch fragmentarisch erschienen, doch wie Variationen auf der Suche nach einem bestimmten Thema wirkten — nach einem Thema, das sich häufig in einem historischen Modellvorgang finden ließ.

Hier war kein Detail zu trivial für seine Erforschung. Eine Patientin leidet unter der andauernden Vorstellung, verbrannte Eierkuchen zu riechen. Nun gut, so soll also dieser Geruch Gegenstand einer erschöpfenden Analyse sein. Während die Geruchsvorstellung auf eine bestimmte Szene zurückgeführt wird und diese Szene lebendig in der Erinnerung auftaucht, verschwindet die erste Geruchssensation — um durch das Gefühl, Zigarrenrauch zu riechen, ersetzt zu werden. Der Zigarrenrauch läßt sich auf eine andere Szene zurückführen, bei der ein Mann in autoritativer Stellung eine Rolle spielte und belastende Dinge in einem Zusammenhang vorgebracht wurden, der die Patientin zwang, ihre Gefühle zu beherrschen.

Es paßt zu unserer Vorstellung jener viktorianischen Epoche — in der Kinder unter allen und Frauen unter den meisten Umständen sichtbar, aber nicht hörbar zu sein hatten —, daß sich die Mehrzahl der Symptome auf Ereignisse zurückführen ließen, wo leidenschaftlich erregte Gefühle (von Liebe, sexueller Erregung, Wut oder Angst) in Konflikt mit strengen Anstandsregeln und Erziehungsgrundsätzen geraten waren. So waren die Symptome also verspätete, unwillentliche Mitteilungen. Den gesamten Körper als Ausdrucksmittel benutzend, sagten sie das aus, was die gewöhnliche Sprache gewöhnlichen Leuten unumwunden zu äußern erlaubt: »Der macht mich krank«, »da wird einem übel«, »sie erdolcht einen mit ihren Augen«, »diese Beleidigung kann ich nicht schlucken«, »den kann ich nicht riechen«. Der Neurologe Freud war nun »wie besessen« von der Überzeugung, daß jedes neurotische Symptom, wenn man es entlang einer Reihe zusammenstimmender Erlebnisse (nicht entlang den neurologischen Wegen der Nervenfasern) verfolgte, zu der Wiederbelebung früherer und immer früherer Konflikte im Gedächtnis führen, und dabei die vollständige Geschichte seines Ursprungs liefern müßte.

Bei der Weiterführung dieser Rekonstruktion der Vergangenheit seiner Patienten stieg Freud die Ahnung einer gefährlichen Einsicht auf: die Konflikte, wie seine Patienten sie enthüllten, waren ja im Prinzip allen Menschen gemeinsam. Auch hier würde es tatsächlich schwer sein, »einen Strich zu ziehen und zu sagen, hier mußt du haltmachen«. Er entdeckte mehr und mehr, daß der Mensch grundsätzlich nicht viel von dem erinnert oder begreift, was in seiner Kindheit am bedeutsamsten war, und mehr noch, daß er es gar nicht erinnern und begreifen will. Hier schien eine geheimnisvolle *individuelle Frühgeschichte* aufzutauchen, so wichtig für die Psychologie, wie Darwins biologische Frühgeschichte für die Biologie.

Aber Darwin stand die gesamte Tradition einer altanerkannten Wissenschaft zu Gebote, während Freud sich für seine psychologischen Funde zuerst nur der physiologischen Methoden, seiner eigenen Spekulationen und der Aussprüche von Dichtern und Philosophen bedienen konnte. Die letzteren schienen auf ihre Weise alles schon gewußt zu haben. Es scheint zum Wesen des schöpferischen Anfangs zu gehören, daß der Entdecker sein Arbeitsgebiet wechseln und dabei die Arbeitsweise beibehalten kann, die ein Bestandteil seiner ersten wissenschaftlichen Identität geworden ist. Freud hatte

das Wesen der Hirnläsion erforscht, indem er Querschnitte
der Hirne junger Tiere und Föti benutzte. Nun erforschte er
Erinnerungen als repräsentative Querschnitte des emotionalen Zustands eines Patienten. In aufeinanderfolgenden Er-
innerungseinfällen verfolgte er Tendenzen, die wie schmale
Pfade zu der traumatischen Vergangenheit hinführten; hier
lagen einschneidende Erlebnisse, die wie Läsionen das normale Wachstum gestört hatten. So trat an Stelle der Suche
nach Nervenläsionen in der frühen Entwicklung des Organismus die Suche nach den traumatischen Erfahrungen in der
vergessenen Frühgeschichte des Individuums, seiner frühen
Kindheit.
Die Psychologie ist natürlicherweise das bevorzugte Feld für
die Übertragung von gedanklichen Konstruktionen aus anderen Gebieten. Es liegt in der Natur der Dinge, oder, richtiger
gesagt, in der Art, wie der Mensch die Dinge logisch angeht,
daß Analogien — bis zu einem gewissen Punkt — echte Über-
einstimmungen enthüllen. Die Geschichte der Psychologie
zeigt aber auch, mit wieviel Beharrlichkeit der Mensch die
Beobachtungsmethoden, die er an der restlichen Natur erprobt
hat, auf sich selbst nur nachlässig und mit Verspätung anwendet. Daß der Mensch als Beobachter von der beobachteten Welt in ganz wesentlicher Weise abgesondert steht, ist
klar. Aber nur eine jeweils formulierte Definition dieser Be-
sonderheit im Lichte neuer Denkformen kann ihn davor bewahren, auf einer eitlen anstatt einer weisen Sonderstellung
zu beharren. Vor Kopernikus hatten menschliche Eitelkeit so
gut wie das beschränkte Wissen der Zeit darauf bestanden,
daß die Erde genau im Mittelpunkt des göttlichen Universums
liegen müsse. Nun, wir wissen heute, wo wir hingehören.
Vor Darwins Auftreten konnte der Mensch Anspruch auf einen anderen Ursprung als den der übrigen tierischen Welt
erheben, mit der er ein schmales Randgebiet der Erdkruste
und der Atmosphäre teilt. Vor Freud war der Mensch (das
heißt der Mensch männlichen Geschlechts und den oberen
Klassen angehörend) überzeugt davon, sich alles dessen voll
bewußt zu sein, was ihn ausmachte und was in ihm geschah,
und er zweifelte nicht an seinen göttlichen Wertmaßstäben.
Die Kindheit galt als bloßer Übungsplatz unter der Obhut
jener Zwischenrasse, der Frauen.
In einer solchen Welt wurde die weibliche Hysterie von
Männern und männlichen Ärzten ohne weiteres als ein Symptom der natürlichen Minderwertigkeit des Weibes und seiner Neigung zur Degeneration angesehen. Als Freud der
Wiener Gesellschaft der Ärzte einen Fall von männlicher Hysterie vortrug, überzeugte ihn die Reaktion seiner Kollegen

19

davon, daß ihm Jahre der Isolierung bevorstanden. Und er akzeptierte diese Isolierung ohne Zögern; er besuchte die Ärztegesellschaft niemals wieder. Es stellte sich aber heraus, daß diese Reaktion nur ein geringfügiger Aspekt innerhalb einer denkwürdigen Krise war, die einer neuen Wissenschaft fast das Leben gekostet hätte — keineswegs nur wegen der beruflichen Isolierung, sondern auf Grund einer Störung im Beobachtungsinstrument selbst, im Seelenleben des Beobachters. Freuds frühe Schriften und Briefe ermöglichen es uns, eine dreifache Krise zu beobachten: eine Krise in der therapeutischen Technik; eine Krise in der begrifflichen Fassung der klinischen Erfahrung und eine persönliche Krise. Ich will zu zeigen versuchen, in welcher Weise alle drei Krisen ihrem Wesen nach eine einzige darstellten und daß sie die unerläßlichen Dimensionen der psychologischen Entdeckung waren.

4

»Zuerst einmal zu Freuds Veränderungen der Technik: Die Lehrbücher sprechen von der Ersetzung der kathartischen und suggestiven Methoden durch das psychoanalytische Verfahren. In Freuds »Studien über Hysterie«[2] läßt sich aber eine tiefwirkende Veränderung in der Arzt-Patient-Beziehung deutlich verfolgen. Freud bezeichnet einige seiner Patienten als hochtalentiert und von hervorragendem Charakter, statt daß er sie als Degenerierte abtut. Er begann, sich von der Reihenfolge und von der Art ihrer Äußerungen leiten zu lassen. Mit lächelnder Überraschung gab er zu, daß eine hypnotisierte Patientin im Recht war, als sie ihm vorschlug, sie nicht mehr mit seinen autoritativen Suggestionen zu unterbrechen. Und sie untermauerte diesen Vorschlag, indem sie Erinnerungen ans Tageslicht förderte, die er nicht vermutet hatte. Er entdeckte, daß die Patienten in Hypnose über ein tieferes Verständnis und über eine Freiheit in ihren Affekten verfügten, wie ihnen das normalerweise nicht möglich war. Das war etwas, was er ihnen nicht durch Suggestion nahegelegt hatte: dies war ihr eigenes Urteil und waren ihre eigenen Affekte, und wenn sie in Hypnose darüber verfügen konnten, dann mußte es Teil ihrer selbst sein. Vielleicht — wenn er sie wie ganze Menschen behandelte — würden sie lernen, jene Ganzheit zu verwirklichen, die ihnen zu eigen war. Er bot ihnen jetzt eine bewußte und direkte Partnerschaft an: er machte den gesunden, wenn auch unterdrückten

2 S. Freud, Bruchstück einer Hysterie-Analyse (1905), Ges. Werke V, 161–286, Imago Publishing Co. LTD, London 1942.

Teil des Patienten zum Partner und Mitarbeiter bei dem Unternehmen, den kranken Teil zu verstehen. So wurde ein Grundprinzip der Psychoanalyse aufgerichtet, das besagt, *daß man das menschliche Seelenleben nur untersuchen kann, wenn man die voll motivierte Mitarbeit des beobachteten Individuums gewinnt und in eine aufrichtige Beziehung zu ihm tritt.*

Aber ein Vertrag hat zumindest zwei Partner. Das verwandelte Bild vom Patienten wandelt das Bild des Arztes von sich selbst. Freud begriff, daß er und die Ärzte um ihn herum sich durch Gewohnheit und Konvention auf eine autokratische Verhaltensform festgelegt hatten, die sie mit nicht viel mehr Überlegung oder Berechtigung ausübten, wie jene autoritätsgewaltigen Elternfiguren, denen er jetzt die Schuld an der Erkrankung der Patienten zuschrieb. Er begann das zweite Prinzip der Psychoanalyse in Umrissen zu erkennen, daß man nämlich *in anderen nichts erkennen kann, was man nicht in sich selbst zu erkennen gelernt hat.*

Die intellektuelle Aufgabe, die hier erwuchs, nämlich die psychoanalytische Einsicht und ihre Mitteilung an andere, erwies sich als eine massive Arbeit. Es ist heute kaum mehr möglich, die psychosoziale Leistung, die sie forderte, zu ermessen. Freud mußte auf eines der wichtigsten Attribute der Arztrolle seiner Zeit verzichten, auf die Rolle des stets allwissenden Vaters, die fest in dem gesamten zeitgenössischen Kult des Mannes und Vaters als des Herren aller menschlichen Bestrebungen, mit Ausnahme von Küche und Kinderstube, verankert war. Man darf das nicht mißverstehen, als wäre Freud über Nacht zu einem anderen Menschen geworden. Viele Beobachter werden bei ihm alles andere als einen Verzicht auf die Vaterrolle sehen. Wir sprechen hier aber nicht von Meinungen und Rollen im modernen Sinn, von Persönlichkeiten, die dem Wechsel unterworfen sind wie der Stil der Autokarosserien, der wenig logische Beziehungen zum inneren Motor und Antrieb mehr aufweist, noch auch zur Verkehrsgesetzgebung. Echte Rollen sind Sache einer bestimmten ideologisch-ästhetischen Einheit, nicht aber die Sache von Ansichten und äußerlicher Erscheinung. Die echte Veränderung bedeutet einen Konflikt, der die Sache wirklich wert ist, denn sie führt durch die schmerzhafte Bewußtwerdung unserer Lage zur Entwicklung eines neuen Gewissens in dieser Lage. Wie der Richter Oliver W. Holm einmal sagte: »Der erste Schritt zu einem besseren Glauben ist die Einsicht, daß *ich* auf alle Fälle *nicht* Gott bin.«

Außerdem liegen die in Arbeitstechniken verankerten Rollen schon vorbereitet in den Mäanderlinien der menschlichen

Lebensabläufe bereit. Wer unter einem strengen Vater gelitten hat und sich mit ihm identifizierte, muß entweder selbst ein strenger Vater werden oder eine völlig andere Qualität der moralischen Stärke finden, einen neuen, ebenbürtigen Maßstab der Kraft. Die religiöse Krise des jungen Martin Luther liefert ein überragendes Beispiel der Höhen und Tiefen dieses Problems.

Wie wir sahen, hatte Freud in einer Arbeitsideologie, die er mit verehrten Geistern teilte, nach einem neuen »inneren Tyrannen« gesucht. Jetzt hatte er auf ihn verzichtet. Jetzt legte er auch die dominierende lizenzierte Vorzugsrolle des praktizierenden Nervenarztes ab. Das also ist der erste Aspekt der Krise Freuds: er mußte eine neue therapeutische Rolle erschaffen, für die in der Tradition seines Berufes kein Platz vorhanden war. Er mußte sie erschaffen — oder unterliegen.

5

Das zweite Problem, das Freud in jenen Jahren in die Isolierung trieb, war die Richtung, die seine Suche nach der »Energie von gleicher Würdigkeit« nahm, die vielleicht die Quantität und die Kraft des Seelischen überhaupt war, die Suche nach dem seelischen Mechanismus, der eine derartige Kraft normalerweise konstant erhielt, und nach den inneren Bedingungen, die ihre zerstörerische Macht freisetzten. Wie wir schon hörten, wurde diese Kraft zuerst als »Affekt« aufgefaßt und die Störung in der Maschinerie als eine »Stauung« der Affekte. Eine ausführliche Abhandlung, die kürzlich zusammen mit Briefen Freuds aufgefunden wurde, enthüllt das ganze Ausmaß seines Konfliktes zwischen dem schöpferischen Drang, in psychologischen Termini das darzustellen, was vor ihm nur die Literatur zu sagen gewußt hatte, und seinem verzweifelten Gehorsam gegenüber der Physiologie. Die Abhandlung nannte er einmal eine *Psychologie für den Neurologen*[3]. Sie wurde 1895 geschrieben, an seinen Freund Fliess abgeschickt und vergessen. Freud leitete sie folgendermaßen ein: »Es ist die Absicht dieses Entwurfs, eine naturwissenschaftliche Psychologie zu liefern, das heißt psychische Vorgänge darzustellen als quantitativ bestimmte Zustände aufzeigbarer materieller Teile, und sie damit anschaulich und widerspruchsfrei zu machen.« Freud fährt dann fort, ein Modell für die Organisation dieser »materiellen Teilchen« zu

---

3 S. Freud, Aus den Anfängen der Psychoanalyse; Briefe an Wilhelm Fliess, Abhandlungen und Notizen aus den Jahren 1887–1902, Imago Publishing Co. LTD, London 1950.

entwickeln, etwas wie eine empfindliche Maschine für die Lenkung von Erregungsqualitäten und Quantitäten, wie sie durch äußere und innere Reize ausgelöst werden. Physikalische Begriffe werden mit historischen kombiniert, um eine Art neurologischen Golems zu schaffen, einen Roboter, in dem selbst Bewußtsein und Denken mechanisch auf der Grundlage eines alles beherrschenden Prinzips der inneren Konstanz erklärt werden. Hier, ganz am Anfang seiner psychologischen Laufbahn, versuchte Freud einen Seelenroboter zu schaffen, eine Denkmaschine, die in vielen Beziehungen den mechanischen und ökonomischen, wie auch den physiologischen Gedankengängen seiner Zeit entsprach. So schrieb er triumphierend an seinen Freund: »Es schien alles ineinanderzugreifen, das Räderwerk paßte zusammen, man bekam den Eindruck, das Ding sei jetzt wirklich eine Maschine und werde nächstens auch von selber gehen.« Aber schon einen Monat später, nachdem Freud das Manuskript an seinen Freund abgeschickt hatte, widerrief er es. »Ich wollte ja weiter nichts als die Abwehr erklären, aber erklärte etwas mitten aus der Natur heraus. Ich fand, daß ich mit der ganzen Psychologie kämpfte. Nun will ich nichts mehr davon wissen.« Er nennt die Psychologie nun »eine Art von Wahnwitz«. Dies nur zufällig aufgefundene Manuskript dokumentiert dramatisch, welche Mühen ein Entdecker auf sich nimmt, um nur ja *nicht* zufällig die Pfade zu vermeiden, die die Tradition ihm vorschreibt, wie er diese Wege bis zur Grenze der Absurdität verfolgen kann und sie erst dann aufgibt, wenn er am Scheideweg seiner einsamen Suche angelangt ist.

Inzwischen hatte die klinische Arbeit mit den Kranken Freud schon so weit geführt, daß er sich diesem Scheideweg nahekommen fühlte. Er war zu der Überzeugung gelangt, daß die Patienten in erster Linie an der »Stauung« eines ununterdrückbaren »Affekts« litten: der sexuellen Sinnlichkeit. Den Kindern jener Zeit gegenüber wurde die Sinnlichkeit ja von den überbekleideten Erwachsenen ständig verleugnet, während die meisten ihrer Mütter sich ihr nur in schamvoller Heimlichkeit und mit dem Gefühl der Erniedrigung hingaben. In der epidemologischen Tatsache der weitverbreiteten weiblichen Hysterie begegnete Freud dem spezifischen Problem des viktorianischen Zeitalters, dem Preis, den vor allem die Frauen für die heuchlerische doppelte Geschlechtsmoral der oberen Klassen bezahlten, der Klasse der Handelsherren und jener, die so gerne Herren der industriellen Macht sein wollten. Aber auch die unübersehbarsten epidemologischen Fakten (man denke an die Poliomyelitis oder die jugendliche Verwahrlosung) kommen erst dann zur Aufklärung, wenn ein ausgereiftes System theoretischer Gedankengänge in glücklichem Zusammenhang eine spezifische Methode anzubieten hat. Mit der Einführung des Energiebegriffs einer sexuellen Libido, die von der Geburt an der Brennstoff alles Wünschens, Begehrens und Liebens ist, und die unsere psychische Maschinerie unseren Zielen und unseren Idealen gemäß umzuformen lernen muß — mit diesem Begriff fand Freud gleichzeitig die passendste Antwort auf die Fragen, die die Erinnerungsberichte seiner Patienten aufwarfen, und die Theorie, die sich am besten mit seiner Suche nach einer »würdigen« Kraft vereinbaren ließ. Aber leider handelte es sich auch um die Lösung, die in seinem prüden Zeitalter die denkbar heftigste irrationale Ablehnung hervorrufen mußte, und zugleich um eine Lösung, die den Beobachter selbst emotional in Gefahr brachte. Denn in der Tat — wo sollte man hier »den Strich ziehen«?

Freuds genetischer Eifer verleitete ihn damals zu einer falschen Rekonstruktion. In der Gewißheit, auf der richtigen Spur zu sein, und doch von inneren und äußeren Widerständen erschüttert, schoß er über das Ziel hinaus. Auf der Suche nach einem pathogenen Urereignis ließ er sich dazu verleiten, die Berichte der Patienten über passive sexuelle Erlebnisse im frühesten Kindheitsalter als historische Wirklichkeit (und in den meisten Fällen die Väter als die Frevler) anzusehen. Später bekannte er selbst: »Die Analyse hatte auf korrektem Wege zu solchen infantilen Sexualtraumen geführt, und doch waren diese unwahr. Man hatte also den Boden der Realität verloren. Damals hätte ich gerne die ganze Arbeit im Stiche gelassen.« (»Zur Geschichte der psychoanalytischen Bewegung«.) Aber schließlich: »Wenn die Hysteriker ihre Symptome auf erfundene Traumen zurückführen, so ist eben die neue Tatsache die, daß sie solche Szenen phantasieren, und die psychische Realität verlangt neben der praktischen Realität gewürdigt zu werden.« (Ebenda.)

Bald sollte er in der Lage sein, die psychische Realität systematisch als die Domäne der Phantasie, der Träume und der Mythologie zu beschreiben und in ihr die Bildersprache eines überpersönlichen universalen Unbewußten zu sehen. Was jahrtausendealtes intuitives Wissen gewesen war, übertrug er damit in wissenschaftliche Bereiche.

Hatte ihn seine irrige Auffassung inzwischen von der Vorstellung der »Würdigkeit« der Sexualität abgebracht? Das scheint keineswegs der Fall gewesen zu sein. Nach allem, was wir jetzt wissen, mußte offensichtlich irgendwann einmal jemand zu dem Entschluß kommen, daß es für die Untersuchung der menschlichen Motivation besser sei, eher zu viel als zu wenige Dinge der Sexualität zuzuordnen, um danach diese Hypothese durch sorgfältige Untersuchungen zu modifizieren. Denn es war nur allzu leicht, das zu tun, was damals der Zivilisation zur »zweiten Natur« geworden war, nämlich angesichts der aggressiven und sexuellen Triebe des Menschen sich nur immer hastig in romantische und religiöse Phrasen zurückzuflüchten, in Geheimniskrämerei, in schmutzige Witze und Lüsternheit. Die Phantasien der Patienten waren sexuell, und irgend etwas Sexuelles mußte in ihren frühen Kinderjahren vorhanden gewesen sein. Später bezeichnete Freud dieses Etwas als Psychosexualität, denn es umfaßt sowohl die Phantasien wie die Impulse, die Psychologie wie die Biologie in den frühesten Stadien der menschlichen Sexualität.

Heute können wir ergänzend sagen, daß Freuds Irrtum nicht einmal so groß war, wie es den Anschein hatte. Vor allem einmal gibt es sexuelle (wenn auch nicht immer genitale) Verführungen von Kindern, und sie sind gefährlich. Aber noch wichtiger: die allgemeine Provokation und die Ausbeutung der unausgereiften kindlichen Affekte durch Eltern und Großeltern, zum Zwecke der eigenen kleinlichen Gefühlsentladungen, als Ventil für unterdrückte Rachebedürfnisse, sinnliche Befriedigungen und verschlagene Selbstgerechtigkeit, dürfen heute nicht nur als reale Tatsachen angesehen werden, die uns in unseren Krankengeschichten begegnen, sondern wir müssen sie als universell verbreitete Möglichkeiten erkennen, die von höchst »moralischen« Individuen häufig praktiziert und heuchlerisch rationalisiert werden. Samuel Butlers Beschreibung englischer Eltern im »Weg allen Fleisches« ist wohl die eindrucksvollste Darstellung in der Literatur. Was heute in Amerika als »Momismus« verschrien wird, existiert in analoger Form in der Vaterrolle der Viktorianischen Welt. Man muß nur an Hitlers offizielle Darstellung seines Vaterhasses denken und an die Auswirkung dieser Darstellung auf Millionen junger Deutscher, um zu erkennen, daß es sich hier um ein unterirdisch schwelendes Thema von weltumfassender Explosivität handelt. Indem er Zugang zu den absolut schicksalsentscheidenden Bereichen der verlängerten menschlichen Kindheit fand, entdeckte Freud, daß das Kind nicht nur erzogen, sondern häufig genug unter dem Vorwand der Erziehung kläglich ausgebeutet wird, nur um als Erwachsener selbst die Natur aufs systematischste und grausamste auszubeuten. Freud fügt so im Verlauf seiner Forschung dem Bilde des Menschen eine neue Perspektive hinzu, deren Wichtigkeit noch gar nicht voll zu übersehen ist.

6

Von der ersten Selbstanalyse in der Geschichte wissen wir durch die schon erwähnten Briefe Freuds an Dr. Wilhelm Fliess in Berlin. Das Ausmaß und die Bedeutung dieser Freundschaft wurde von niemandem vermutet, ehe die aufgefundenen Briefe sie enthüllten.

Die beiden Ärzte trafen sich zu ihren sogenannten »Kongressen« an langen Wochenenden in irgendeiner Stadt oder einem Gebirgsort. Ihr gemeinschaftliches Bildungserbe erlaubte es ihnen, sich auf ihren Wanderungen in vielfältigen Gesprächen zu ergehen, während sie kräftig ausschritten. Freud scheint Nietzsches Meinung geteilt zu haben, daß ein Gedanke, ohne körperliche Bewegung geboren, wenig taugen könne. Viele der Theorien, die die beiden Ärzte so diskutierten, sahen aber niemals das Licht der Veröffentlichung in der Welt. Fliess blieb durch viele Jahre der erste und einzige, der Freuds Gedankenwelt teilte.

Psychoanalytiker schätzen diese Freundschaft nicht eben hoch ein; Fliess war schließlich nicht einmal Analytiker. Mancher unter uns, der von der Zuneigung Freuds zu diesem Manne liest, täte es gern jenem Biographen gleich, der angesichts der Behauptung Goethes, daß er zu irgendeiner Zeit eine gewisse Dame innig liebte, in einer Fußnote bemerkte, »hier irrt Goethe«. Wir sagen heute, daß Freud diese Freundschaft in irrationaler, beinahe pathologischer Weise überschätzt haben müsse. Aber wozu bedarf ein Denker schließlich der Freunde? Um Spekulationen einander mitzuteilen, wobei jeder abwechselnd die wohlwollende Autorität für den anderen spielt, jeder des anderen Mitverschwörer, jeder applaudierender Zuhörer und warnender Chor ist. Freud nennt Fliess seinen »Anderen«, dem er anvertrauen kann, was für »die Anderen« noch nicht ausgereift ist. Fliess scheint auf alle Fälle die geistige Weite und Erziehung besessen zu haben, die es Freud ermöglichte, ihm seine Ahnungen, wechselnde Vorstellungen und Vermutungen mitzuteilen. Daß Freuds »Vorahnungen« sich als Elemente einer echten Vision und Aufriß einer Wissenschaft erwiesen, während Fliess' Spekulationen in einer Art von mathematischem Mystizismus endeten, bildet noch keinen Grund, diese Freundschaft herabzusetzen. Der Wert eines Freundes läßt sich manchmal am Umfang des Problemes ermessen, das wir mit ihm und durch ihn überwinden und hinter uns lassen.

Bis ins Jahr 1894 scheint diese Freundschaft unbeirrt durch irrationale Störungen angedauert zu haben, bis Freud Fliess wegen seiner eigenen Symptome und Verstimmungen, die er in dem Wort »Herzelend« zusammenfaßte, konsultierte. Fliess hatte Schwellungen in Freuds Nase kauterisiert und ihm dringend empfohlen, seine geliebten Zigarren aufzugeben. Plötzlich scheint die intellektuelle Kommunikation gestört. »Deine schönen Krankengeschichten habe ich nicht angesehen«, schreibt Freud und läßt den Freund auch wissen, daß seine eigene letzte Mitteilung an Fliess über den »gegenwärtigen Stand der Lehre von den Neurosen« »mitten im Satz abgebrochen« wurde. Im gleichen Brief steht auch der merkwürdige Satz: »Speziell Du bist mir diesmal verdächtig, denn meine Herzangelegenheit ist die einzige, in der ich widersprechende Äußerungen von Dir gehört habe.«

In jener Zeit spricht Freud von seinen Entdeckungen mit der Scheu des Menschen, der ein gelobtes Land erblickt hat, das er nicht betreten sollte. »Ich habe die deutliche Empfindung, an eines der großen Geheimnisse der Natur gerührt zu haben.« Hier erscheint offenbar neben dem »Herzelend« und dem Mißtrauen gegen den Freund etwas wie ein taedium des Denkens. Später schreibt er an Fliess: »Irgend etwas aus den tiefsten Tiefen meiner eigenen Neurose hat sich einem Fortschritt im Verständnis der Neurosen entgegengestellt, und Du warst irgendwie mit hineingezogen.«

Freud hatte an diesem Punkt Fliess gegenüber das entwickelt, was er später, als er es zu verstehen lernte, als Übertragung bezeichnete — das heißt jenes eigenartige Gemisch von Überschätzung und Mißtrauen, das der Mensch mit so besonderer Vorliebe Leuten in bedeutungsvollen Positionen entgegenbringt — Ärzten und Priestern, Führern und Königen und anderen Vorgesetzten, Konkurrenten und Gegnern. Wir nennen es Übertragung, weil es dort, wo es neurotische Formen annimmt, durch die Verzerrung einer normalen erwachsenen Beziehung charakterisiert ist, die dadurch entsteht, daß infantile Liebes- und Haßgefühle, Abhängigkeiten und impotente Wut in diese Beziehung hineingetragen, auf sie übertragen werden. Die Übertragung bedeutet also auch eine teilweise Regression auf kindliche Haltungen. Es handelte sich dabei gerade um das Gebiet, das Freud in jener Zeit bei seinen Patienten zu verstehen suchte. Bei ihm stand es aber ganz offensichtlich in Zusammenhang mit dem schöpferischen Prozeß. Wir haben davon gesprochen, daß der junge Freud in seiner Studienzeit einen fast inzestuösen Drang »die Natur zu entschleiern« durch die kompensatorische Beschränkung und Konzentration auf die Laboratoriumsarbeit unterdrückte. Damit hatte er einen Konflikt hinausgeschoben, indem er nur einen Teil seiner Identität verwirklichte. Aber als er, nach seinen Worten, »an eines der großen Geheimnisse der Natur gerührt« hatte, war er gezwungen, auch die andere, die schöpferische Identität zu verwirklichen. Denn jeder Rückzug in die bestehenden Disziplinen der wissenschaftlichen Forschung war ihm, wie der Versuch erwies, für immer verschlossen. In solchen Augenblicken, wenn die Hälften unseres gespaltenen Ichs drohen, sich gegenseitig in die Tiefe zu ziehen, suchen wir einen Freund, der, wie Nietzsche sagte, zum Retter wird, der uns über Wasser hält.

So entdeckte Freud also ein weiteres Prinzip seines Werkes, daß nämlich *die psychologische Entdeckung begleitet ist von einer gewissen irrationalen Beteiligung des Beobachters, und daß sie einem anderen nicht mitgeteilt werden kann ohne eine gewisse irrationale Beteiligung beider.* Das ist der Stoff, aus dem die Psychologie besteht; hier genügt es nicht, einen Panzer aus Überlegenheit oder Hochmut anzulegen, der wie eine Bleischürze des Physikers lebenswichtige Organe gegen die Strahlungen schützen könnte, die vom beobachteten Objekt ausgehen. Hier kann ausschließlich die bessere Selbsterkenntnis des Beobachters das Instrument korrigieren, den Beobachter schützen und die Mitteilung des Beobachters ermöglichen.

In seiner Übertragung auf Fliess erkannte Freud eine der wichtigsten Übertragungen überhaupt — die Übertragung eines frühen Vaterbildes auf spätere menschliche Begegnungen und Ereignisse. Und wir können hier erkennen, wie das große Vaterthema alle diese Krisen beherrscht und durchdringt. Wir sehen es in Freuds Entschluß, den von der Autorität bedrängten Patienten gegenüber nicht den autokratischen Vater zu spielen; wir finden es als Kern seines tendenziösen Irrtums bei der genetischen Rekonstruktion der Kindheit seiner Patienten. Ein Traum, so berichtet er nun Fliess, habe ihm deutlich die Tatsache und die Erklärung für die Tatsache geliefert, daß ihn der irrationale Wunsch beherrscht habe, alle Väter für die Neurosen ihrer Kinder verantwortlich zu machen. Und doch fühlt man zur gleichen Zeit das Bedürfnis des schöpferischen Menschen, sein Schöpfertum als von einem überbewerteten Freund sozusagen erzeugt zu empfinden — ein Bedürfnis, das häufig zu fast tragikomischen Verwicklungen führt und in Freuds Leben auch periodenweise ähnliches veranlaßt hat.

Nachdem Freud also sowohl die aktuellen wie die phantastischen Aspekte eines universalen Vaterbildes festgestellt hatte, konnte er nun zu dem wahrhaft ersten aller *Anderen* vordringen: zu der liebenden Mutter. Jetzt hatte er sich soweit befreit, daß er den ganzen Ödipuskomplex entdecken konnte und ihn als ein beherrschendes Thema der Literatur und Mythologie überall in der Welt wiederfand.

Jetzt erst konnte er das Ausmaß erkennen, in dem er, wenn er sich krank und unsicher fühlte, aus Fliess eine Elternfigur gemacht hatte, damit der mystische *Andere* ihm helfen sollte, sich selbst zu analysieren »wie ein Fremder«. Er kam zu dem Schluß: »Eigentliche Selbstanalyse ist unmöglich, sonst gäbe es keine Krankheiten. Ich kann mich nur selbst analysieren mit den objektiv gewonnenen Kenntnissen«. Diese Einsicht wurde zur Grundlage der später eingeführten Lehranalyse, das heißt der vorbeugenden und didaktischen psychoanalytischen Behandlung jedes zukünftigen Analytikers.

Auch aus anderen Gründen hatte sich die Freundschaft überlebt. Sie endete zu einem Zeitpunkt, als Freud es sich in gewisser Weise am wenigsten leisten konnte, auf sie zu verzichten, nämlich nach dem Erscheinen der »Traumdeutung« um die Jahrhundertwende[4]. Freud hielt dies Buch damals wie später für sein grundlegendstes Werk. Damals glaubte er auch, es werde sein letztes sein. Und »Kein Blättchen rauschte, um zu verraten, daß die Traumdeutung irgendwem das Gemüt bewegte«, wie er an Fliess schrieb! Monate-, jahrelang erschienen keine Besprechungen, ließ sich das Buch kaum verkaufen. Wo sich Interesse äußerte, bestand es in Unglaube und Verleumdung. In jener Zeit scheint Freud manchmal an seiner medizinischen Laufbahn gezweifelt zu haben. Fliess bot ein Treffen für Ostern 1900 an. Aber dieses Mal lehnte Freud ab: ». . . ist es wahrscheinlicher, daß ich Dir ausweichen werde . . . Ich habe meine Depression . . . besiegt, nun heilt es . . . langsam aus. Wenn ich mit Dir wäre, würde ich unvermeidlich versuchen, alles bewußt zu fassen . . . Deine schönen und sicheren biologischen Aufdeckungen würden meinen tiefinnersten (unpersönlichen) Neid erwecken. Das Ende wäre, ich würde . . . klagen und käme aufgewühlt und unzufrieden zurück . . . Abhelfen läßt sich dem Allerwenigsten, was mich bedrückt; es ist mein Kreuz, ich muß es tragen.« Wenige Briefe später spricht er von der Tendenz der Patienten, die Kur über die Erwerbung der notwendigen Einsicht hinaus zu verlängern. »Aber mir ahnte, daß dies ein Kompromiß zwischen Krank- und Gesundsein ist, den sich die Kranken selbst wünschen, auf den der Arzt darum nicht eingehen soll.« Offensichtlich hat Freud derartige Verlängerungen und Kompromisse auch in seiner Freundschaft erkannt und ist nicht mehr willens, sich ein weiteres Verharren in der Abhängigkeit von Fliess zu gestatten. Aber er wird ihn schmerzlich vermissen — »mein einziges Publikum«, wie er ihn nennt. (Eigentlich handelt es sich um einen von Freud mehrfach zi-

---

4 S. Freud, Die Traumdeutung (1900), Ges. Werke II/III, 1–642, Imago Publishing Co. LTD, London 1942.

tierten Scherz Nestroys, der vor einer Aufführung beim Blick in den beinahe leeren Zuschauerraum einen dort Anwesenden als »meinen einzigen Publikum« bezeichnete.)

Im Verlauf dieser Freundschaft war ein Gleichgewicht hergestellt worden: weibliche Intuition, kindliche Neugierde und künstlerische Freiheit des Stils waren erkannt und ins Bewußtsein gehoben worden und im Verlauf des fortschreitenden psychologischen Entdeckungsprozesses als ergänzende Partner des männlichen »inneren Tyrannen« in ihr Recht eingesetzt. Und Fliess? Seiner Ansicht nach scheiterte die Freundschaft an dem uralten Felsen des Streits um die Priorität. Er äußerte die Meinung, daß Freud ihn beneide; und tatsächlich hatte Freud einmal seinen Neid darüber in Worte gefaßt, daß Fliess den Vorzug habe, mit dem Licht zu arbeiten und nicht mit der Dunkelheit, mit der Sonne und nicht mit dem Unbewußten. Aber es ist wohl nicht zu vermuten, daß Freud bereit gewesen wäre, die Plätze zu tauschen.

7

Das also sind die Ausmaße der Krise, in deren Verlauf und durch die die Psychoanalyse geboren wurde. Es sind die Jahre, in denen Freud manchmal von seiner Verzweiflung sprach und zugab, an neurotischen Symptomen zu leiden, die phänomenologische Aspekte einer schöpferischen Krise verraten. Er litt an einer »Eisenbahnangst« und an akuten Ängsten vor einem frühen Tod — beides Symptome einer übermäßigen Besorgnis angesichts der allzuschnell verfließenden Zeit. »Eisenbahnangst« ist eigentlich eine umständliche Weise, das klinisch auszudrücken, was wir sonst einfach Reisefieber nennen — eine fieberhafte Kombination von freudiger Erregung und Angst. Aber mir scheint, daß beides, auf mehr als einer Ebene, für Freud bedeutete, er »käme zu spät«, er »versäume den Zug«, er ginge zugrunde, ehe er sein »gelobtes Land« erreicht habe. Wie sollte er zu Ende führen, was sein geistiges Auge im Umriß sah, wenn jeder einzelne Schritt »soviel Arbeit, Zeit und Irrtümer mit sich bringt«. Wie das häufig der Fall ist, führt eine derartige übermäßige Beschäftigung mit der Zeit zu ängstlichen Mißgefühlen, die sich auf das Herz, unser Metronom und Zeitmesser, konzentrieren.

In den Briefen überschneidet sich das Thema der drängenden Zeit mit einer geographischen Ruhelosigkeit. Freud denkt an Auswanderung — vielleicht nach Berlin, nach England, nach Amerika. Am auffälligsten ist ein immer wiederkehrendes Thema europäischer Prägung, nämlich ein intensives »tief neurotisches« Bedürfnis, Rom zu sehen. Zuerst will er es so einrichten, daß er seinen Freund, »seinen einzigen Publikum« dort trifft. Aber er schreibt »Rom ist noch weit« oder »Im Ganzen bin ich weiter weg von Rom als je, seitdem wir uns kennen, und die Jugendfrische läßt sehr merklich nach«. Erst als sein grundlegendes Werk »Die Traumdeutung« veröffentlicht ist, entschließt er sich, Ostern in Rom zu verbringen, »mit gar keinem Recht, es ist nichts erreicht und es wird wahrscheinlich auch äußerlich unmöglich sein«.

Was bedeutete Rom für Freud? Es war für ihn ein höchst »überdeterminiertes« und damit in hohem Maße konzentriertes Thema. Wir finden Hannibals Schicksal darin wieder, das die Phantasie des jüdischen Knaben erregt hatte: der semitische Heerführer hatte Rom niemals erobert. Darüber hinaus ist die Ewige Stadt das Ziel vieler Wege, die alle in dem letzten Wunsch Freuds an Fliess wunderbar zusammengefaßt sind »Nächste Ostern in Rom!« (16. 4. 1900). Hier finden wir die unsterbliche Italiensehnsucht des gebildeten Deutschen wieder (»dahin, dahin«), das Heimweh des Israeliten nach den Wohnstätten der Vorfahren, wie es in dem Gebet an Passah zum Ausdruck kommt, »Nächstes Jahr in Jerusalem« und dem allen beigemischt Nachklänge des kindlichen Wunders, das der kleine Judenjunge unter der eifrigen Anleitung seiner katholischen Kinderfrau am Auferstehungstag erlebte. Ich bin mir bewußt, daß diese Art von Überdeterminierung, die verschiedene Perioden eines Menschenlebens umfaßt und gleichzeitig ambivalente Anteile seines Affektlebens und seiner inneren Bilderwelt in Einklang bringt, der sparsamen Eindeutigkeit anderer Wissenschaften entbehrt — aber dies ist das Material, aus dem die Psychoanalyse gemacht ist.

Erst in den allerletzten Briefen an Fliess scheint Freud seinen Platz in Zeit und Raum gefunden zu haben. Er spricht davon, daß er zwar Leser habe, aber die Zeit für überzeugte Anhänger noch nicht gekommen sei. In einem Brief, dem letzten, der am Ausgang des 19. Jahrhunderts geschrieben wurde (21. 12. 99) meint er (was er auch in anderer Form noch mehrfach wiederholt): »Wir sind (unserer Zeit) doch schrecklich weit voraus.«

Keineswegs aber darf man sich von Freud die Vorstellung eines bedauernswerten, zerrissenen und gequälten Mannes und Arztes bilden. Ganz offenbar war er in jenen Jahren durchaus das, was wir heute ein gut angepaßtes Individuum nennen würden; nach damaligen Maßstäben also ein anständiger und tüchtiger Mensch; ein Arzt, der alle Patienten, die zu ihm fanden, sorgfältig behandelte; ein Vater, der mit Freude und Hingabe seine sechs Kinder heranzog; ein sehr belesener und gepflegter Mann, der voller Neugier Reisen unternahm und seine Zigarren unverständig liebte. Seine Eisenbahnangst hielt ihn nicht vom Reisen ab. Und wenn er davon schrieb, daß er »arbeitsunfähig« sei, so bedeutete das nur, daß das, was er schrieb, nicht Schritt hielt mit seinem Streben. Aber er war nicht zu »angepaßt«, um jene Träume, jene Leidenschaften und Ängste zu hegen, die außerordentliche Visionen begleiten, nicht zu »anständig«, um ein paar Dinge im Leben mit rücksichtsloser Entschiedenheit aufzugreifen. Eigentlich konnte er sich eine derartige Integrität schlecht leisten, denn die Zeiten waren für einen Facharzt schlecht; es war die Ära einer der ersten wirtschaftlichen Depressionen in der modernen industrialisierten Welt, die Zeit der Armut im Überfluß. Auch entließ ihn seine Selbstanalyse nicht als einen »reformierten« oder »geläuterten« Menschen. Manche der vitalen Konflikte, die seine Freundschaft mit Fliess bezeichnet hatten, begleiteten ihn durchs Leben, ebenso wie manche seiner frühen methodologischen Gewohnheiten: in *Totem und Tabu* ließ er sich wieder — diesmal auf der geschichtlichen Bühne — auf die Rekonstruktion eines »Ereignisses« ein, das zwar als tatsächliches historisches Vorkommnis unwahrscheinlich, sich doch als überzeitliches Thema als außerordentlich wichtig erwies. Eines ist sicher: innerhalb dieser frühen Arbeitsperiode fand Freud die einzigartige Richtung, in der die neue Forschungsmethode sich bewegen sollte, und damit schienen auch seine Eigenheiten jene besondere Einheitlichkeit gefunden zu haben, welche die Identität eines Menschen ausmacht, die das Rückgrat seiner Art von Integrität bildet und auf Grund derer er seine Zeitgenossen und künftige Generationen in die Schranken fordert.

Freuds Selbstenthüllungen in der »Traumdeutung« wie in seinen Briefen haben seinen Freunden wie seinen Widersachern reichlich Gelegenheit gegeben, auf den einen oder anderen der inneren Widersprüche hinzuweisen, wie sie den Genius auszeichnen. Aber jede ausschließliche Betonung, sei es der infantilen oder der großartigen, der neurotischen oder der schöpferischen, der emotionalen oder der intellektuellen, der medizinischen oder der psychologischen Seiten einer schöpferischen Krise, gibt wesentliche Komponenten preis. Hier zitiere ich gerne einen Satz, den Professor Cornford Pythagoras in den Mund legt: »Woher nehmt ihr die Berechtigung, einen Teil meiner Erfahrungen hochzuschätzen und den Rest zu verwerfen? Hätte ich das gleiche getan, so hättet ihr meinen Namen nie gehört.«

8

Die einzigartige Richtung, die Freud der neuen Forschungsmethode gegeben hatte, bestand in der Einführung eines Ko-
ordinatensystems in die Psychologie, das ich hier nur sehr
abgekürzt skizzieren kann. Sein früher Energiebegriff lieferte
die *dynamisch-ökonomische* Koordinate, die mit Trieben und
Kräften und deren Umformungen zu tun hat. Eine *topogra-
phisch-strukturelle* Koordinate entwickelte sich aus seiner
Untersuchung der Unterteilungen innerhalb seines frühen
Konzepts der »Seelen-Maschinerie«, während die *genetische*
Koordinate dem Ursprung und der in Stadien verlaufenden
Entwicklung sowohl der Triebe wie der Strukturen Rechnung
trägt[5].

Generationen von Psychoanalytikern haben sich inzwischen
bemüht, jeder neuen Beobachtung und Theorie ihren richtigen Platz in diesem Koordinatensystem anzuweisen. Damit
ist eine Methode der Nachprüfung geschaffen worden, von der
sich der Nichtausgebildete schwer eine Vorstellung machen
kann. Auf der anderen Seite haben Freuds Krankengeschichten der biographischen Forschung eine dämonische Tiefen-
dimension verliehen, wie sie zuvor nur in Drama und Dich-
tung und in den Bekenntnissen von Menschen von leidenschaftlicher Introspektionsgabe zu finden war.

Seit ihren frühen Entdeckertagen hat die Psychoanalyse tief-
greifende und weitverzweigte Beziehungen zu anderen Untersuchungsmethoden entwickelt: zu der naturwissenschaftlichen
Beobachtung, zu der somatischen Untersuchung, zum psychologischen Experiment, der anthropologischen Feldarbeit
und der historischen Forschung. Wenn ich, statt über all dies
ausführlicher zu sprechen, mich auf die frühen Tage und auf
die Einzigartigkeit der ursprünglichen Freudschen Erfahrung
beschränkt und konzentriert habe, so darum, weil ich glaube,
daß die Leistung eines Neuerers am dramatischsten in dem
Augenblick sichtbar wird, wo er einsam gegen den historischen Widerstand und gegen seine inneren Zweifel in den
Kampf tritt. Bewaffnet einzig mit den Mitteln der Überre-
dung, gibt er dem menschlichen Bewußtsein eine neue Richtung — neu im Ziel, neu in der Methode und neu in seiner
unentrinnbaren Verantwortlichkeit.

Die Dimensionen der Freudschen Entdeckung sind in einer
Dreiheit enthalten, die auf vielfache Weise grundlegend für
die Praxis der Psychoanalyse bleibt, aber auch für die Anwendung der Psychoanalyse auf die ihr verbundenen Gebiete

5 D. Rapaport, Die Struktur der psychoanalytischen Theorie. Versuch einer Syste-
matik, Ernst Klett, Stuttgart 1961.

33

entscheidend ist. Es ist die Dreiheit, die aus dem *therapeutischen Vertrag mit dem Patienten*, aus dem begrifflichen *Grundriß* und aus der *systematischen Selbstanalyse* besteht.

In der Praxis der Psychoanalyse kann diese Trias niemals zur Routine erstarren. Während sich immer neue Kategorien von Leidenden als zugänglich für die psychoanalytische Therapie erweisen, entstehen neue Techniken, klären sich neue Aspekte des Seelischen auf und werden neue therapeutische Rollen geschaffen. Heute macht der junge Kandidat der Psychoanalyse eine Lehranalyse durch, die ihn auf die emotionalen Gefahren seiner Arbeit vorbereitet. Trotzdem aber muß er weiterhin mit der restlichen Menschheit in diesem unseren »Zeitalter der Angst im Überfluß« leben, und weder sein persönliches Leben noch der Fortschritt seiner Arbeit — ja gerade dieser nicht — werden ihm erneute Konflikte ersparen. Auch wenn sein Beruf noch so anerkannt, noch so gut organisiert ist, wird ihm das allein nichts helfen. Weder weitreichende Anerkennung noch umfassende Organisation können die grundlegende Dreiheit, für die der Psychoanalytiker sich verantwortlich fühlt, sicherstellen, ja sie können sie sogar gefährden. Es sind die folgenden Forderungen, die diese Dreiheit ausmachen: daß der Psychoanalytiker als Arzt den Vertrag mit dem Patienten als sein eigentliches Arbeitsfeld akzeptiert und der Sicherheit anscheinend »objektiverer« Methoden entsagt; daß er als Theoretiker Verantwortungsgefühl für dauernde begriffliche Neudefinition besitzt und der Verlockung scheinbar tiefsinnigerer oder ansprechenderer philosophischer Abkürzungen widersteht; und schließlich, daß er als Humanist die selbstkontrollierende Wachsamkeit über die Befriedigung scheinbarer professioneller Allmacht stellt. Die Verantwortung ist groß. Denn in gewissem Sinn muß die analytische Methode stets ein Werkzeug des Widerspruchs bleiben, ein Werkzeug, um gerade jene Seite des menschlichen Gesamtbildes ausfindig zu machen, die in einer gegebenen historischen Periode vernachlässigt oder ausgebeutet oder durch herrschende Technologien und Ideologien verdrängt oder unterdrückt wird, einschließlich hastiger »psychoanalytischer« Ideologien.

Gleichermaßen bedeutsam bleibt Freuds Trias auch für die Anwendung der Psychoanalyse auf die Verhaltenslehren und die anthropologischen Wissenschaften. Ein Erwachsener, der ein Kind beobachtet, ein Anthropologe, der einen Eingeborenenstamm erforscht, ein Soziologe, der sich mit einem Aufstand befaßt, wird früher oder später auf Daten stoßen, die für das Wohlergehen seiner Studienobjekte von entscheidender Bedeutung sind, und eine Saite seiner eigenen Motivation wird dabei, manchmal über, manchmal tief unter der Schwelle seines Bewußtseins anklingen. Es wird ihm nicht allzu lange möglich sein, sich dem unumgänglichen Konflikt zwischen seiner gefühlsmäßigen Anteilnahme an den beobachteten Ereignissen und der methodischen Strenge zu entziehen, die doch notwendig ist, um sein Forschungsunternehmen und das gesamtmenschliche Wohlergehen voranzutreiben. Seine Arbeit wird ihm also auf die Dauer die Fähigkeit abverlangen, seine menschlichen Verpflichtungen, seine methodischen Verantwortungen und seine eigenen Motivationen in sein Beobachtungsfeld mit aufzunehmen. Gelingt ihm das, so wiederholt er auf seine eigene Art den Schritt voran im wissenschaftlichen Bewußtsein, den Freud wagte.

9

Diese Verschiebung im Bewußtsein seiner selbst kann aber nicht auf die berufliche Partnerschaft beschränkt bleiben, wie sie zwischen dem Beobachter und dem Beobachteten, dem Arzt und dem Patienten besteht. Sie bedeutet eine grundlegend neue ethische Orientierung der Beziehung des erwachsenen Menschen zur Kindheit: zu seiner eigenen Kindheit, die jetzt hinter ihm und in ihm selbst verborgen liegt; zu seinem eigenen Kind, das vor ihm steht, und zu jedermanns Kindern rings um ihn.

Aber die Kreise, die sich mit der historischen Dimension des Menschen beschäftigen, liegen, soweit es sich um die Einschätzung der Kindheit handelt, weit auseinander. Akademische Geister, deren weitgespannte Perspektiven die alltäglichen Nöte der heilenden und erzieherischen Künste ignorieren können, schreiben fröhlich ganze Weltgeschichten, in denen sich keine Spuren der beteiligten Frauen und Kinder finden, ganze anthropologische Berichte ohne jeden Hinweis auf die unterschiedlichen Stilarten der Kindheit. In ihren Berichten über die Kausalabläufe, die sich innerhalb der politischen und ökonomischen Realitäten erkennen lassen, scheinen sie alle die Ängste und Wutausbrüche bei Führern und Massen, die offensichtlich Residuen kindlicher Emotionen sind, mit einem Achselzucken als historische Zufälle abzutun, die »der menschlichen Natur« entspringen. Wir wollen durchaus zugeben, daß die Wissenschaftler alten Stils durch das erste enthusiastische Eindringen von Seelenärzten in ihre angestammten Disziplinen zu Recht abgestoßen waren. Aber ihre Weigerung, die historische Relevanz der Kindheit auch nur in

Betracht zu ziehen, kann allein der tiefer verwurzelten und weiter verbreiteten gefühlsmäßigen Abneigung und Verdrängung zuzuschreiben sein, die Freud selbst vorhersah. Andererseits muß man zugeben, daß in der klinischen Literatur (und in einer Literatur, die völlig klinisch geworden ist) die Abneigung einer modischen Überbeschäftigung mit den dunklen Aspekten der Kindheit gewichen ist, als wären sie die endgültigen Determinanten des menschlichen Schicksals.

Keine dieser Tendenzen aber kann das Heraufkommen einer neuen Wahrheit verhindern, daß nämlich das kollektive Leben der Menschheit in all seiner historischen Gesetzmäßigkeit von den Energien und den Bilderwelten aufeinanderfolgender Generationen genährt wird und daß jede Generation den unvermeidlichen Konflikt zwischen ihren ethischen und rationalen Zielen und ihren infantilen Fixierungen zum menschlichen Schicksal hinzufügt. Dieser Konflikt trägt dazu dabei, den Menschen zu den erstaunlichen Dingen anzutreiben, die er vollbringt — aber er kann ihn auch zugrunde richten. Er ist eine Vorbedingung der Menschlichkeit des Menschen — und die primäre Ursache seiner abgründigen Unmenschlichkeit. Denn wann immer und wo immer der Mensch seine ethische Position aufgibt, tut er das auf Kosten massiver Regressionen, die die Schutzvorrichtungen seiner Natur in Gefahr bringen.

Freud machte diese regressive Tendenz dadurch sichtbar, daß er ihre pathologischen Manifestationen beim Einzelmenschen sezierte. Aber was durch die ambivalenten Errungenschaften der Kultur so weitgehend und so regelmäßig verlorengeht, zeigte er auch deutlich. Er sprach von der »strahlenden Intelligenz des Kindes«, der naiven Lebenslust, dem natürlichen Mut, dem unbedingten Glauben der Kindheit, die durch übermäßigen Ehrgeiz, angsterregende Erziehungsformen und beschränkte und beschränkende Lehrmethoden untergehen.

Hin und wieder fühlen wir bewegt, daß ein genialer Mensch sich das klare Auge des Kindes bewahrt hat. Aber rechtfertigen wir nicht allzuleicht die menschliche Massenregression mit dem gelegentlichen Auftreten eines Führers oder eines Genies? Und doch wissen wir — und merkwürdig gerne erfahren wir davon —, wie gequält ein Genie gerade von der Geschichte seines Beginns und Aufstiegs sein kann und wie häufig es mit einer Hand zerstört, während es mit der anderen erschafft.

Mit Freud wandte ein Genie ein neues Beobachtungsinstrument an, um zurück auf seine Kindheit, auf die Kindheit aller zu sehen. Er erfand eine spezifische Methode, um das zu entdecken, was den Genius des Kindes in jedem menschlichen Wesen zerstört. Während er uns lehrte, das dämonische Böse im Kind zu erkennen, mahnte er uns dringlich, das schöpferische Gute nicht zum Erlöschen zu bringen. Seit damals ist das Wesen des kindlichen Wachstums von einfallsreichen Beobachtern überall in der Welt untersucht worden: nie zuvor hat die Menschheit so viel über ihre eigene Vergangenheit gewußt — die phylogenetische und die ontogenetische. So können wir in Freud den Vorkämpfer einer zur Selbstheilung bereiten, ausgleichenden Tendenz des menschlichen Bewußtseins sehen. Denn heute, wo das technische Ingenium sich bereit macht, den Mond zu erobern, könnten kommende Generationen dringlich besserer Einsicht in ihre Triebhaftigkeit, eines lebhafteren Bewußtseins der Gesetze der Individualität bedürfen. Es könnte für sie sehr wichtig werden, echte Kindlichkeit höher einzuschätzen und zu bewahren, um der völligen kosmischen Kindischkeit zu entgehen.

10

Bevor Freud sich entschloß, Medizin zu studieren, wollte er Jurist und Politiker, ein »Gesetzgeber«, werden. Als er 1938 sein Land verlassen und ins Exil gehen mußte, trug er unter dem Arm ein Manuskript über Moses, den höchsten Gesetzgeber des jüdischen Volkes, dessen einzigartiges Schicksal und dessen besondere Gaben Freud sich zu eigen gemacht hatte. Mit grimmigem Stolz hat er die Rolle dessen akzeptiert, der den Blick auf fruchtbare Felder eröffnet, die andere bestellen werden. Blicken wir zurück auf die Anfänge seines Werkes und vorwärts auf all das, was sich daraus ergeben hat und ergeben wird, so dürfen wir wohl behaupten: Als Freud, der Arzt, eine Methode fand, gerade in der Ausübung der Psychotherapie auch sich selber zu heilen, hat er den menschlichen Lebensgesetzen eine neue psychologische Grundlage geschaffen; er hat den entscheidenden Schritt zu einer echten gegenseitigen Durchdringung des Psychologischen mit dem Technologischen und Politischen in der Menschheitsordnung getan.

Wenn Inzwischen andere in ihm vorzüglich einen Zerstörer kostbarer Illusionen, wenn nicht sogar wesentlicher Werte sehen wollen, dann darf ich Sie an ein Ereignis erinnern, das sich hier in dieser Stadt abspielte. Im Jahre 1930 hat der Sekretär des Goethepreis-Ausschusses in Frankfurt Freud davon benachrichtigt, daß dieser Preis ihm verliehen sei, den später Anna Freud für ihren leidenden Vater im alten (jetzt wieder errichteten) Römer in einem Festakt entgegennahm. In seiner Würdigung der Verdienste Freuds sprach der Sekretär des Verleihungskomitees, Alfons Paquet, davon, daß die mephistophelische Neigung zur unerbittlichen Desillusionierung der untrennbare Gegenpart der faustischen Verehrung für die schöpferischen Fähigkeiten des Menschen sei. In seinem Dankbrief schreibt Freud an Paquet, er habe »nie zuvor die geheimen persönlichen Absichten (seiner Arbeit) mit solcher Klarheit erkannt gefunden«.

II Das Wesen der klinischen Beweisführung

Das erste Kapitel handelte von den Ursprüngen (und dem Schöpfer) der Psychoanalyse um die Jahrhundertwende. Das zweite soll die Bedeutung der klinischen Erfahrung für den Psychoanalytiker ein halbes Jahrhundert später erläutern. Es handelt sich dabei um eine Vorlesung, die als Beitrag zu einem interdisziplinären Symposium über »Beweisführung und Schlußfolgerung« im *Massachusetts Institute of Technology* 1957 in Boston gehalten wurde.

1

Der Brief, mit dem ich zu diesem Symposium geladen wurde, stellt in den Mittelpunkt der Aufforderung, mich zu äußern, die Frage: »*Wie arbeitet der Kliniker wirklich?*« Es wurde mir großzügig Spielraum zugebilligt, indem die Frage dahin gestellt war, ob sich der Psychotherapeut auf *Intuition* verläßt (oder auf irgendeine andere Form des persönlichen Urteils) oder auf *objektivierte Tests* (das heißt auf Tests, die in relativ gleicher Form von Vertretern verschiedener therapeutischer Richtungen angewendet werden). Am Ende heißt es: »Auf welche Weise sucht der Arzt, insoweit die Intuition eine Rolle spielt, sein Vorgehen zu disziplinieren: durch seinen begrifflichen Bezugsrahmen?, durch lange persönliche Erfahrung?« Das bedeutet, daß innerhalb der Frage nach der Arbeitsweise des Arztes der Akzent auf der Frage liegt, wie der Arzt denkt.

Eine derartige Einladung ist sehr gastfrei. Sie ermutigt den Eingeladenen sozusagen zu kommen, wie er gerade ist. Sie erspart dem Kliniker die sonst etwa mögliche Versuchung, seinen Anspruch auf die Zugehörigkeit zur Guten Gesellschaft der seit langem geltenden Wissenschaften dadurch auszudrücken, daß er demonstrativ beweist, er könne sich benehmen wie sie. Er kann von Anfang an feststellen, daß alle vier, Intuition und objektive Daten, begrifflicher Bezugsrahmen und Erfahrung als Ecksteine'des abzusteckenden Gebietes brauchbar sind; aber auch, daß er in einem einzigen Vortrag nicht mehr bieten könne als einen phänomenologischen Grundriß sehr persönlicher Art.

In meinem Fall wendet sich die Einladung an einen Psychotherapeuten spezieller »Richtung«: meine Ausbildung ist die

39

eines Freudschen Psychoanalytikers, und ich beteilige mich
an der Ausbildung, vor allem von Ärzten, in dieser Methode.
Ich werde Berufung über Schulrichtung stellen und darzustellen versuchen, wie das Wesen der klinischen Beweisführung durch die tägliche Aufgabe des Arztes bestimmt ist.
Wenn ich mich trotzdem Freuds Begriffssystem verpflichtet
zu fühlen scheine, das heißt einem System, das um die Jahrhundertwende von einem in physikalistischer Physiologie
ausgebildeten Arzt geschaffen wurde, so ist der Grund dazu
nicht engherziges Partisanentum: kaum jemand wird leugnen, daß aus dieser Übertragung physikalischer Begriffe auf
die Psychologie sich in unserer Zeit neue klinische Denkweisen entwickelt haben.
»Klinisch«, das ist natürlich ein altes Wort. Es kann sich
ebenso auf die Spendung des Priesters am Totenbett beziehen,
wie auf die medizinischen Verabreichungen an den Kranken.
In unserer Zeit und innerhalb der westlichen Welt dehnt
sich der Umfang des Klinischen rapide aus und umfaßt nicht
nur medizinische, sondern auch soziale Überlegungen, nicht
nur das körperliche Wohlsein, sondern auch die geistige Gesundheit, nicht nur Heilung, sondern auch Vorbeugung, nicht
nur Therapie, sondern auch Forschung. Das bedeutet, daß
die klinische Arbeit heute mit vielen Arten der Beweisführung verknüpft ist und sich mit vielerlei Methodenlehren überschneidet. Im Fernen Osten wiederum nimmt das Wort »klinisch« eine völlig andere historische Bedeutung an, insofern
es das Denken überhaupt betrifft. Im kommunistischen China
tritt der »Gedanken-Analytiker« dem Individuum entgegen,
das als reformbedürftig gilt. Er ermutigt zu aufrichtiger
Beichte und Selbstanalyse, um die Gedanken wieder mit dem
»Volkswillen« in Einklang zu bringen. Viel, unendlich viel
gibt es noch über die Verquickung der Ideologien mit den
Auffassungen von Geisteskrankheiten, von sozialen Abwei-
chungen und von der psychologischen Heilung zu lernen.
Lassen Sie mich kurz die Elemente aufzählen, die den klinischen Kern der medizinischen Arbeit als Begegnung zweier
Menschen ausmachen, von denen der eine der Hilfe bedarf,
der andere im Besitz professioneller Methoden ist. Ihr *Vertrag* ist ein therapeutischer: in Austausch für das Honorar
und die ihm vertraulich gemachten Mitteilungen verspricht
der Therapeut, innerhalb der Grenzen seines beruflichen
Ethos, zum Vorteil des individuellen Patienten zu handeln.
Gewöhnlich besteht eine *Klage,* die aus der Darstellung eines
mehr oder weniger umschriebenen Schmerzes oder einer
Dysfunktion besteht, und dann sind *Symptome* da, die entweder sichtbar oder sonst lokalisierbar sind. Nun folgt der

40

Versuch, eine *Anamnese* zu erheben, eine ätiologische Rekonstruktion der Störung, und eine *Untersuchung*, die mit Hilfe der bloßen Sinne des Arztes oder unterstützt durch Instrumente ausgeführt wird, welch letztere auch Laboratoriumsmethoden umfassen können. Indem er das Ergebnis auswertet und zu diagnostischen und prognostischen Schlüssen kommt (die tatsächlich die klinische Form der *Voraussage* sind), *denkt* der Arzt *klinisch* — das heißt, er überprüft im Geist verschiedene *Modelle*, in denen verschiedenartige Wissensformen sich niedergeschlagen haben: die *anatomische* Struktur des Körpers, das *physiologische* Funktionieren von Teilen des Körpers oder die *pathologischen* Prozesse, die den klassifizierten Krankheitsbildern zugrunde liegen. Die klinische Voraussage läßt sich von der Klage, von den Symptomen und von der Anamnese leiten und zieht ihre Schlüsse auf Grund eines schnellen, meist vorbewußten, gegeneinander Abwägens von anatomischen, physiologischen und pathologischen Modellen. Auf dieser Grundlage wird eine bevorzugte *Behandlungsmethode* gewählt. Dies ist die einfachste klinische Begegnung. In ihr gibt der Patient Teile seiner selbst für eine Untersuchung her und hört, so weit er irgend kann, auf, eine Person zu sein, das heißt, ein Geschöpf, das mehr als die Summe seiner Organe ist.

Jeder gute Arzt aber weiß, daß die Klage des Patienten ausgedehnter ist, als sein Symptom, und sein Krankheitszustand umfassender als lokalisierte Schmerzen oder Dysfunktionen. Ein alter Jude drückte das so aus (und alte Juden haben eine Art, für die Opfer aller Nationen zu sprechen): »Herr Doktor, meine Eingeweide arbeiten nicht, meine Füße tun mir weh, mein Herz macht Sprünge — und wissen Sie, Doktor, ich selber fühl mich auch nicht so recht wohl.« Die Behandlung beschränkt sich also nicht auf die lokale Wiederherstellung; sie muß die Klage in umfassender Weise aufgreifen (was bei einem »guten« Arzt auch automatisch geschieht) und entsprechende *Deutungen* des Symptoms gegenüber dem Patienten nach sich ziehen, wobei der »Patient selbst« oft zum Mitbeobachter und Hilfsarzt wird. Das ist besonders wichtig, wenn nachfolgende Behandlungen einer *sich entwickelnden Behandlungsgeschichte* dienen, die Schritt um Schritt alle Voraussagen, die früher gemacht und getestet wurden, bestätigt oder widerlegt.

Das also ist mehr oder weniger der traditionelle Kern der klinischen Begegnung, ob es sich nun um körperliche oder um seelische Klagen handelt. Aber im speziellen Fall der psychotherapeutischen Begegnung drängen drei Punkte alle anderen beiseite: es sind dies die Klage, die Anamnese und die

Deutung. Ich werde Ihnen anschließend ein Beispiel solch einer psychotherapeutischen Bewegung vorstellen und es analysieren. Was geht im Geist des Psychotherapeuten vor in der Spanne zwischen der verbalen Mitteilung der Klage durch den Patienten und der verbalen Deutung, die er als Antwort darauf gibt? Das ist, scheint mir, die Frage, die wir hier untersuchen müssen. Das bedeutet aber: auf welche Weise kann der Psychotherapeut, angesichts des rein verbalen und sozialen Ausdrucks des Patienten und beim Fehlen nichtverbaler Hilfsinstrumente, seine eigenen Wahrnehmungen und Gedanken zuverlässig gestalten? An diesem Punkt bin ich nicht mehr ganz so sicher, ob die Einladung »uns zu erzählen, wie ein Kliniker eigentlich wirklich arbeitet« tatsächlich ganz so freundlich war. Denn Sie müssen den Verdacht hegen, daß der Psychotherapeut in vieler Hinsicht den äußeren Rahmen und die Terminologie eines medizinischen und sogar experimentellen Vorgehens verwendet, daß er sich auf eine Anatomie, Physiologie und Pathologie der Seele beruft, ohne doch der traditionellen Lehrbuchklarheit der wissenschaftlichen Medizin in irgendeiner Weise gleichkommen zu können. Kurzum, das Element der Subjektivität, sowohl in der Klage des Patienten wie in den Deutungen des Therapeuten, dürfte bei weitem größer sein als in den strikt medizinischen Arzt-Patient-Begegnungen, obwohl im Prinzip dies Element in keiner klinischen Methode völlig fehlt.

Es bleibt tatsächlich nichts anderes übrig, als die Subjektivität in den Mittelpunkt einer Untersuchung über Beweisführung und Schlußfolgerung in dem Sektor der klinischen Arbeit zu stellen, über den zu diskutieren ich mich für zuständig halte.

Der Psychotherapeut teilt die allen Ärzten gemeinsame, von Hippokrates formulierte Verpflichtung, Stunde um Stunde einen *Vertrag* mit den Menschen zu erfüllen, die sich der Untersuchung stellen und Heilung erhoffen. Sie geben viel ihres persönlichen, privatesten Seins preis, in der Erwartung, aus dieser Begegnung mit dem Arzt heiler und weniger aufgespalten hervorzugehen, als sie es zu Anfang waren. Der Psychotherapeut teilt weiterhin die allen Ärzten gemeinsame Forderung, daß, wie intim und gefühlsbetont die Dinge auch seien, die er erfährt, er doch den intellektuellen inneren Kontakt mit seinen Begriffsmodellen aufrechterhalten muß, auch wenn sie nur grobe Umrisse bieten. Aber mehr als jederArzt muß der Psychotherapeut in sein Beobachtungsfeld ein *spezifisches Gewahrwerden seiner selbst* aufnehmen, gerade während er die Aktionen und Reaktionen des Patienten wahrnimmt. Ich möchte behaupten, daß die klinische Arbeit einen

Kern *disziplinierter Subjektivität* enthält — und zwar sowohl
auf seiten des Therapeuten wie des Patienten — und daß es
weder wünschenswert noch möglich ist, diese Subjektivität
völlig durch scheinbar objektivere Methoden zu ersetzen.
Tatsächlich haben solche objektiven Methoden ihren Ursprung
sozusagen in der Fabrikation von Werkzeug, das für andere
Arten von Arbeit geschaffen wurde. Wie diese beiden Subjek-
tivitäten sich nun im disziplinierten Verständnis und in der
geteilten Einsicht vereinigten, die unserer Meinung nach die
Heilung bewirken — das ist die Frage.

2

Zuerst ein Wort über das »Aufnehmen der Krankengeschichte«, wie man die Anamnese heute nennt. In Kranken-
häusern wird das oft von Personal durchgeführt, das in der
»Aufnahmeabteilung« arbeitet, als könnte ein Patient im
Augenblick seines Eintritts in die Behandlung einen objektiven Bericht über seine Krankheit liefern und eine bestimmte
leidenschaftliche Preisgabe bis späterhin für »den Doktor«
aufsparen. In der Behandlung selbst wird natürlich vieles aus
dieser Geschichte in bedeutsamen Momenten noch einmal berichtet. Ob sich der Psychotherapeut dann dafür entscheidet,
auf die Vergangenheit des Patienten einzugehen oder nicht, so
wird er doch in dessen Lebensgeschichte eintreten und sich
der Gruppierung von Menschen hinzufügen, die schon eine
entscheidende Rolle darin spielen. Ich würde mich daher in
diesem Symposium methodologisch dem Historiker, ohne ihn
bedrängen zu wollen, am nächsten fühlen.
R. G. Collingwood definiert als historisch einen Prozeß »bei
dem die Vergangenheit, soweit sie historisch bekannt ist, in
der Gegenwart überlebt«. Da er also »selbst ein Denkpro-
zeß ist ... existiert er nur insoweit, als die Bewußtseinsträger,
die Teil dieses Prozesses sind, sich als seine Teile erkennen«.
Und nochmals: »Geschichte ist das Leben des Geistes selbst,
das nicht Geist ist, außer soweit, als es *sowohl im historischen
Prozeß lebt und sich auch als so lebend erkennt.*«[1]
Es ist aber nicht meine Aufgabe, hier Geschichtsphilosophie
zu diskutieren. Die Analogie zwischen dem Arzt und dem
Historiker, wie Collingwood ihn definiert, beruht für mich
auf der Funktion des Krankengeschichts-Historikers, bei der
Aufnahme der Krankengeschichte selbst Teil einer Lebens-
geschichte zu werden. Hier endet die Analogie; sie könnte

1 R. G. Collingwood, The Idea of History, Oxford University Press, New York
1956.

43

nur dann weiter anwendbar bleiben, wenn der Historiker auch eine Art von ärztlichem Staatsmann wäre, der die Ereignisse, die er berichtet, auch beeinflußt und Entwicklungen berichtet, während er sie lenkt. Es ist durchaus möglich, daß in der Zukunft solch ein bewußter Arzt-Historiker-Staatsmann auftritt.

Lassen Sie mich also die psychotherapeutische Begegnung als eine historische Begegnung neu definieren. Ein Mensch hat einen Notstand erklärt und seine Selbst-Regulierung einer Behandlungsprozedur unterworfen. Er ist damit nicht nur zum subjektiven *Patienten* geworden, sondern hat auch die Rolle eines förmlichen *Klienten* akzeptiert. Bis zu einem gewissen Maß mußte er seine autonome Lebensgeschichte unterbrechen, wie er sie im unbewußten Gleichgewicht sowohl seines privaten wie seines öffentlichen Lebens lebte, um für einige Zeit einen Teilaspekt seiner selbst »bevorzugt zu behandeln« und ihn mit der diagnostischen Hilfe einer Heilmethode zu beobachten. »Unter Beobachtung« wird er selbstbeobachtend. Als Patient neigt er dazu — und wird als Klient oft dazu ermutigt — seine eigene Position historisch anzusehen, indem er an den Beginn seiner Störungen zurückdenkt und erwägt, welche Weltordnung (sei sie magisch, wissenschaftlich oder ethisch) verletzt wurde und wiederhergestellt werden muß, ehe seine Selbstregulierung von neuem aufgenommen werden kann. Er nimmt selbst daran teil, zu einem *Fall* zu werden, eine Tatsache, die er sozial vielleicht überwinden wird, die aber trotzdem seine Ansicht über sich selbst für immer verändern kann.

Der Therapeut seinerseits, der dazu berufen ist, das Stück unterbrochenen Lebens, das ihm vorgelegt wird, zu beurteilen und sich selbst und seine Methode in es einzufügen, findet sich selbst als Teil der intimsten Lebensgeschichte eines anderen. Glücklicherweise bleibt er zugleich der Funktionär eines Heilberufes mit einer systematischen, auf einem kohärenten Weltbild beruhenden Orientierung — sei es nun die Theorie, daß ein kranker Mensch von bösen Geistern besessen oder vom Teufel verführt wurde, daß er Opfer eines chemischen Giftes oder schlechter Erbanlagen ist, daß er von inneren Konflikten zerrissen oder von gefährlichen Ideologien verblendet ist. Indem er seinen Klienten auffordert, sich mit der Hilfe professioneller Theorien und Techniken selbst zu beobachten, macht sich der Arzt zum Teil der Lebensgeschichte des Klienten, ebenso wie der Klient damit zum Fall in der Geschichte des Heilens wird.

Ich lernte in Nord-Kalifornien eine alte indianische Schamanin kennen, die über meine Auffassung der Psychopatholo-

44

gie herzlich lachte und mir dann aufrichtig — bis zum Vergießen zeremonieller Tränen — von der Art erzählte, wie sie die »Schmerzen« aus den Patienten saugt. Sie war von ihrer Fähigkeit zu heilen und zu verstehen ebenso überzeugt, wie ich von meiner. Obwohl wir die extremsten Gegensätze innerhalb der Geschichte der amerikanischen Psychiatrie darstellten, fühlten wir uns wie Kollegen. Dies Gefühl beruhte auf irgendeinem gemeinsamen Sinn für die historische Relativität aller Psychotherapie: die Relativität der Ansicht des Patienten von seinen Symptomen, der Rolle die er kraft seines Patientseins übernimmt, der Art Hilfe, die er sucht, und der Arten von Hilfe, die eifrig angeboten werden oder zur Verfügung stehen. Über den Ort der emotionalen Erkrankung, darüber, was sie »ist« und darüber, welche spezifische Methode sie heilen könnte, waren die alte Schamanin und ich verschiedener Meinung. Aber als sie den Ursprung der Erkrankung eines Kindes mit den familiären Spannungen innerhalb ihres Stammes in Zusammenhang brachte, als sie den Schmerz (der »unter die Haut eines Kindes« gegangen war) der Hexerei (Ambivalenz) seiner Großmutter zuschrieb, da wußte ich, daß sie es mit den gleichen Kräften und mit den gleichen Arten von Überzeugung zu tun hatte, wie ich in meiner beruflichen Ecke. Diese Erfahrung wiederholte sich bei Diskussionen mit Kollegen, die, obwohl nicht unbedingt primitiver, anderen psychiatrischen Richtungen zuneigen.

Der ausgebildete Psychotherapeut unserer Tage ist notwendigerweise Erbe medizinischer Methoden und Begriffe, auch wenn er sich dazu entschließt, ihnen durch eine entscheidende Wendung zu existenzialistischen oder sozialen Auffassungen der personalen Begegnung im therapeutischen Rahmen entgegenzuwirken. Auf alle Fälle aber anerkennt er seine Betätigung als eine Funktion lebensgeschichtlicher Prozesse und zieht den Schluß, daß man in seiner Sphäre Geschichte macht, indem man sie aufzeichnet.

3

Offenbar müssen wir den Spuren der ärztlichen Beweisführung also in derartigem Treibsand nachgehen. Kein Wunder, daß häufig das einzige klinische Material, das manchem überhaupt als »wissenschaftlich« einleuchtet, die konkreten Nachweise der Hilfsmethoden der Psychotherapie sind — die neurologische Untersuchung, die chemische Analyse, soziologische Studien, das psychologische Experiment etc. —, die alle, **genau gesagt, den Patienten in nicht-therapeutische**

Beobachtungsbedingungen versetzen. Jede dieser Methoden kann *gewisse* Dinge ungeheuer »objektivieren«, unschätzbare unterstützende Beweise für *gewisse* Theorien liefern und zu unabhängigen Heilungsmethoden für *besondere* Klassen von Patienten führen. Aber es ist nicht die Art der Beweisführung, wie sie die psychotherapeutische Begegnung selbst liefert.

Um eine derartige Beweisführung vorzustellen, brauche ich ein Beispiel. Es wird darin bestehen, daß ich Ihnen berichte, was ein Patient zu mir *gesagt* hat, wie er sich dabei *verhalten* hat und was ich meinerseits *dachte* und *tat* — eine höchst verdächtige Methode! Es ist auch tatsächlich durchaus möglich, daß wir am Anfang einer Periode stehen, in der die Konsultationsräume (die schon luftiger und heller geworden sind als Freuds Sprechzimmer) sozusagen viele offene Türen in Richtung auf die Hilfsquelle einer aufgeklärten Gemeinschaft hin haben, so wie sie heute Forschungs-Fenster in der Form von Ein-Weg-Spiegeln, Kameras und Aufzeichnungsapparaturen besitzen. Für die Art von Beweisführung allerdings, wie wir sie hier hervorheben, ist es noch wesentlich, daß für längere oder kürzere Perioden diese Türen geschlossen bleiben, undurchlässig für Geräusche und Eindringlinge aus der Außenwelt.

Wenn ich das betone, so versuche ich damit keineswegs, die legitime Erforschung des Rahmens, aus dem unsere Beispiele stammen, abzuwehren. Ich weiß nur zu gut, daß viele unserer Deutungen zu der Art zu gehören scheinen, wie sie ein Jude in einer polnischen Eisenbahn einem anderen gab. »Wohin fährst Du?« fragt der erste. »Nach Minsk«, sagt der andere. »Nach Minsk!« ruft der erste, »Du sagst, Du fährst nach Minsk, so daß ich glauben soll, Du fährst nach Pinsk! Du fährst doch auf alle Fälle nach Minsk — warum lügst Du also?« Es besteht das weitverbreitete Vorurteil, daß der Psychotherapeut Punkt um Punkt das aufdeckt, wovon er behauptet, auch der Patient denke es »in Wirklichkeit«, wenn auch unbewußt. Dazu gehört auch die Vorstellung, daß der Psychotherapeut in seinem technischen Arsenal über genug Minsk-Pinsk-Verdrehungen verfüge, um glatt versichern zu können, das Beweismaterial spreche für seine Behauptung. Gerade aus diesem Grunde möchte ich ihn zu zeigen versuchen, inwieweit das klinische Urteil über Methode verfügt. Ich will als Beispiel die subjektivste aller Angaben, einen Traumbericht, wählen.

Ein junger Mann in den frühen Zwanzigern kommt — etwa in der Mitte seines ersten Behandlungsjahres in einer psychiatrischen Klinik — zu seiner Behandlungsstunde und berichtet,

daß er den beunruhigendsten Traum seines Lebens gehabt
habe. Der Traum, so sagt er, ruft seinen Panikzustand zur
Zeit seines »geistigen Zusammenbruchs« lebhaft wach, der ihn
seinerzeit veranlaßt hatte, sein Studium als Auslandsmissio-
nar aufzugeben und in Behandlung zu gehen. Er kann den
Traum nicht loswerden; beim Aufwachen schien er schmerz-
haft real zu sein und selbst in der Stunde, in der er davon
berichtete, schien der Traum-Zustand noch lebendig genug,
um den Realitätssinn des Patienten zu bedrohen. Er hat
Angst, daß dies das Ende seines gesunden Verstandes sei.
Der Traum: »Es war da ein großes Gesicht, das saß in einem
Einspänner aus der Zeit, als man noch Pferd und Wagen
hatte. Das Gesicht war völlig leer, und rings darum herum
war grauenhaftes schleimiges, schlangenhaftes Haar. Ich bin
nicht sicher, ob es nicht meine Mutter war.« Dem Traumbericht selbst, der in wortreichem Klageton vorgebracht wurde,
folgte, wie gewöhnlich, eine Vielfalt scheinbar zufälliger Berichte über Ereignisse des vorangegangenen Tages, die aber
schließlich in eine ziemlich zusammenhängende Erzählung
über die Beziehungen des Patienten zu seinem verstorbenen
Großvater, einem Landpastor, übergingen. Ja, er sieht sich
selbst als kleinen Jungen mit seinem Großvater eine Brücke
über einen Bach überschreiten, seine winzige Hand in der
beruhigenden Faust des alten Mannes. Hier wandelt sich die
Stimmung des Patienten zu einem tiefbewegten und bewegen-
den Eingeständnis seines verzweifelten Heimwehs nach der
ländlichen Umgebung, in der die Wertbegriffe seiner einge-
wanderten nordischen Vorfahren noch klar und stark
waren.
Wie kam der Patient von dem Traum zum Großvater? Hier
muß ich darauf hinweisen, daß wir die Assoziationen eines
Patienten als unsere besten Führer zur Bedeutung eines bis
dahin noch dunklen Punktes ansehen, der während einer
Sitzung auftaucht, sei es ein starker Affekt, eine eigensinnig
wiederkehrende Erinnerung, ein intensiver oder sich wiederholender Traum oder ein vorübergehendes Symptom. Unter
assoziierten Beweisen verstehen wir alles, was dem Patienten
während und nach dem Bericht jenes Punktes in den Sinn
kommt. Außer in Fällen völliger Desorganisation des Denkens, können wir annehmen, daß das, was wir die synthetisierende Funktion des Ich nennen, dahin tendieren wird, zu
assoziieren, was »zusammengehört«, lägen die assoziierten
Dinge auch noch so fern in der Geschichte, wären getrennt
im Raum und widersprüchlich im Sinn der Logik. Hat sich der
Therapeut erst einmal davon überzeugt, daß der Patient über
eine gewisse Kombination von Charakter, Intelligenz und

47

dem Wunsch, gesund zu werden, verfügt, dann kann er sich auf die Fähigkeit des Patienten verlassen, während einer Reihe von therapeutischen Sitzungen eine Sequenz von Themen, Gedanken und Affekten zu produzieren, die ihre eigene Übereinstimmung anstreben und ihre eigenen Hinweise aufeinander liefern.

Es ist natürlich diese grundlegende, synthetisierende Tendenz im klinischen Material, die es dem Arzt gestattet, mit »freischwebender Aufmerksamkeit« zu beobachten, sich jeder unangemessenen Einmischung zu enthalten und früher oder später ein Zusammenmünden der Suche des Patienten nach heilender Klärung und seiner eigenen Bemühung, das zu erwarten, was am bedeutsamsten ist, zu erkennen und zu benennen, das heißt, eine Deutung zu geben.

Gleichzeitig steht alles, was in einer Stunde gesagt wird, mit dem Material aus früheren Sitzungen in Zusammenhang. Man muß wissen, daß jedwede Einsicht, die sich aus einer Episode ergeben kann, ihre Bedeutung der Tatsache verdankt, daß sie vorhergehende Fragen klärt und frühere Halbwahrheiten vervollständigt. Diese *beweisträchtige Kontinuität* kann hier nur grob skizziert werden; selbst über diese eine Sitzung Rechenschaft abzulegen, würde viele Stunden beanspruchen. Ich will daher nur den scheinbar paradoxen Umstand erwähnen, daß der Patient in der vorangehenden Stunde über sein zunehmendes Wohlbefinden in seiner Arbeit und in seinem Leben gesprochen und Vertrauen und sogar so etwas wie Zuneigung zu mir ausgedrückt hatte.

Was den Rest der Stunde, in der er mir den Traum berichtete, angeht, so hörte ich dem Patienten, der mir in einem Lehnstuhl gegenübersaß, ohne viel Unterbrechungen zu, die nur der besseren Erklärung von Gefühlen und Tatsachen galten. Erst am Ende der Sitzung gab ich ihm ein Resumé meiner Überlegungen, welchen Sinn sein Traum mir zu haben schien. Es ergab sich, daß diese Deutung für uns beide überzeugend war und daß sie sich im Laufe der weiteren Entwicklung als strategisch entscheidend für die ganze Behandlung erwies. (Das sind die Behandlungsstunden, von denen wir am liebsten erzählen!)

Wenn ich jetzt die Aufgabe habe, Ihnen zu zeigen, welche Schlußfolgerungen mir halfen, eine der wahrscheinlichsten unter den vielen möglichen Bedeutungen dieses Traumberichts zu formulieren, dann muß ich Sie bitten, mit mir zusammen sich dem zu widmen, was Freud die »freischwebende Aufmerksamkeit« nannte. Es handelt sich dabei um eine Form der Aufmerksamkeit, die — wie ich jetzt hinzufügen muß — sich nach innen, auf die Grübeleien und Einfälle des

Beobachters richtet, während sie gleichzeitig den freien Assoziationen des Patienten folgt, und die, weit davon entfernt, sich zu absichtsvoll auf einen Punkt zu konzentrieren, eher wartet, bis ihr wiederkehrende Themen auffallen. Diese Themen werden erst leise, dann aber immer beharrlicher das Wesen der Botschaft des Patienten und ihre Bedeutung signalisieren. Es ist tatäschlich die schrittweise Errichtung strategischer Schnittlinien auf einer Anzahl von Tangenten, die es schließlich ermöglicht, den zentralen Kern im beobachteten Phänomen zu lokalisieren, der den »Beweis« darstellt.

4

Ich will jetzt darzustellen versuchen, welche Art von Überlegungen einem Psychotherapeuten durch den Kopf gehen, manche nur flüchtig, andere mit beharrlicher Dringlichkeit, manche kaum in Worten bewußt, andere schon fast bereit, verbalisiert und mitgeteilt zu werden.

Das Verhalten und der Bericht unseres Patienten konfrontiert mich mit einer therapeutischen Krise und meine erste Aufgabe besteht darin, gewahr zu werden, wo der Patient als Klient steht und was ich als nächstes tun muß. Was der Therapeut zu tun hat, hängt natürlich zuerst und zuletzt vom Rahmen seiner Arbeit ab. Bei mir handelt es sich um ein nichtgeschlossenes psychiatrisches Krankenhaus, das schwere Neurosen, manche an der Grenze der Psychose oder Psychopathie, aufnimmt. In solch einem Rahmen zeigen die Patienten in ihren regrediertesten Momenten unter Umständen mildere Formen einer Störung des Realitätsgefühls; im täglichen Verhalten versuchen sie gewöhnlich, sich auf vernünftige und nützliche Art zu unterhalten, fortzubilden und zu beschäftigen. Man kann erwarten, daß sie in ihren besten Augenblicken einsichtsvoll sind und brauchbare und manchmal schöpferische Arbeit leisten. Man kann von der Klinik also sagen, daß sie eine Anzahl einberechneter Risiken übernimmt und auf der anderen Seite spezielle Möglichkeiten für den Patienten bietet, im Rahmen seiner Fähigkeiten zu arbeiten, aktiv zu sein und soziale Verantwortung zu übernehmen. Ob ein Patient in diese Umgebung paßt, wird zuvor in einer »Bewertungs-Periode« festgestellt. Die Krankengeschichte wurde in psychiatrischen Interviews mit ihm und vielleicht mit Mitgliedern seiner Familie aufgezeichnet; er ist von einem Arzt körperlich untersucht und von einem Psychologen standardisierten »Blind«-Tests unterzogen worden, das heißt ohne Kenntnis von der Krankengeschichte des Patienten.

Schließlich wurden die Ergebnisse dem gesamten Stab der Klinik vorgelegt, auf dessen Beschluß hin der Patient selbst durch den ärztlichen Klinikleiter vorgestellt, durch ihn und andere Mitglieder des Stabs befragt und »seinem Therapeuten« zugewiesen wird. Diese vorausgehende Prüfung liefert dem Therapeuten eine allgemeine Diagnose, die einen bestimmten Bereich *zu erwartender seelischer Zustände* abgrenzt, die besonderen Gefahrenpunkte des Patienten anzeigt und seine spezielle Aussicht auf Besserung erkennen läßt. Überflüssig zu sagen, daß selbst die beste Vorbereitung nie ganz vorhersagen kann, welche Höhen und Tiefen erreicht werden, wenn der therapeutische Prozeß erst einmal begonnen hat.

Der ursprüngliche Testbericht hatte den gestörten Zustand des Patienten in folgende Worte gefaßt: »Der Test zeigt ans Psychotische grenzende Züge bei einem gehemmten Zwangscharakter. Der Patient scheint aber imstande zu sein, spontan adäquaten Abstand von diesen psychosenahen Tendenzen zu nehmen. Gegenwärtig scheint er darum zu kämpfen, eine etwas schwankende Kontrolle über aggressive Impulse zu verstärken und empfindet vermutlich ziemlich starke Angst.« Der Verlauf der Behandlung bestätigt diese und andere Testergebnisse. Daher wird ein Traumbericht wie der eben erwähnte, in einem derartigen Rahmen, den klinischen Beobachter zuerst einmal als diagnostisches Zeichen beeindrucken. Dies ist ein »Angsttraum«. Solch ein Traum kann jedem begegnen, und ein leichtes Fortbestehen des Traumzustandes in den Tag hinein ist an sich nicht pathologisch. Aber bei diesem Patienten scheint der Traum nur das visuelle Zentrum einer schweren affektiven Störung zu sein. Zweifellos könnte ein derartiger Zustand, wenn er anhält, den Patienten in eine generalisierte Panik versetzen, wie sie ihn zuerst ja in unsere Klinik gebracht hatte. Der Bericht von dem fürchterlichen Traum, der sich in das Wachleben des Patienten eindrängt, findet jetzt seinen Platz neben den Testdaten und neben der Schwankungsbreite und dem Spektrum von Stimmungen und Zuständen, wie sie in der Behandlung beobachtet wurden, und zeigt den Patienten auf dem tiefsten Niveau, das seit seiner Aufnahme erreicht wurde, das heißt relativ am nächsten einer *Unfähigkeit* »adäquaten Abstand von seinen psychosenahen Tendenzen zu nehmen«.

Die erste »Voraussage«, die jetzt gemacht werden muß, ist, ob dieser Traum das Zeichen eines drohenden Zusammenbruchs ist, oder im Gegenteil eine potentiell heilsame klinische Krise. Das erste würde bedeuten, daß der Patient mir entgleitet und daß ich sozusagen an das Rettungsnetz denken

50

muß, das zweite, daß er die Hand mit einer wichtigen Botschaft nach mir ausstreckt, die ich verstehen und beantworten müßte. Ich entschloß mich für die zweite Alternative. Obgleich der Patient sich benahm, als wäre er nahe an einem Zusammenbruch, hatte ich den Eindruck, daß in all dem tatsächlich eine Herausforderung lag, und zwar eine ziemlich zornige. Der Eindruck stützte sich bis zu einem gewissen Maß auf einen Vergleich zwischen dieser Stunde und der vorhergehenden, als der Patient so auffällig gebessert schien. Könnte es sein, daß sein Unbewußtes nicht imstande gewesen war, gerade diese Besserung zu ertragen? Das Paradox löst sich auf, wenn wir bedenken, daß eine Heilung den Verlust des Rechtes bedeutet, sich auf die Therapie zu verlassen; denn der geheilte Patient würde, um mit dem heiligen Franziskus zu sprechen, nicht mehr so sehr danach streben, geliebt zu werden, als zu lieben, nicht so sehr danach, getröstet zu werden, als zu trösten, bis an die Grenze seiner Fähigkeit. Will der Traumbericht mitteilen, daß der Patient noch krank ist — wobei er etwas zu laut protestiert? Ist der Traum kränker, als der Patient? Ich kann diesen versuchsweisen diagnostischen Schluß nur dadurch erklären, daß ich eine Anzahl von Schlußfolgerungen der Art vorlege, wie sie sich sehr schnell im Kopf des Therapeuten abspielen und die sich nur durch eine Analyse der verbalen und verhaltensmäßigen Kommunikationen des Patienten und meiner eigenen intellektuellen und affektiven Reaktionen aufzeigen lassen.

5

Der erfahrene Traumdeuter »liest« häufig einen Traumbericht, wie der ärztliche Praktiker ein Röntgenbild anschaut und abliest. Besonders in den Fällen wortreicher oder schweigsamer Patienten oder überlanger Fallberichte legt ein Traum oft die nackten inneren Tatsachen frei.
Lassen Sie uns erst einmal den Traumbildern Aufmerksamkeit schenken. Der Hauptgegenstand ist ein großes Gesicht ohne erkennbare Züge. Es kommen keine gesprochenen Worte und keine Bewegung vor. Es treten keine Menschen im Traum auf. Die Auslassungen sind also deutlich. Ein erfahrener Deuter kann das auf Grund eines implizierten umfassenden Inventars von Traumgestaltung feststellen, an dem er die individuelle Traumproduktion nach vorhandenen und fehlenden Traumgestaltungen überprüft. Dieses Inventar kann explizit gemacht werden, wie ich das selbst in einer Publikation versucht habe, die Freuds klassische erste Analyse eines »Traum-

musters« erneut untersucht[2]. Der Traum, über den wir hier sprechen, zeichnet sich also durch signifikante Aussparungen wichtiger Punkte aus, die in den meisten Träumen vorhanden sind: Bewegung, Handlung, Menschen, gesprochene Worte. Alles, was wir statt dessen finden, ist das bewegungslose Bild eines gesichtslosen Gesichts, das vielleicht, oder vielleicht auch nicht, die Mutter des Patienten darstellt.

Um zu verstehen, wofür dieses Bild »steht«, muß der Deuter den klassischen wissenschaftlichen Drang preisgeben, nach der einen, einleuchtendsten Erklärung zu suchen (der in manchen Zusammenhängen zu einer eindeutigen Erklärung, aber in diesem zu einer »wilden« Deutung führen würde). Er muß sich statt dessen durch seine »freischwebende« Aufmerksamkeit und Urteilsfähigkeit zu all den *möglichen* Gesichtern hinführen lassen, die in diesem einen Traumgesicht verdichtet sein können, um dann zu entscheiden, welche *vermutliche Bedeutung* ihr kombiniertes Dasein erklären könnte. Ich will daher im folgenden das Traumgesicht mit all den Gesichtern bedeutsamer Personen in der Hierarchie meines Patienten in Verbindung setzen, zu meinem Gesicht so gut wie zu dem seiner Mutter und seines Großvaters, zu Gottes Angesicht wie zur Maske der Medusa. So kommt vielleicht die wahrscheinliche Bedeutung des leeren und schrecklichen Gesichtes allmählich zum Vorschein.

Fangen wir mit mir an. Der Gesichtsausdruck und die Tonlage des Patienten erinnerten mich an eine Reihe kritischer Augenblicke während seiner Behandlung, wo er offensichtlich nicht ganz überzeugt war, daß ich »völlig da« sei, und besorgt war, ich könnte ihn mißbilligen und ärgerlich fortgehen. Das lenkte meine Aufmerksamkeit auf eine Frage, die der Therapeut angesichts jeder Produktion seines Patienten überlegen muß, nämlich wo sein eigener Platz innerhalb dieser Produktion ist.

Während sich der Psychotherapeut nicht gewaltsam in die Bedeutung der Traumbilder seines Patienten eindrängen soll, tut er doch gut daran, diskret die Masken der verschiedenen Traumpersonen zu lüften, um nachzusehen, ob er sein eigenes Gesicht oder seine Person oder Rolle dargestellt findet. Hier ist die Maske das leere Gesicht mit Massen schrecklicher Haare. Mein oft ungebändigtes weißes Haar, das ein rötliches Gesicht umrahmt, schleicht sich leicht in die Phantasieproduktionen meiner Patienten ein, entweder in der Form eines freundlichen St. Nikolaus oder in der eines drohenden Ungeheuers. In jenem bestimmten Zeitabschnitt mußte ich noch

2 E. H. Erikson, Das Traummuster der Psychoanalyse, Psyche VIII, 561–604, Ernst Klett, Stuttgart, 1954/55.

eine andere biographische Episode in meine Überlegungen mit aufnehmen. Im dritten Monat der Therapie hatte ich den Patienten »verlassen«, um mich einer Operation zu unterziehen, die der Patient — ich benutzte hier die äußerste Abkürzung der analytischen Vorgänge — seinem bösen Blick zuschrieb. Zur Zeit des Traumberichts fühlte ich mich noch gelegentlich etwas schwach — eine Sache, die sich vor derartigen Patienten nie verbergen läßt. Ein sensitiver Patient befindet sich natürlich in einem Konflikt zwischen seiner Sympathie, die ihn wünschen läßt, für mich zu sorgen, und seinem berechtigten Anspruch, daß ich für ihn sorgen solle. Er hat das Gefühl, daß nur die vollständige Präsenz des Therapeuten ihm genug Identität vermitteln kann, um seine Krisen durchzustehen.

Ich kam zu dem Schluß, daß das leere Gesicht etwas mit einer gewissen Brüchigkeit unserer Beziehung zu tun habe und daß eine Botschaft des Traumes etwa folgendermaßen laute: »Wenn ich nie weiß, ob und wann du an dich selbst denkst, statt dich um mich zu kümmern, oder wann du weggehst oder vielleicht stirbst — *wie kann ich das haben oder gewinnen, was ich am meisten brauche — eine kohärente Persönlichkeit, eine Identität, ein Gesicht?*«

Aber solch eine indirekte Botschaft, selbst wenn sie als bezogen auf die unmittelbare Gegenwart und die therapeutische Situation verstanden wird, erweist sich doch immer als »überdeterminiert«, das heißt als Übermittlerin einer verkürzten Geheimschrift, die eine Anzahl anderer Botschaften aus anderen, der Therapie scheinbar fernliegenden Lebenssituationen enthält. Das nennen wir »Übertragung«. Da der Schluß auf eine »Mutterübertragung« heute fast schon eine stereotype Forderung ist, und damit leicht zu falschen Ansichten betreffs der Beziehung von Vergangenheit und Gegenwart verführt, habe ich eine Besprechung der Beziehung zwischen der angedeuteten Angst des Patienten, sein Gesicht zu verlieren, und seiner Bemerkung, er sei nicht sicher gewesen, ob es nicht das Gesicht seiner Mutter war, zwar hinausgeschoben, aber nicht aufgegeben. Statt dessen habe ich seine Angst vorangestellt, daß er sich selbst verlieren könne, wenn er mich zu plötzlich oder zu früh verlöre.

6

Klinische Arbeit ist immer zugleich fortschreitende Forschung und ich gäbe keinen vollständigen Bericht von den Fußangeln, die dem Therapeuten gelegt sind, wenn ich nicht nebenbei die

Tatsache erwähnte, daß der Traum des Patienten zufälligerweise ganz ausgezeichnet in meine Forschungsarbeit jener Zeit paßte. Das kann für den therapeutischen Vorgang ein gemischter Segen sein. Ein Kliniker, dessen Sinn nach Forschung steht — und noch dazu einer mit literarischen Ambitionen — muß sich immer davor hüten, daß seine Patienten nicht zu Fußnoten für seine bevorzugte These oder sein zentrales Thema werden. Ich untersuchte damals in Stockbridge und Pittsburgh die »Identitätskrisen« einer Anzahl junger Leute, College- und Seminarstudenten, Arbeiter und Künstler. Ich hatte die Absicht, ein Syndrom, das ich »Identitäts-Verwirrung« nenne, näher zu umreißen — ein Ausdruck, der die Unfähigkeit junger Menschen um zwanzig Jahre herum beschreibt, ihren Platz und ihre Berufung im Leben festzulegen, und die Tendenz mancher von ihnen, anscheinend bösartige Symptome und Regressionen zu entwickeln[3].

Eine derartige Forschung wird die Fragen der finalistischen Diagnosestellung eher neu eröffnen als zum Abschluß bringen. Vielleicht gibt es bestimmte Stadien im Lebenszyklus, wo selbst augenscheinlich bösartige Störungen mit mehr Erfolg als *erschwerte Lebenskrisen* behandelt werden, statt als Krankheiten, die unter psychiatrischen Routinediagnosen fallen. Hier muß sich der Arzt von dem Grundsatz leiten lassen, daß er, wenn er hoffen kann, auch nur eine kleine Untergruppe, ja nur einen einzigen Patienten zu retten, bestehende statistische Urteilssprüche außer acht lassen muß. Denn ein einziger neuer Fall, der auf neue Art verstanden wird, erweist sich bald als »typisch« für eine ganze Klasse von Patienten.

Aber jeder neue diagnostische Eindruck verlangt sofort nach Überlegungen hinsichtlich der Ausbreitung der Störung. Was wir als therapeutisches Bedürfnis bei einem Patienten beschrieben haben, nämlich seine Identität dadurch zu gewinnen, daß er die totale Anwesenheit des Therapeuten beansprucht, das ist identisch mit dem Bedürfnis junger Leute, überall in der Welt, nach ideologischer Sicherung. Dieses Bedürfnis nimmt in bestimmten kritischen Geschichtsperioden verschärfte Formen an, wo junge Leute unter Umständen den Versuch machen, ihre Sicherung in Gruppen zu finden, die von der idealistischen Jugendbewegung bis zu kriminellen Gangs reichen[4].

Der junge Mann, von dem wir hier sprachen, war einer aus einer kleinen Gruppe unserer Patienten, die von theologischen

---

3 E. H. Erikson, Identity and the Lifecycle, Psychological Issues I, No. 1, International Universities Press, New York 1959.
4 E. H. Erikson, Youth: Fidelity and Diversity, Daedalus 91, 5–27, 1962.

Seminaren kamen. Er hatte seine Symptome in einer Zeit entwickelt, als er einem protestantischen Seminar im Mittelwesten angehörte, wo er für die Missionsarbeit in Asien vorbereitet wurde. Es war ihm nicht gelungen, die erwartete Verwandlung im Gebet zu erleben, eine Sache, die ihn aus Gründen der Ehrlichkeit wie des inneren Bedürfnisses stärker beunruhigte, als manchen Gläubigen, dem das leichter möglich war. Für ihn blieb der Wunsch, den Schleier zu durchdringen und »von Angesicht zu Angesicht« zu schauen, ein verzweifeltes Bedürfnis, dessen Befriedigung in manchen modernen Seminaren nicht leicht zu erreichen ist. Ich brauche Sie nicht an die vielen Bibelstellen zu erinnern, die davon sprechen, daß Gott »sein Angesicht über die Menschen leuchten« läßt oder daß Gottes Antlitz abgewandt oder ferne ist. Das therapeutische Thema, das sich von dem Bericht des Patienten über einen Angsttraum ableiten ließ, schien also auch in bedeutsamer Weise seine religiösen Skrupel zur Zeit des Symptomausbruchs wiederklingen zu lassen — wobei der gemeinsame Nenner der Wunsch nach dem *Durchbruch zu einem Spender von Identität* ist.

Dieser Gedankenablauf führt uns also von der unmittelbaren klinischen Situation (und dem Erkennen meines Gesichts im Traumgesicht) zu der für das Alter des Patienten typischen Entwicklungskrise (und zu der möglichen Bedeutung der Gesichtslosigkeit als »Identitäts-Verwirrung«) zu der beruflichen und geistigen Krise, die dem Zusammenbruch des Patienten unmittelbar voranging (und zum Bedürfnis nach einem göttlichen Antlitz, einem existentiellen Erkennen). Der »Einspänner« im Traum wird uns noch weiter zurück zu einer früheren Identitätskrise — und zu einem anderen bedeutungsvollen Gesicht führen.

Pferd und Wagen stellen natürlich ein historisches Symbol des Kulturwandels dar. Je nach der Ideologie des Betreffenden ist es ein spöttischer Ausdruck, der hoffnungslos altmodisches Tun und Sein bezeichnet, oder es wird zum Symbol des Heimwehs nach den guten alten Tagen. Hier stoßen wir auf einen Zug in der Familiengeschichte, der für die Identitätskrise des Patienten ganz entscheidend war. Die Familie stammte aus Minnesota, wo der Vater der Mutter ein kraft- und charaktervoller Landpfarrer gewesen war, der in seiner Gemeinde hochgeachtet wurde. Derartige Großväter repräsentieren heute für viele Menschen eine Welt, die in ihren feudalen Werten homogen war »herrschend und grausam mit gutem Gewissen, selbstbeschränkend und fromm ohne Einbuße an Selbstbewußtsein«. Als die Eltern vom Norden nach dem damals noch rauchbedeckten Pittsburgh zogen, fand es besonders die Mutter unmöglich, eine intensive Sehnsucht nach der ländlichen Lebensweise ihrer Jugend zu überwinden. Tatsächlich war sie es, die den Jungen mit diesem Heimweh nach einer ländlichen Existenz erfüllte, und sie hatte deutliche Enttäuschungen verraten, als er zu Beginn seiner Identitätskrise zeitweise gedroht hatte, leichte Neigung zu Verwahrlosung zu zeigen (vielleicht um den kulturellen Konflikt der Familie mit einem Schlag zu beenden). Offensichtlich steht das »Pferd-und-Wagen«-Symbol in schärfstem ideologischen und technologischen Kontrast zu den modernen Mitteln lokomotorischer Beschleunigung und wird damit zum Symbol gleichzeitig für die veränderten Zeiten, für eine Identitätsverwirrung und für kulturellen Rückschritt. Vielleicht enthüllt sich hier die entsetzliche Bewegungslosigkeit des Traumes als wichtigster Punkt der Traumbildung und drückt so etwas aus wie ein Steckengebliebensein inmitten einer Welt, die angetrieben ist von wetteifernder Veränderung und Vorwärtsbewegung. Und eben als ich mir überlegte, daß das Gesicht im Wagen *auch* den verstorbenen Großvater mit seinem weißen Haar darstellen müsse, geriet der Patient spontan — wie ich schon erzählte — auf eine ganze Reihe von Erinnerungen aus der Zeit, als der Großvater ihn an der Hand genommen hatte, um ihn mit der Technik einer alten Farm in Minnesota bekannt zu machen. An dieser Stelle war die Sprache des Patienten poetisch geworden, seine Beschreibungen voller Leben, und es schien, als könne ihm der Durchbruch zu einem wirklich positiven Gefühlserlebnis gelingen. Aber als rücksichtsloser junger Bursche hatte er dem Großvater kurz vor dessen Tod Trotz entgegengesetzt. Ich wußte davon und sympathisierte mit seinem Tränenausbruch, der trotzdem merkwürdig verstockt wirkte, wie gewürgt von Wut, als wollte er sagen: »Man darf einem Kind nicht soviel Sicherheit versprechen und es dann allein lassen.«

Wir müssen uns hier daran erinnern, daß alle »Abschlußprüfungen« in der menschlichen Entwicklung das Aufgeben bekannter Positionen bedeuten und daß alles Wachstum — das heißt die Art von Wachstum, die bei unseren Patienten gefährdet ist — sich mit dieser Tatsache auseinandersetzen muß.

Wir fügen unseren früheren Überlegungen also die Annahme hinzu, daß das Gesicht im Traum (in einer für die Traumbilder typischen *Verdichtung*) auch das Gesicht des Großvaters »bedeutet«, der jetzt tot ist und dem sich der Patient als rebellischer Jugendlicher widersetzte. Es stellt sich also heraus, daß sowohl die unmittelbare klinische Situation wie die Geschichte des nervösen Zusammenbruchs als auch eine bestimmte Periode in der Jugendzeit des Patienten einen gemeinsamen Nenner in der Idee besitzen, daß der Patient fühlt, er könne *seine künftige geistige Gesundheit nur auf die Begegnung mit einem Antlitz der Weisheit und festen Identität begründen*, während er in allen genannten Fällen zu fürchten scheint, daß sein Zorn eben eine solche Hilfs- quelle zerstört hat oder zerstören wird. Die verzweifelte Be- harrlichkeit des Patienten, Sicherheit im Gebet und in der missionarischen Arbeit zu suchen, und das Mißlingen all dieser Bemühungen, inneren Frieden zu finden, gehören in diesen Zusammenhang.

Es ist vielleicht notwendig, Ihnen an dieser Stelle zu ver- sichern, daß sich auf diese Weise wohl das Mißlingen religiö- ser Bemühungen erklären läßt, keineswegs aber die Religio- sität selbst oder das Bedürfnis nach Verehrung und Dienst- schaft. Es besteht tatsächlich guter Grund zu der Annahme, daß die Entwicklung eines Gefühls der Treue und der Fähig- keit, solche Treue in einem bedeutsamen Zusammenhang zu leisten und entgegenzunehmen, eine der Vorbedingungen für die Gesundheit eines jungen Erwachsenen und für die Hei- lung eines jugendlichen Patienten ist.

7

Das Thema von Pferd und Wagen als ländliches Symbol diente uns dazu, eine mögliche Beziehung zwischen der heim- wehkranken Mutter und ihrem toten Vater herzustellen; und nun wenden wir unsere Aufmerksamkeit endlich dem Um- stand zu, daß der Patient halb ableugnend sagte, was er halb vorschlug: »Ich bin nicht sicher, ob es nicht meine Mutter war.« Hier müssen wir die Klage, die im gesamten Verlauf der Therapie am häufigsten wiederkehrt, einmal kritisch betrach- ten. Während der Großvater alles in allem doch die zuver- lässigste Stütze im Leben des Patienten dargestellt hatte, war das hübsche, sanfte, liebevolle Gesicht der Mutter in seinem Gedächtnis und in seiner Phantasie schon seit seiner frühe- sten Kindheit durch Augenblicke gestört gewesen, wo sie ganz in Anspruch genommen und entstellt von starken und schmerzlichen Gefühlen schien.

Die Tests, die vor jeder Aufnahme der Krankengeschichte durchgeführt werden, hatten das folgende Thema hervorge- hoben: »Die Mutterfigur erscheint in den *Thematic Appercep- tion Tests* als eine Person, die ihren Sohn durch ›Selbstbemit- leidung‹ und Demonstrationen ihrer Gebrechlichkeit bei je- dem aggressiven Akt von seiner Seite zu beherrschen sucht. In den Erzählungen wird sie als ›beängstigt‹ durch jeden

Versuch zur Rebellion geschildert und als nur zufrieden, wenn der Sohn passiv und nachgiebig ist. Es scheinen beträchtliche Aggressionen gegen diese Figur zu bestehen, wahrscheinlich teilweise bewußt.« Und tatsächlich schilderte der Patient wiederholt die Mutter seiner Erinnerungsbilder mit Zorn und auch mit Schrecken als nahezu verzweifelt, und zwar immer in Zeiten, wenn er zu rauh, zu unüberlegt, zu eigensinnig oder zu beharrlich gewesen war.

Wir beschäftigen uns hier nicht damit, der tatsächlichen Mutter vorzuwerfen, sie habe sich so oder so verhalten; sicher können wir nur wissen, daß sie in bestimmten retrospektiven Stimmungen des Patienten in dieser Weise erscheint. Derartige Erinnerungen sind typisch für eine bestimmte Klasse von Patienten, und die Frage, ob es so ist, weil sie einen bestimmten Typus von Mutter gemeinsam haben, oder ob sie eine typische Reaktion auf ihre Mütter teilen oder beides, beschäftigt die Psychopathologen. Auf alle Fälle sind viele dieser Patienten tief davon überzeugt, wenn auch oft unbewußt, daß sie selbst der Anlaß einer grundlegenden Störung bei ihren Müttern sind. Es kommt heute, wo körperliche Strafen und schwere Beschimpfungen als wenig modern gelten, häufig vor, daß Eltern zu dem scheinbar weniger grausamen Mittel greifen, sich als tief verletzt durch den Eigensinn des Kindes darzustellen. In den Bildern des Schuldgefühls tritt die »verletzte« Mutter daher zunehmend deutlicher hervor. In manchen Fällen bildet das ein Hindernis für die Ablösung aus der Adoleszenz – als wäre eine fundamentale und doch ganz unmögliche Wiedergutmachung eine der Vorbedingungen des Erwachsenwerdens. Damit stimmt überein, daß die Patienten, von denen hier die Rede ist, junge Menschen, die in der späten Adoleszenz einem Zusammenbruch an der Grenze der Psychose unterliegen, alle als teilweise regrediert auf die früheste Aufgabe des Lebens erscheinen, nämlich ein Gefühl des Grundvertrauens zu erwerben, das stark genug ist, um das Gefühl des Grundmißtrauens auszugleichen, dem der neugeborene Mensch (das abhängigste aller jungen Tiere und doch mit weniger angeborenen instinktiven Regulationen ausgestattet) in seiner Säuglingszeit unterworfen ist. Jeder von uns durchlebt frühe und früheste Stadien seines Daseins in Träumen, künstlerischen Erlebnissen und religiöser Hingabe aufs neue, nur um erfrischt und gestärkt daraus hervorzugehen. Diese Patienten aber erleben eine derartige Teilregression einsam, plötzlich und sehr intensiv und vor allem mit einem Gefühl des nicht wiedergutzumachenden Verhängnisses. Auch das ist in dem Traum enthalten.

Die verhüllte Gegenwart der Mutter in dem Traum weist auf

eine völlige Aussparung all dieses Materials hin: ein Vater erscheint im Traum oder in den assoziierten Themen nicht. Das Vaterbild wurde in einer späteren Periode der Behandlung vorherrschend und erwies sich für die schließliche Lösung der geistigen und beruflichen Probleme des Patienten als höchst wichtig. Wir können daher, wenn auch nur vage, mutmaßen, daß in der gegenwärtigen Stunde der Großvater für alle Väter steht.

Andererseits weist das Gewahrwerden der mütterlichen Haltung in dem leeren Traum-Gesicht mit seinem schleimigen Haar auf ein bedeutsames Symbol hin, das wir in unsere Überlegungen einbeziehen müssen. Hat nicht Freud die Medusa, das böse Gesicht mit Schlangenhaar und offenem Munde als ein *Symbol der weiblichen Leere* und als Ausdruck des männlichen Schreckens vor der Weiblichkeit erklärt?

Es trifft durchaus zu, daß manche der Erinnerungen und Assoziationen des Patienten (über die er in anderen Stunden im Zusammenhang mit den Gefühlen gegenüber seiner Mutter gesprochen hatte) sich leicht auf kindliche Beobachtungen und Grübeleien über »weibliche Unpäßlichkeiten«, Schwangerschaft und Wochenbettverstimmungen zurückführen ließen. Gesichtslosigkeit kann in diesem Sinn also auch innere Leere und — vom männlichen Standpunkt aus — »Kastration« bedeuten. Widerspricht es nun der Freudschen Symbolik, wenn ich in diesem gleicherweise schreckerregenden und völlig leeren Gesicht stärker die manifeste Darstellung der Gesichtslosigkeit, des Gesichtsverlusts, sehe? Im Zusammenhang der »klassischen« Deutung würde das Traumbild in erster Linie eine Sexualvorstellung symbolisieren, die abgewehrt werden muß, in unserem Zusammenhang die Darstellung einer Gefahr für die kontinuierliche Existenz einer individuellen Identität. Theoretische Überlegungen würden zeigen, daß diese Deutungen einander nicht ausschließen. In diesem Falle tritt an die Stelle einer möglichen Kontroverse die klinische Überlegung, daß ein Symbol, das gedeutet werden soll, erst einmal als unmittelbar relevant erkannt werden muß. Es wäre zwecklos, dogmatisch sexuelle Symbolik anzuwenden, wenn sich in überzeugend übereinstimmendem Material akute zwischenmenschliche Bedürfnisse als dominant erkennen lassen. Die sexuelle Symbolik des Traumes wurde zur gegebenen Zeit aufgegriffen, als sie in anderem Zusammenhang wieder auftauchte, nämlich in dem der Männlichkeit und der Sexualität, wobei die bisexuelle Verwirrung zum Vorschein kam, die bei jedem Identitätskonflikt herrscht.

Indem wir ein Hauptthema des Traumes rückblickend verfolgten, haben wir es in vier Lebensperioden des Patienten wiederentdeckt — alle vier vorzeitige »Versetzungen in eine höhere Klasse«, die ihn mit Furcht und Angst in Hinsicht auf das erfüllten, was er nun aufzugeben und hinter sich zu lassen hatte, statt mit dem Vorgefühl größerer Freiheit und echterer Identität: einmal die augenblickliche Behandlung — und die Angst des Patienten, daß durch irgendeinen schrecklichen Zornesakt, auf seiner oder auf meiner oder auf beiden Seiten, er mich verlieren könnte und damit die Chance, durch Vertrauen in mich seine Identität wiederzufinden; dann seine unmittelbar vorausgehende religiöse Erziehung — und seine mißglückten Versuche, im Gebet jene »Gegenwart« zu finden, die seine innere Leere heilen sollte; zum dritten seine frühe Jugend — und seine Hoffnung, Kraft, Frieden und Identität durch Identifizierung mit dem Großvater zu erreichen; und schließlich die frühe Kindheit — und sein verzweifelter Wunsch, das liebreiche Gesicht seiner Mutter in sich selbst lebendig zu halten, um Angst, Schuldgefühl und Wut über ihre Empfindlichkeit zu überwinden. Eine derartige Überfülle an Stoff weist auf ein zentrales Thema hin, das, einmal gefunden, allem assoziierten Material zusätzliche Bedeutung verleiht. Das Thema lautet hier: »Immer wenn ich anfange, an die Kraft und die Liebe eines Menschen zu glauben, dann verderben irgendwelche krankhaften und bösen Gefühle die Beziehung und ich bin am Ende mißtrauisch, leer und ein Opfer von Zorn und Verzweiflung.«

Vielleicht sind Sie jetzt doch der Gewohnheit des Therapeuten etwas überdrüssig, für seinen Patienten zu sprechen, und ihm Schlußfolgerungen in den Mund zu legen, die der Therapeut doch vielleicht vom Patienten selber erhalten könnte, wenn er ihn nur fragte. Aber der Therapeut hat kein Recht, seine Rekonstruktionen zu prüfen, ehe nicht seine versuchsweisen Formulierungen sich zu einer zusammenhängenden Deutung verdichtet haben, die für ihn selbst überzeugend ist und die verspricht, wenn sie in angemessene Worte gefaßt ist, den Patienten zu überzeugen. Ist dieser Punkt erreicht, dann fühlt sich der Therapeut gewöhnlich gedrängt zu reden, teilweise um dem Patienten zu helfen, seine Affekte und inneren Bilder in immer mitteilsamerer Art in Worte zu fassen und teilweise, um seine eigenen Eindrücke mitzuteilen.

Wenn nach Freud ein erfolgreicher Traum den Versuch einschließt, einen Wunsch als erfüllt darzustellen, so besteht die versuchte und mißglückte Erfüllung in diesem Traum darin, ein Gesicht mit einer bleibenden Identität zu finden. Wenn ein Angsttraum, der den Träumer aus dem Schlaf reißt, das Symptom einer entgleisten Wunscherfüllung ist, dann weist das soeben formulierte zentrale Thema auf mindestens eine innere Störung hin, die die Gefährdung des Urvertrauens in der Kindheit verursachte.

Es schien mir wichtig, daß meine Deutung eine rückhaltlose Darstellung meiner eigenen emotionalen Reaktion auf den Traumbericht enthielt. Patienten vom Typus unseres jungen Mannes, der in seinen zwanziger Jahren noch unter dem litt, was er als sonderbare Gefühlsausbrüche seiner Mutter in seiner Kindheit empfand, können nur dann lernen, die soziale Wirklichkeit abzugrenzen und emotionale Spannungen zu ertragen, wenn der Therapeut seine eigenen emotionalen Reaktionen den Emotionen des Patienten gegenüberstellen kann. So sagte ich ihm, als wir daran gingen, einiges von dem zu besprechen, was ich Ihnen eben vortrug, ohne Ärger, aber auch nicht ohne eine gewisse ehrliche Entrüstung, daß meine Reaktion auf seine Ausführungen auch ein Gefühl enthielt, von ihm angegriffen zu sein. Hatte er nicht versucht, mir Sorgen zu machen, mein Mitleid zu erregen, mich mit seinen Erinnerungen zu rühren und mich mit all dem herauszufordern, gleichzeitig die Güte von Müttern, die Unsterblichkeit von Großvätern, meine eigene Vollkommenheit und die Gnade Gottes zu beweisen?

Die bei einer Deutung verwendeten Worte sind aber schwer zu behalten und klingen häufig, wenn man sie aufzeichnet, oder auf Band aufnimmt, derart willkürlich, wie eine Privatsprache, die zwei Menschen im Laufe einer intimen Beziehung entwickelt haben. Aber gleichgültig was gesagt wird, sollte jede therapeutische Deutung — kurz und einfach in der Form — ein *einheitliches Thema* umschließen, wie etwa jenes, das ich Ihnen aufgezeigt habe — ein Thema, das gleichzeitig einen vorherrschenden Zug in der Beziehung des Patienten zum Arzt betrifft, einen bedeutsamen Teil seiner Symptombildung, einen wichtigen Kindheitskonflikt und entsprechende Facetten seiner Arbeit und seines Liebeslebens. Das scheint komplizierter, als es ist. Häufig stellt sich heraus, daß eine ganz kurze und beiläufige Bemerkung all das umfaßt hat; und diese Züge sind (wie ich wiederholen muß) in der ringenden Seele des Patienten sehr eng miteinander verknüpft. Für ihn ist die traumatische Vergangenheit selbstverständlich eine gegenwärtige Front, die als akuter Konflikt empfunden wird. Solch eine Deutung verbindet daher die Formen der Problemlösung sowohl des Patienten wie des Therapeuten.

Die Ansichten der Therapeuten verschiedener Richtungen

und verschiedenen Temperaments darüber, was eine Deutung ausmacht, gehen auseinander: eine unpersönliche und autoritative Erklärung, ein warmherziger väterlicher Vorschlag, eine ausführliche Predigt oder eine knappe Aufforderung, fortzufahren und zu sehen, was als nächstes auftaucht. Das Eingreifen in unserem Fall aber beleuchtet eine Seite der Methodik, die wirklich einzig der klinischen Arbeit vorbehalten ist, nämlich die Disposition der »gemischten« Gefühle des Therapeuten, seine Empfindungen und Meinungen. Die Evidenz ist nicht »ganz komplett«, wenn es ihm nicht gelingt, seine eigenen Gefühlsreaktionen während einer Sitzung als beweisträchtige Quelle und als Führer zum Eingreifen zu verwenden, statt sie mit dem falschen Anspruch unangreifbarer Objektivität beiseite zu schieben. An dieser Stelle erweist sich die Voraussetzung der eigenen psychoanalytischen Behandlung des Therapeuten als didaktische Erfahrung als wesentlich, denn die persönliche Gleichung in der Gefühlsreaktion des Beobachters ist bei der Psychotherapie ebenso wichtig wie die der Sinnesorgane im Laboratorium. Hinter den blinden Punkten des Therapeuten, die er am hartnäckigsten festhält, verbergen sich leicht verdrängte Emotionen.

Ohne die Sache aufzubauschen, möchte ich doch beiläufig bemerken, daß einige von uns sich zu ihrem Schaden einer Objektivität zugewandt haben, deren Aufrechterhaltung gleichbedeutend mit einem Selbstbetrug ist. Wenn der »psychoanalysierte« Mensch zu erkennen lernt, daß selbst seine bisher abgelehnten und verleugneten Impulse »recht haben« können, wenn sie sich weigern, spurlos unterzugehen (wobei die Spuren seine Symptome sind), dann kann er auch erfahren, daß seine entschiedensten ethischen Urteile recht darin haben, beharrlich zu sein, auch wenn das moderne Leben es nicht für klug oder nützlich hält, in solchen Dingen starke Gefühle zu entwickeln. Jeder Psychotherapeut, der zusammen mit seinem irrationalen moralischen Ärger auch seine ethischen Empfindungen über Bord wirft, beraubt sich eines der vorzüglichsten Werkzeuge seiner klinischen Wahrnehmung. Denn ebenso, wie unsere Sinnlichkeit unser Bewußtsein von den Ordnungen der Natur schärft, kann unser Unwille, wenn wir ihn (sorgfältig auf Verunreinigungen durch eigene Mißstimmung und Selbstgerechtigkeit überprüft) zu Worte kommen lassen, tatsächlich ein wichtiges Werkzeug der Therapie und der Theorie sein. Er ergänzt die Untersuchung dessen, was nun tatsächlich dem einen kranken Individuum zugestoßen ist, durch einen deutlichen Hinweis, wo die epidemiologischen Faktoren zu suchen sind, die keinem Menschen zustoßen sollten und müßten. Das bedeutet aber, daß wir irgendwie ein Modell des Menschen hegen, das als wissenschaftliche Basis für die Postulierung einer ethischen Beziehung der Generationen zueinander dienen könnte. Diesem Modell sind wir verhaftet, ob wir nun bestimmten Moralsystemen unsere Unterstützung entziehen oder nicht.

Eine bestimmte Kombination von verfügbarem Gefühl und responsivem Denken bezeichnet also den Stil eines Therapeuten und kommt in winzigen Variationen des Gesichtsausdrucks, der Haltung und der Stimmlage zum Ausdruck. Der Kern eines therapeutischen Eingriffs verschließt sich daher in seinem entscheidensten Wesen jedem Versuch einer definitiven Rechenschaftsablegung. Diese Schwierigkeit wird durch die heute weitverbreitete Gewohnheit nicht überwunden, eine »menschliche« anstelle einer »technischen« Begegnung zu empfehlen. Selbst Menschlichkeit kann zur geläufigen »Attitüde« werden, und die Zeit könnte kommen, wo wir auch eines Gebots gegen den eitlen Gebrauch des Wortes »menschlich« bedürften.

9

Was soll der Patient unserer Erwartung nach zum Abschluß unserer Beweisführung beitragen? Was sagt uns, daß unsere Deutung »richtig« war und beweist daher, daß die Evidenz so schlüssig ist, wie sie in unserer Art von Arbeit sein kann? Die einfachste Antwort lautet, daß dieser bestimmte Patient belustigt, erfreut und ermutigt war, als ich ihm meine Überlegungen und meinen Ärger über seine unnötigen Versuche mitteilte, mir die Last einer Zukunft aufzubürden, mit der zurechtzukommen er durchaus lernen konnte — eine Feststellung, die keine therapeutische »Suggestion« und kein ärztliches Rückenklopfen darstellte. Ich kannte ja seine inneren Hilfsquellen und wußte, in welcher Weise er die Möglichkeiten ausgenutzt hatte, die ihm unsere klinische Gemeinschaft bot. Der Patient verließ die Sitzung, zu der er mit dem Gefühl schauerlichen Unheils gekommen war, mit einem vergnügten Lächeln; offensichtlich hatte er Mut gefaßt. Im übrigen konnte nur die Zukunft zeigen, ob der Heilungsprozeß durch diese Stunde gefördert worden war.

Man muß aber auch zugestehen, daß schon das Traumerlebnis selbst ein Schritt in der rechten Richtung war. Ich möchte nicht den Eindruck hinterlassen, als hätte ich dem Patienten vorgeworfen, er stelle sich nur krank, oder als hätte ich seinen Traum herabgesetzt und ihn als Darstellung einer unwahren Verzweiflung angesehen. Ich erkannte im Gegenteil an, daß er ein echtes Risiko mir und sich selbst gegenüber eingegangen war. Unter meinem Schutz und in der gesicherten Umgebung der Klinik hatte er es darauf ankommen lassen, eine Wiederholung seines ursprünglichen Zusammenbruchs zu erleben. Er hatte sich bis ganz nahe an die Grenze des Irrealen vorgewagt und von dort ein höchst verdichtetes und scheinbar anarchisches Bild mitgebracht. Aber dies Bild war, obwohl es als Symptom erlebt wurde, in Wirklichkeit eine Art von Schöpfung oder auf alle Fälle eine verdichtete und höchst sinngeladene Mitteilung und Herausforderung, für die mich meine besondere klinische Theorie empfänglich gemacht hatte. So wurde ein Gefühl der Wechselseitigkeit und Aktualität wiederhergestellt, verstärkt durch die Tatsache, daß ich zwar seine Übertragungen als bedeutungsvoll akzeptiert, mich aber geweigert hatte, in sie hineingezogen zu werden. Ich hatte weder Mutter, Großvater noch Lieben Gott gespielt (das letzte ist das schwierigste), sondern hatte ihm meine Hilfe, wie sie durch meinen beruflichen Status definiert ist, angeboten, indem ich versucht hatte, zu verstehen, was hinter seiner Hilflosigkeit stand. Dadurch, daß ich aussprach, wie seine Unterströmung von Zorn meinen Ärger erregt hatte, und ihm zeigte, daß ich das sagen konnte, ohne mich oder ihn in Gefahr zu bringen, konnte ich ihm deutlich machen, wie auch er in seinem Traum dem Zorn im Bilde einer Medusa die Stirn geboten hatte, einer Gorgo, die wir — obwohl keiner von uns beiden ein Held war — doch zusammen erschlagen konnten.

Nicht immer ist die unmittelbare Zustimmung des Patienten ein Beweis für die Richtigkeit unserer Schlüsse. Ich habe ja selbst darauf hingewiesen, wie gerade dieses Traumerlebnis nach einer Stunde auftrat, in der der Patient zu sehr zugestimmt hatte. Eher schon liegt der Beweis in der Art, in der die Kommunikation zwischen Therapeut und Patient »in Bewegung bleibt« und zu neuen und erstaunlichen Einsichten und zu stärkerer Übernahme von Selbstverantwortung beim Patienten führt. Ist er hospitalisiert, dann tragen auch die sozialen Einflüsse der »therapeutischen Gemeinschaft« und die richtig geleitete Arbeitsbetätigung ihr Teil bei — was alles in Rechnung gestellt werden müßte, wenn ich mich hier mit dem Wesen des *therapeutischen Prozesses* befaßte, statt mit dem der klinischen Evidenz. Es ist aber wichtig, daran zu erinnern, daß nur in einem günstigen sozialen Rahmen, sei es das private und öffentliche Leben des nicht hospitalisierten Patienten, sei es die geplante Gemeinschaft des Kranken in der Klinik, die beiden wichtigsten hier dargestellten therapeutischen Kräfte voll zur Auswirkung kommen: die gewonnene

Einsicht in die pathologische Vergangenheit und die überzeugende Gegenwart einer therapeutischen Beziehung, die
Vergangenheit und Zukunft verbindet.

10

Ich darf jetzt bekennen, daß die ursprüngliche Einladung an
mich eigentlich die Aufforderung enthielt, Ihnen zu berichten »wie ein ›guter‹ Kliniker arbeitet«. Ich habe dies peinliche,
kleine Wort anfänglich durch Punkte ersetzt, weil es erst
jetzt nützlich wird. Es bezeichnet den »guten« Therapeuten,
daß unendlich viel in ihm vorgehen kann, ohne im Augenblick des therapeutischen Eingreifens seine Kommunikation
zu behindern, wo dann nur ein zentrales Thema zum vollen
Bewußtsein gelangt.
Da die Identität des Therapeuten als Arbeitnehmer — wie bei
allen anderen Menschen auch — auf entscheidenden Lerner-
fahrungen während der bildnerischen Jahre seiner ersten Begegnung mit dem Gebiet seiner Wahl beruht, kann er nicht
umhin, gewisse traditionelle Formulierungen in sich aufzunehmen und beizubehalten, die sich in ihrer Auswirkung von
immer nützlichen Abklärungen bis zu belastenden dogmati-
schen Fixierungen erstrecken können. Andererseits muß er in
der Lage sein, sein Grübeln und Sinnen voll ins Licht des
Bewußtseins zu heben, wenn Besprechungen und Konferenzen beruflicher Art die Möglichkeit zur vollen Diskussion
bieten. Wie anders könnte diese Art des Denkens sonst diszi-
pliniert, mit anderen geteilt und gelehrt werden? Dies Lehren
und mit anderen Teilen wiederum setzt, wenn es über den
reinen klinischen Impressionismus hinausgehen soll, eine
Gemeinschaftlichkeit der begrifflichen Methoden voraus.
Ich kann Ihnen heute nicht mehr als einen Hinweis darauf
geben, daß eine systematische Beziehung zwischen der klinischen Beobachtung einerseits und jenen begrifflichen Stand-
punkten besteht, die Freud in die Psychiatrie eingeführt hat:
einen *strukturellen* Standpunkt, der eine Art seelischer »Anatomie« bezeichnet, einen *dynamischen* Standpunkt, der eine
Art »Physiologie« seelischer Kräfte darstellt, einen *genetischen* Standpunkt, der das »Wachstum« des Seelischen und
die Stadien rekonstruiert, die seine Stärken und seine Gefahren bestimmen, und schließlich einen *adaptiven* Standpunkt[5].
Aber wenn diese Thesen heute auch an einem breiten Spektrum von Fragestellungen nachgeprüft werden (von der di-

5 D. Rapaport und M. Gill, The Points of View and Assumptions of Meta-
psychology, International Journal of Psycho-analysis, 40, 1–10, 1959.

65

rekten Beobachtung an Kindern und Wahrnehmungsexperimenten bis zu metapsychologischen Diskussionen), so ist doch ohne weiteres einsichtig, daß sich die klinische Evidenz durch eine Unmittelbarkeit auszeichnet, die alle letztlich von mechanischen Denkformen abgeleiteten Formulierungen übersteigt.

Die von Freud in die Psychiatrie und Psychologie eingeführten »Standpunkte« unterliegen heute einem merkwürdigen Schicksal. Zweifellos bildeten sie die Brücken, mit deren Hilfe Generationen von Medizinern ihre anatomischen, physiologischen und pathologischen Denkmodelle auf seelische Vorgänge anwenden konnten. Vermutlich wurde auch die neurologische Grundlage des Verhaltens auf diese Weise fruchtbar mit anderen Determinanten in Zusammenhang gebracht; ich selbst kann das Schicksal der neurologischen Postulate Freuds als solche nicht beurteilen. Eine Übertragung von Begriffen von einem Gebiet auf ein anderes hat anderweitig schon zu revolutionären Klärungen und doch schließlich auch dazu geführt, daß die erborgten Begriffe durch neuere und adäquatere überlagert wurden. In der Psychoanalyse war das Schicksal der »Standpunkte« vorbestimmt: da sie in ihrem medizinischen Heimatboden auf sichtbaren Tatsachen, wie Organen und Funktionen, beruhten, mußten sie bei der Untersuchung seelischer Vorgänge früher oder später unzulässigen Verdinglichungen dienen, als existierten die Libido oder der Todestrieb oder das Ich wirklich. Freud war souverän genug, sich dieser Gefahr bewußt zu sein, aber immer bereit, zu lernen, indem er einem Gedanken freien Lauf ließ, um zu sehen, zu welchem brauchbaren Modell er führte. Er hatte zugleich den Mut, die Autorität und die innere Festigkeit, die Richtung seines Denkens zu wechseln, wenn es sich als zwecklos oder absurd erwies. Die gleiche Freiheit und autoritative Sicherheit läßt sich von Generationen klinischer Praktiker natürlich nicht erwarten. So läßt sich nicht leugnen, daß in vielen klinischen Veröffentlichungen die ärztliche Beweisführung, die mit Hilfe von auf Freuds Theorien basierenden Schlußfolgerungen durchgeführt wurde, zunehmend dazu verwendet und zurechtgebogen wird, die ursprünglichen Theorien zu verifizieren. Das konnte wiederum nur zu einer allmählichen Entfremdung zwischen Theorie und klinischer Beobachtung führen.

Ich sollte daher ausdrücklich aufzählen, welche der traditionellen psychoanalytischen Begriffe für mein klinisches Denken wesentlich geblieben sind. Erstens würde ich sagen, daß ich annehmen muß, daß der Patient sich der Bedeutung, die ich in seinen Mitteilungen erkenne (in unterschiedlichem Maß), *unbewußt ist* und daß ich ihm helfe, indem ich ihm dasjenige voll bewußt mache, was völlig verdrängt, kaum bewußt oder nur von der Kommunikation abgeschnitten sein kann. Ich nehme dabei aber mit Sicherheit an, daß auf seiten des Patienten wirklich der Wunsch besteht (mit meiner Hilfe) klarer zu sehen, zu fühlen und zu sprechen. Weiterhin würde ich eine *regressive Tendenz* annehmen, ein Zurückgehen auf früheres Versagen, um die Vergangenheit zusammen mit der Gegenwart zu lösen. Ich würde dabei aber der Vergangenheit keine fatalistische Herrschaft über die Gegenwart einräumen: denn Nachzügler können die Entwicklung nur da einholen, wo die Gegenwart Stärkung und Sicherheit erfährt. Drittens würde ich die Macht der *Übertragung* anerkennen, das heißt, daß der Patient bedeutsame Probleme seiner Vergangenheit, die mit den Zentralfiguren seines Lebens zusammenhängen, auf mich überträgt. Aber ich würde wissen, daß ich die Unangemessenheit dieser Übertragungen aus der Vergangenheit nur dadurch aufklären kann, daß ich meine Rolle als neue Person im gegenwärtigen Lebensstadium des Patienten spiele. Ich würde in dieser Vergangenheit libidinösen Bindungen, Abhängigkeitsverhältnissen und Verlassenheitserlebnissen überragende Bedeutung beimessen. Aber ich würde, in Übereinstimmung mit allem, was wir über die menschliche Entwicklung gelernt haben, annehmen, daß diese Beziehung nicht nur durch einen *libidinösen Gleichgewichtsverlust* gestört wurden. Eine derartige Gleichgewichtsstörung ist tatsächlich Teil einer *mißglückten Wechselseitigkeit*, die das Kind daran hinderte, seine potentielle Stärke zu realisieren, ebenso wie der betreffende Elternteil eben durch das Mißlingen der Wechselseitigkeit in der Beziehung zu diesem Kind daran verhindert wurde, seinen Möglichkeiten gerecht zu werden. Sie werden bemerken, daß ich bei der Aufzählung der Ur- und Grundbegriffe der Verdrängung und Regression, Übertragung und Libido jedesmal versucht habe, den Zusammenhang zwischen dem jeweiligen Grundbegriff und der Beobachtung und Erfahrung der klinischen Begegnung als *neuem Ereignis* in der Lebensgeschichte des Patienten aufrechtzuerhalten. Sie werden finden, daß auch andere Ärzte in ähnlicher Weise um eine Position ringen, die ihnen erlaubt, den therapeutischen Vertrag zu erfüllen, während sie die Theorie des jeweiligen Gebiets anwenden und vorantreiben. Am Ende sind das wohlüberlegte Eingreifen des Therapeuten und die Reaktion des Patienten darauf notwendige Teile der gesamten Evidenz, die die therapeutische Begegnung selbst liefert. Und aus derartigen Erfahrungen kehrt der Therapeut zurück zu seinem Reißbrett, zurück zu seinen Modellvorstellungen seelischer Vorgänge, zu den Aufrissen für die therapeutische Technik und zu den Plänen für die fruchtbare Anwendung der klinischen Einsicht auf andere Gebiete.

11

Ich habe Ihnen ein Beispiel vorgetragen, das in einem überzeugenden Ton ausklingt und dem Patienten wie dem Therapeuten das angenehme Gefühl hinterläßt, daß sie zwei recht gescheite Leute sind. Wäre es immer nötig, ein Stück klinischer Beweisführung so definitiv zu gestalten, dann besäßen wir wenig überzeugende Beispiele. Aufrichtig gesagt, glaube ich, daß wir oft mehr aus unseren Fehlschlägen lernen — wenn es uns tatsächlich gelingt, sie in der hier aufgezeigten Form zu durchdenken. Ich hoffe aber, demonstriert zu haben, daß genug Methode in unserer Arbeit liegt, um aus von uns bevorzugten Annahmen in zwingender Weise überzeugende Schlußfolgerungen zu machen, indem wir folgende Punkte wechselseitig aneinander überprüfen: die Diagnose des Patienten und was wir über seine Krankheitsform und seinen körperlichen Gesundheitszustand wissen; sein Entwicklungsstadium und was wir über die »normative« Krise seiner Altersgruppen wissen; die Koordinaten seiner sozialen Position und was wir über die Chancen eines Menschen seines Typus, seiner Intelligenz und Erziehung in der sozialen Wirklichkeit unserer Zeit wissen. Das scheint schwer glaublich zu sein, wenn man nicht den Bericht über eine *Serie solcher Begegnungen*, wie ich sie hier umrissen habe, kennt, wobei die Serie durch eine progressive oder regressive Verschiebung in allen erwähnten Gebieten charakterisiert ist: das ist die Beweisführung, wie wir sie in unseren klinischen Konferenzen und Seminaren verwenden.

Ein großer Teil der klinischen Ausbildung besteht tatsächlich in der Kartographierung solcher Serien. Bei jedem Schritt müssen unsere Hilfsmethoden uns dabei unterstützen, mit einer gewissen Genauigkeit und mit dem Mut zu arbeiten, unsere Techniken und unsere Annahmen systematisch zu revidieren, wenn und wann die klinische Evidenz zeigt, daß wir den Patienten oder uns selbst, die Chancen, die ihn in seiner Umwelt erwarten oder die Zweckmäßigkeit unserer bestimmten Theorie unter- oder überschätzt haben.

In der Bemühung, jeder Subjektivität und Neigung zur Selektion entgegenzuwirken, werden heute ganze Behandlungsverläufe auf Tonfilm aufgenommen, so daß qualifizierte zweite Beobachter den ganzen Vorgang verfolgen und sich bestimmte Abschnitte viele Male, manchmal auch mit Zeitlupe, wiederholen lassen können. Für manche Forschungsunternehmen wird das wichtig sein und sicher ist es vorteilhaft für die Ausbildung. Aber es konfrontiert einen zweiten Beobachter oder eine Reihe von Beobachtern mit der Aufgabe, auf Grund ihrer eigenen Reaktionen zu entscheiden, ob sie mit den Urteilen, die der ursprüngliche Beobachter auf Grund nicht aufzeichenbarer Reaktionen fällte, einverstanden sind oder nicht. Auch bei neuentwickelten therapeutischen Formen, wie etwa der Gruppentherapie, wo ein Therapeut einer Gruppe von Patienten gegenübersteht, die sich ebenfalls wechselseitig gegenübertreten (wodurch eine Zahl von Kombinationen und Variationen der Grundelemente der Begegnung möglich werden), ändert sich das Wesen der klinischen Beweisführung nicht.

Schließlich wird die klinische Beweisführung zwar durch das verschärfte Bewußtwerden der Position sowohl des Psychotherapeuten wie des Patienten in Gesellschaft und Geschichte (wie es jetzt durch soziologische Untersuchungen entsteht) entscheidend geklärt, aber im Wesen nicht verändert werden.

Für manchen wird die Relativität, wie sie der ärztlichen Arbeit eigen ist, unvereinbar mit ihrem wissenschaftlichen Wert scheinen. Aber ich habe den Verdacht, daß gerade diese Relativität, wenn sie richtig gehandhabt wird, die Ärzte zu besseren Gefährten der Wissenschaftler von heute und morgen machen wird, als alle Versuche, das Studium der menschlichen Seele auf eine mit der traditionellen Naturwissenschaft identische Forschungsform zu reduzieren. Ich habe mich daher darauf beschränkt, eine operationale Einführung in die grundsätzliche Ansicht des Klinikers zu geben, die dahin geht, daß der Wissenschaftler etwas über das Wesen der Dinge erfahren kann, indem er ausfindig macht, was er ihnen *antun* kann, während der Arzt nur dann mehr über das wahre Wesen des Menschen erfährt, wenn er versucht, etwas *für* ihn und *mit* ihm zu tun. Ich habe mich daher in erster Linie auf die Art und Weise konzentriert, in der die klinische Beweisführung in der Untersuchung dessen begründet liegt, was an dem *individuellen* Fall einzigartig ist — einschließlich der Einbezogenheit des Psychotherapeuten. Diese Einzigartigkeit allerdings würde ohne den Hintergrund des anderen Problems, das ich hier vernachlässigt habe, nicht hervortreten, des Problems nämlich, was verifizierbaren *Klassen* von Fällen *gemeinsam* sei.

III   Identität und Entwurzelung in unserer Zeit

Die beiden ersten Vorlesungen beschäftigten sich mit der Psychoanalyse als begründet in der psychotherapeutischen Beobachtung des Individuums, das im Verlauf seines Lebens pathologisch »gestört« wurde. Der dritte Vortrag wendet die klinische
Einsicht auf eine ganze Klasse von Leidenden an, die durch das
historische Schicksal entwurzelt wurden. Gehalten wurde der
Vortrag auf einer Plenarsitzung der World Federation of Mental
Health an der Universität Wien im Jahre 1959. Der Sitzung folgten
intensive Diskussionen über das Los der Emigranten und Flüchtlinge in der ganzen Welt.

1

Der Zustand der geistigen Gesundheit jener Menschen, die in
erzwungener »Wanderung« (Flucht, erzwungener Auswanderung und Umsiedlung) aus ihren Heimstätten, von ihrer
Arbeit, aus ihren Heimatländern gerissen wurden, ist ein
spezielles Anliegen internationaler Konferenzen gewesen. Da
ich selbst ein Immigrant, ein Einwanderer, bin (wie so viele
meiner Landsleute und die Mehrzahl ihrer Eltern oder Großeltern), darf ich wohl damit beginnen, ein Stück Pathologie
des Alltagslebens preiszugeben. Wir alle haben schon erlebt,
daß wir uns dabei entdecken, eine Melodie vor uns hinzu-
summen oder zu pfeifen — zuerst ohne uns dessen besonders
bewußt zu sein, dann aber wie unter einem Zwang, der sich
zu einem leichten Zustand von Malaise steigern kann — für
uns selbst wie für unsere Nachbarn. Oft können wir uns
(und sie) von dieser Tyrannis nur befreien, nachdem wir die
Botschaft, die in der Melodie enthalten ist, erfaßt haben.
In den letzten Wochen war ich wie verfolgt von Dvoráks
Symphonie »Aus der neuen Welt«. Als ich innehielt und
horchte, fiel mir nicht schwer, zu erkennen, daß ich mich
selbst für den Augenblick wappnete, wo ich über Identität
und Wurzellosigkeit zu sprechen haben würde. Die Symphonie »Aus der neuen Welt«, dies Gemisch amerikanischer
Horizonte und europäischer Täler, diente als heitere Sicherung gegen die Skrupel und Symptome, die meine eigene
Auswanderung begleiteten. Aber vor allem war ich wohl
damit beschäftigt, meinen Status als amerikanischer *Einwanderer* aufs neue zu behaupten. Bald nach meiner Übersied-

lung nach Amerika war dieser Begriff durch den des *zuflucht-suchenden Flüchtlings (refugee)* ersetzt worden — ebenso wie die Begriffe *Siedler* oder *Pionier* schon zum Mythos geworden und dem *Wandernden (migrant)* und *Umherziehenden (itinerant)* gewichen waren.

Der kleinen Vorsilbe »ein« kommt bei den Termini der Umsiedlung eine besondere Bedeutung zu: sie kann in der Tat »eine Welt von Unterschieden« ausmachen. Wie in dem zeitgenössischen israelischen Ausdruck »Einsammlung« *(ingathering)* kann die Einwanderung das Versprechen mütterlichen Angenommenwerdens bedeuten, ein Versprechen für den freiwilligen Ankömmling, daß er neue Wurzeln in einem neuen Boden schlagen und eine neue Identität finden wird, ermutigt durch den aktiven Wunsch des aufnehmenden Landes, ihn zu absorbieren. *Unbeschränkte und wechselseitige Wahl*, das ist der Tenor der Symphonie »Aus der neuen Welt«: die unbeschränkte Wahl eines, der sich entschließt zu wandern, und die wechselseitige Wahl von neuen und alten Siedlern. Aber es ist klar, daß diese Symphonie angesichts der bitteren und komplizierten Tatsachen aller Einwanderung auch ein historisches Wiegenlied ist. Und sich wiederholende Melodien sind meiner Ansicht nach häufig anachronistische Wiegenlieder.

Zuerst also ein Wort über den Entschluß auszuwandern. Daniel Lerner fragte vor kurzem türkische Dorfbewohner, wohin sie gehen würden, wenn sie auswandern müßten[1]. Manche waren zu entsetzt, um auch nur an Alternativen denken zu können: es wäre »schlimmer als der Tod« meinten sie. Die frühen amerikanischen Einwanderer hingegen hatten den einen verzweifelten Entschluß gefaßt, sich sozusagen mit den Wurzeln auszureißen — ein Entschluß, der sie schließlich dazu zwang, eine neue »Lebensart« zu schaffen, das heißt, neue Quellen und Formen persönlicher und industrieller Energie und eine neue ideologische Orientierung zu entwickeln. Sie wählten den Wechsel, um ihre alten Wurzeln aktiv zu verpflanzen, und waren dann gezwungen, im Wechsel selbst neue Wurzeln zu schlagen. Sie riskierten eine Glückschance und mußten dann das Glück selbst anbeten, selbst wo die unbeschränkten Möglichkeiten für einige Wenige Mühsal und Vergessenheit für die Übrigen bedeutete. Sie schufen eine Elite aus jener Art von Männern, die in diese neue Welt paßten. Während die Frauen auf den drei R's bestanden (»›reading‹, ›riting‹, ›rithmetic‹«, das heißt Lesen, Schreiben, Rechnen), waren die Männer entschlossen, sich an den Wechsel, das Glück, die freie Wahl zu halten — Grundlagen einer

1 D. Lerner, The Passing of Traditional Society, The Free Press. Glencoe 1958.

71

Ideologie, die zur Zeit meiner Ankunft in Amerika (es war die Periode des *New Deal*) eine letzte Blüte erlebte.

Als der Zweite Weltkrieg näherrückte, begann der neue Ausdruck »Refugee« vorherrschend zu werden, und meiner Ansicht nach bedeutete das nicht nur eine neue Einstellung der nun schon seßhaften Amerikaner, sondern auch der Neuankömmlinge selbst. Die meisten der zufluchtsuchenden Flüchtlinge, die vor ihrer Einschiffung unaussprechliche Gefahren durchgemacht oder ihnen kaum entronnen waren, hatten trotzdem bei ihrer Ankunft in Amerika all die Auswahl und Chancen zu ihrer Verfügung, wie frühere Ankömmlinge — und häufig sehr viel mehr. Doch viele von ihnen weigerten sich anfangs, sich von der auf die Zukunft ausgerichteten Ideologie der Einwanderer überfluten zu lassen, und klammerten sich statt dessen an die Welt, die sie ihres Eigentums beraubt hatte. Einige behaupteten ärgerlich, über geheime Informationen zu verfügen, wonach die Nazis bereits in Texas Fuß gefaßt hätten und SS-Bataillone bildeten. Bedrängt von der traumatischen Tatsache, daß die einzige Alternative ihrer Flucht die Ausrottung durch ihre eigenen Landsleute gewesen sei, hatten sie gelernt, von einem Element der Verfolgung abhängig zu sein, ohne das das Leben unvoraussagbar war und, in gewisser Weise, weniger sicher.

Auf diese und andere Weise sind viele von uns den Symptomen der Wurzellosigkeit und der Wiederansiedlung begegnet. Es ist jetzt unsere Aufgabe, zur Klärung einiger allgemeingültiger seelischer Mechanismen bei der Anpassung der Umsiedler beizutragen. Ich kann meinen Beitrag zu diesen Problemen aber nicht ohne ein Wort der Erinnerung an jene leisten, die uns auf der Wanderung nicht begleiten konnten: die Toten. Selbst die schlechtesten Umstände einer Umsiedlung hätten ihnen doch das nackte Leben und einen Funken Hoffnung auf mögliche Menschlichkeit geboten. Aber ihnen wurde selbst die Flucht verweigert, und unser Bild vom Menschen muß von nun an für immer auch die Hölle einschließen, die ihre letzte Erfahrung auf Erden war.

2

Eine Umsiedlung von Land zu Land schafft, wie alle Katastrophen und kollektiven Krisen, neue traumatische Weltbilder und scheint die plötzliche Annahme neuer und oft vorübergehender Identitäten zu erfordern. Was den Umsiedler motiviert und bewegt; wie er aus seiner ehemaligen Heimat ausgeschlossen wurde oder sich selbst ausschloß; wie er transportiert wurde oder nach eigener Wahl die Distanz zwischen Heimat und Bestimmungsland durchmaß; wie er in seiner neuen Umgebung isoliert gehalten wurde oder sich selbst isoliert, oder wie er von ihr aufgesogen wurde oder selbst in ihr aufging — dies sind die situationsmäßigen Determinanten. Sie erklären aus sich heraus aber nicht die zweite Gruppe von Determinanten, die Freud sichtbar gemacht hat. Er spricht von einem seelischen Mechanismus der Verwandlung von passiv in aktiv, einem Mechanismus, der für die Aufrechterhaltung der menschlichen Individualität von zentraler Bedeutung ist, da er es dem Menschen ermöglicht, in dieser Welt widerstreitender Kräfte eine individuelle Position aufrechtzuerhalten, die durch Ganz-Sein, Aktiv-Sein und Auf-einen-Mittelpunkt-bezogen-Sein gekennzeichnet ist. Sie vermuten wohl schon, daß dies die Attribute dessen sind, was wir Identität nennen.

Es gibt eine Redewendung, die als typisch für den amerikanischen Pionier gilt: »Wenn Du den Rauch aus Deines Nachbars Schornstein siehst, wird es Zeit, weiterzuziehen.« Das illustriert das eigensinnige Gewöhntsein an eine Grundhaltung aktiver Herrschaft über ein ursprünglich nötigendes und einschränkendes Schicksal: man wartet nicht, man bewegt sich aus eigenem Entschluß fort. Das psychologische Gegenstück hierzu war, obwohl in der äußeren Form das genaue Gegenteil ausgesagt wurde, die Bemerkung eines alten chassidischen Juden in den Straßen Jerusalems. Er fragte mich: »Amerikaner?«. Ich nickte, und er sah mir mit Sympathie, fast mit Mitleid in die Augen. »*Wir* wissen, wo wir sind; *hier* bleiben wir.« Mit ruhigem Triumph fügte er (auf deutsch) hinzu: »Schlußpunkt«.

Man kann also aktiv fliehen, und man kann aktiv dableiben; man kann sogar (wie Louise Pinsky von manchen Jugendlichen in den europäischen Untergrundkämpfen sagte) »sich aktiv verbergen«[2]. Auf der anderen Seite kann man sich entwurzelt fühlen, wenn einem nicht erlaubt wird, ständig unterwegs zu sein, wie das die Überreste der amerikanischen Indianer aus den Hochebenen beweisen, die auf ihren eigenen Prärien gezwungen wurden, das nomadische Leben aufzugeben. Lange nachdem die Regierung sie in Farmhäusern angesiedelt hatte, verlangten sie nach Wohnwagen, um darin zu hausen. Da ihnen untersagt war, nach Wunsch und Wille umherzuziehen, entwickelten sie in ihren Handlungen und ihrer Sprache die gleiche ungreifbar schleppende Art, wie wir

---

2 Siehe: Uprooting and Resettlement. Vorträge auf dem 11. Jahrestreffen der »*World Federation of Mental Health*«, Wien 1958 (Bulletin of the Federation, 1959).

sie bei Zeitlupenaufnahmen erleben. Sie ist typisch für depressive Individuen und wurde auch bei Insassen von Internierungslagern beobachtet und beschrieben (Dr. Bakis[3]). Die stammesgemäße Identität der nomadischen Jäger hatte ihre Wurzeln in ständiger Bewegung entwickelt. Ich habe beschrieben, wie die Überreste des Stammes, zum seßhaften Leben gezwungen, sich wie hilflose Patienten zu verhalten schienen[4].

Patientsein ist also ein Zustand des Inaktiviertseins. *Agens* ist das Gegenteil von *patiens*, und wir wollen diesen Gegensatz hier dazu verwenden, um Ausdrücken wie »passiv« und »aktiv« zusätzlich Bedeutung zu verleihen und sie von den mitschwingenden Tönen der Aggressivität und Unterwerfung, des Männlichen und Weiblichen zu befreien. *Patiens* würde also einen Zustand bezeichnen, in dem das Individuum von innen oder von außen überlegenen Kräften ausgesetzt ist, die nicht ohne lange Geduld oder energische und erlösende Hilfe überwunden werden können. *Agens* hingegen bedeutet einen inneren Zustand der ungebrochenen Initiative und des Handelns im Dienste einer Sache, die diese Initiative sanktioniert. Es leuchtet unmittelbar ein, daß der *agens*-Zustand das ist, was alle Klienten oder Patienten, in Gruppen oder allein, tastend anstreben und wofür sie unserer Hilfe bedürfen. Es ist aber auch klar, daß wir nicht von einem Zustand äußerer Aktivität sprechen, sondern von einer inneren Lage, die wir in den Begriff der aktiven Spannung im Ich fassen.

3

Lassen Sie mich dem alten Chassid in Jerusalem, der ganz gewaltig dablieb (Schlußpunkt!), einen alten Juden aus dem amerikanischen Mittelwesten gegenüberstellen, der zu wandern begann, als er ein Patient im Sinn des medizinischen Klienten wurde. Höchst erfolgreich in seiner geschäftlichen Laufbahn, war er jetzt dabei, sich nach Südkalifornien in Ruhestand zu begeben, um niemals wieder unter den Frösten des Nordens und dem geschäftlichen Druck der großen Städte zu leiden. Als er aber seine Routinearbeit liquidierte, begann er unerträgliche Schmerzen über der ganzen Brust zu fühlen, für die die Ärzte keine organische Grundlage finden konnten. Der Mann fing an, in der Stadt umherzuwandern, nicht mit einem gewöhnlichen Spazierstock, sondern mit einem langen Stab. Die Nachbarn begannen ihn als den »wandernden Ju-

3 Ebd.
4 E. H. Erikson, Kindheit und Gesellschaft, Ernst Klett, 2. A., Stuttgart 1965.

74

den« zu bezeichnen. Er vertraute seinem Arzt einen Traum an, den er wiederholte Male geträumt hatte: er war wieder in seiner Heimat an einem weiten russischen Strom, wo sein Vater Boote gebaut hatte, die voll beladen den Strom hinuntergeschickt und in einem Hafenort verkauft wurden. Aber im Traum rissen sich alle halbfertigen und unbeladenen Boote von ihrer Verankerung und trieben unerbittlich im Strom davon.

Um diesen Traum zu deuten, muß eine psychosoziale und eine psychosomatische Tatsache genügen. Der Mann hatte seine Heimat verlassen, als er dreizehn war, also im Alter der Konfirmation; und das Gebiet seiner Schmerzen erwies sich als übereinstimmend mit der Stelle, die einst von einem rituellen Untergewand bedeckt wurde, das er ablegte, als er von zu Hause fortging. In dem Augenblick, wo der Mann im Leben *angekommen,* »arriviert« war, litt er unter einer Schuld (und litt tödlich) wegen seiner jugendlichen Entscheidung *fortzugehen.* In seinen Mannesjahren war er ein großer Wohltäter von Synagogen und karitativen Unternehmungen geworden, in der Tiefe aber fühlte er sich nur wie eines der unfertigen Boote seines Vaters, zu früh aus der Vertäuung gerissen und ungetreu gegen seinen »Hersteller«. Sie wissen vielleicht, wie schwer es ist, einem alten Mann zu helfen, für den das Patientsein so zu seiner individualisierten Passion geworden ist. Und tatsächlich starb er nicht lange nach seinem Traum, aus einem somatischen Grund, der mit seinen Brustschmerzen nichts zu tun hatte. Aber es kommt nicht so selten bei alten Leuten vor, daß eine Art von Integritätskampf sich einer bis jetzt noch undefinierten somatischen Störung bemächtigt, um ein altes Mißlingen der Identität zum Ausdruck zu bringen, das irgendein durchdringendes Schuldgefühl ungelöst ließ. Denn in der Frage, die hinter dem Traum steht, ist Schuldgefühl enthalten: wer hat die Boote losgemacht — und zu welchem Zweck? Darüber hinaus erkennen Sie in der Symbolwahl der Haltetaue eine Variation des Wurzel-Themas, das unsere Bildersprache in bezug auf die Umsiedlung ganz durchtränkt. Da werden Wurzeln ausgerissen oder mitgetragen, vertrocknen auf dem Wege von einem Land zum anderen oder bleiben frisch und lebendig, finden den rechten Boden oder können keinen Halt fassen und verdorren.

Ein Fall dieser Art vereinigt in sich Elemente des Patientseins, wie sie unsere Arbeit der individuellen Heilung und der sozialen Rehabilitation umfaßt. Der alte Mann steht in der Mitte zwischen denen, die durch innere Konflikte und unbeherrschbare Impulse angetrieben sind (die Getriebenen) und

75

jenen, die von Haus und Boden getrieben *wurden* (die Vertriebenen). Ihre gemeinschaftlichen Symptome verraten einen gemeinschaftlichen Zustand ihres Ichs, das die aktive Herrschaft und den nährenden Austausch des Gemeinschaftslebens verloren hat. An einem Ende einer Reihe stehen also diejenigen, die von unbeherrschbaren Impulsen angetrieben sind: auch sie fühlen sich »aufgewühlt« und »rastlos«. In der Mitte stehen die, die durch ihre inneren Zwänge genötigt werden: auch sie »verfolgen sich selbst«. Am Ende der Reihe finden wir die, die durch verfolgende Mächte gefangengesetzt, fortgejagt und ausgetrieben wurden. Die Symptome, die alle diese Klassen von Opfern zeigen — sei es vorübergehend, sei es chronisch — lassen erkennen, wie das Ich in seinem Bemühen, sich überwältigenden Schwierigkeiten anzupassen, sich unverzüglich gegen die verschiedenen treibenden, zwingenden und verfolgenden Kräfte wappnet, indem es aus allen einen gemeinschaftlichen Feind bildet, um eine einheitliche Verteidigung aufrichten zu können. So findet der Verfolger draußen einen Verbündeten im verborgenen inneren Verfolger, um ein vertieftes Gefühl der Wertlosigkeit hervorzurufen, wo die Situation doch Klugheit und Entschlossenheit erforderte. Das innere Schuldgefühl wird als unausweichlich hingenommen, wogegen man sich wehren sollte und könnte und was sich vielleicht bewältigen ließe. Das Heimweh verwandelt sich in die Selbstanklage, ein Land verlassen zu haben, aus dem man tatsächlich verjagt wurde. Mit anderen Worten: die Fähigkeit des Ichs zur Initiative wird durch eine Verschwörung des historischen Schicksals mit der persönlichen Historie gelähmt. In all dem erkennen wir aber Überreste des Bedürfnisses jedes Menschen (ein Bedürfnis, das zentral für das Funktionieren seines Ich ist), das Schicksal als etwas zu erleben, das er erwählt hat und wobei er aktiv war, selbst wenn das bedeuten würde, daß er die Vernichtung oder die Verfolgung und das Exil erwählt oder veranlaßt, heraufbeschworen oder akzeptiert hätte. Wir können das, scheint mir, besonders deutlich bei Menschen beobachten, die zu reinen Nummern innerhalb einer Masse von Verschleppten geworden sind und die einen Verfolgungswahn selbst denen gegenüber entwickeln, die sie wieder ansiedeln wollen. Hat man erst verlernt zu vertrauen, so kann man dazu getrieben sein, aktives Mißtrauen zu kultivieren und eigensinnig darauf zu beharren, daß alle gegen einen sind.

So überschneiden sich die Probleme des Patientseins auf Grund äußerer und auf Grund innerer Ursachen, und ich meine, daß sie sich auch beim Problem der Identität überschneiden. Der Ausdruck »Identität« aber wird in unserem

Lande so weitgehend verwendet, daß es ebenso wichtig erscheint, zu sagen, was er nicht aussagt, als zu umreißen, was er in diesem Zusammenhang bedeutet.

4

Im Falle des alten Mannes sprach ich von einer *Konfirmation*, die in seiner Jugend unerfüllt blieb, und wir sollten einen Augenblick bei der Tatsache verweilen, daß es eine »natürliche« Periode der Wurzellosigkeit im menschlichen Leben gibt, die Adoleszenz. Wie der Trapezkünstler muß der junge Mensch in der Mitte heftiger Bewegtheit seinen sicheren Griff an der Kindheit aufgeben und nach einem festen Halt am Erwachsensein suchen. Ein atemloses Intervall lang hängt er von einem Zusammenhang zwischen Vergangenheit und Zukunft und von der Verläßlichkeit derer ab, die er loslassen muß, und derer, die ihn »aufnehmen« werden. Was für eine Kombination von Trieben und Abwehren, von Sublimierungen und Fähigkeiten auch immer sich aus der Kindheit des jungen Menschen ergeben haben, nun müssen sie in Hinblick auf seine konkreten Möglichkeiten in der Arbeit und in der Liebe Sinn haben; was das Individuum in sich selbst zu sehen gelernt hat, muß jetzt mit den Erwartungen und Anerkennungen, die andere ihm entgegenbringen, übereinstimmen; was immer an Werten für ihn bedeutungsvoll geworden ist, muß jetzt irgendeiner universellen Bedeutsamkeit entsprechen.

Die Identitätsbildung geht also über den Prozeß des *Sich-Identifizierens* mit anderen in nur einer Richtung hinaus, wie er in der früheren Psychoanalyse beschrieben wurde. Sie ist ein Prozeß, der auf einer erhöhten kognitiven und emotionalen Fähigkeit beruht, *sich selbst* als ein umschriebenes Individuum in Beziehung zu einem voraussagbaren Universum, das die Kindheitsumstände übersteigt, *identifizieren zu lassen.* Identität ist also nicht die Summe der Kindheitsidentifikationen, sondern viel eher eine neue Kombination alter und neuer Identifikationsfragmente. Aus eben diesem Grunde *konfirmiert* die Gesellschaft — in allen Arten ideologischer Strukturierungen — zu diesem Zeitpunkt das Individuum und weist ihm Rollen und Aufgaben zu, in denen es sich *erkennen* und sich *anerkannt* fühlen kann. Rituelle Konfirmationen, Initiationen und Indoktrinationen steigern nur einen unumgänglichen Prozeß, durch den die gesunde Gesellschaft der neuen Generation traditionelle Stärke verleiht und dadurch die Stärke der Jugend an sich selber bindet. Die Gesellschaften bestätigen so das neue Individuum und werden selbst historisch bestätigt, denn das Individuum wird veranlaßt, den gesellschaftsbildenden Prozessen jene »konfliktfreie« Energie zur Verfügung zu stellen, die es sozusagen vor seinen infantilen Konflikten retten konnte. Solch ein verwickelter Prozeß aber, der sich zugleich mit der Entwicklung sowohl des Individuums wie der Gesellschaft entfaltet, kann nicht durch synthetische Werte genährt, noch kann sein Ergebnis mit leeren Zeremonien konfirmiert und festgelegt werden. Vielleicht treffen hier die erschöpften Glaubensbekenntnisse des Westens und die künstlich produzierten Ideologien der kommunistischen Welt auf ein gemeinsames Hindernis.

An dieser Stelle sollten wir, wenigstens im Vorübergehen, unsere Aufmerksamkeit jenen jungen Leuten zuwenden, die in die Bewegungen und Organisationen freiwillig eintreten oder hineingeraten, die das Vertreiben tatsächlich *ausführen*. So bedingungslos wir die Führer hassen, die die jungen Menschen benutzen, dürfen wir nie aufhören, nach den inneren Mechanismen zu forschen, durch die die Jungen veranlaßt werden können, an Akten feiger Vernichtung teilzunehmen. Die Antwort ist, daß auch sie entwurzelt sind — als Jugendliche und als jugendliche Mitglieder von Nationen und Klassen, denen das Versprechen einer gewissen Ganzheit nationaler und wirtschaflicher Identität verweigert wird. So greifen sie nach dem, was man eine totalistische Ideologie nennen könnte — oder sie lassen sich davon ergreifen.

Junge Menschen müssen zu ganzen Menschen aus ihrem eigenen Wesen heraus werden, und das in einem Entwicklungsstadium, das sich durch eine Vielfalt von Veränderungen im körperlichen Wachstum, in der genitalen Reifung und in der gesellschaftlichen Bewußtwerdung auszeichnet. Die Ganzheit, die in diesem Stadium erreicht werden muß, habe ich als Gefühl der inneren Identiät bezeichnet. Um das Gefühl der Ganzheit zu erfahren, muß der junge Mensch eine fortschreitende Kontinuität zwischen dem empfinden, was er während der langen Jahre der Kindheit geworden ist, und dem, was er in der vorgeahnten Zukunft zu werden verspricht; zwischen dem, wofür er sich selbst hält, und dem, wovon er bemerkt, daß andere es in ihm sehen und von ihm erwarten. Individuell gesprochen, schließt die Identität all die aufeinanderfolgenden Identifikationen jener früheren Jahre in sich, wo das Kind wie die Menschen zu werden wünschte, von denen es abhing, und oft gezwungen war, so zu werden — aber sie ist mehr, als die Summe all dieser Identifikationen. Die Identität ist ein einzigartiges Produkt, das jetzt in eine Krise tritt, die nur durch neue Identifikationen mit Gleichaltrigen und Führerfiguren außerhalb der Familie gelöst werden kann. Die jugendliche Suche nach einer neuen und doch zuverlässigen Identität läßt sich vielleicht am besten in dem beständigen Bemühen beobachten, sich selbst und andere in oft unbarmherzigem Vergleich zu definieren, zu überdefinieren und neu zu definieren; während sich die Suche nach zuverlässigen Ausrichtungen in der ruhelosen Erprobung neuester Möglichkeiten und ältester Werte verrät. Wo die sich ergebende Selbstdefinition aus persönlichen oder kollektiven Gründen zu schwierig wird, entsteht ein Gefühl der Rollenkonfusion. Der Jugendliche kontrapunktiert seine sexuellen, ethnischen, berufsmäßigen und typologischen Alternativen, statt sie zu synthetisieren, und wird oft dazu getrieben, sich endgültig und völlig für die eine oder die andere Seite zu entscheiden.

Bei der Diskussion der Identität habe ich die Begriffe »Ganzheit« und »Totalität« verwendet. Beide bedeuten Vollständigkeit; aber lassen Sie mich ihre Unterschiede hervorheben. Ganzheit scheint eine Sammlung von Teilen zu bezeichnen, von sogar ganz unterschiedlichen Teilen, die in eine fruchtbare Vereinigung und Organisation eintreten. Als eine *Gestalt* also bezeichnet Ganzheit eine gesunde, organische, progressive Wechselseitigkeit zwischen mannigfaltigen Funktionen und Teilen innerhalb eines Ganzen, dessen Grenzen offen und fließend sind. Totalität hingegen erweckt die Vorstellung einer Gestalt, bei der eine absolute Begrenztheit im Vordergrund steht: ist eine bestimmte willkürliche Abgrenzung angenommen, so darf nichts, was hineingehört, draußen gelassen, so kann nichts, was draußen sein soll, innen geduldet werden. Eine Totalität ist absolut inklusiv, oder sie ist vollständig exklusiv, ob die absolut zu machende Kategorie eine logische ist oder nicht und ob die Teile wirklich sozusagen ein Verlangen nacheinander haben oder nicht.

Was zu bedenken ich Sie auffordere, ist also das psychologische Bedürfnis nach einer Totalität ohne weitere Wahl oder Veränderung, selbst wenn das die Preisgabe einer sehr ersehnten Ganzheit bedeutet. Um es in einem Satz zu sagen: Wenn das menschliche Wesen auf Grund zufälliger oder entwicklungsmäßiger Veränderungen einer wesentlichen Ganzheit verlustig geht, baut es sich und die Welt wieder auf, indem es Zuflucht zu etwas nimmt, was wir Totalitarismus nennen können. Es wäre klug, davon Abstand zu nehmen, dies als reinen regressiven oder infantilen Mechanismus anzusehen. Es ist eine alternative, wenn auch primitivere Art, mit der Erfahrung umzugehen, und hat daher, mindestens in Übergangszuständen, einen gewissen Anpassungs- und Überlebenswert.

Echte Identität aber hängt von der Unterstützung ab, die das junge Individuum von dem kollektiven Identitätsgefühl erhält, das die für es wichtigen sozialen Gruppen charakterisiert: von seiner Klasse, seiner Nation, seiner Kultur. Wo historische und technologische Entwicklungen schwerwiegend in tief verwurzelte oder stark im Aufsteigen begriffene Identitäten (z. B. agrarische, feudale, patrizische) in großem Maßstab eingreifen, fühlt sich die Jugend individuell und kollektiv gefährdet, worauf sie bereit ist, Doktrinen zu unterstützen, die ein totales Aufgehen in einer synthetischen Identität (extremer Nationalismus, Rassismus oder Klassenbewußtsein) und eine kollektive Verurteilung eines völlig stereotypisierten Feindes der neuen Identität anbieten. Die Furcht vor Identitätsverlust, die eine derartige Indoktrination nährt, trägt entscheidend zu jener Mischung aus Selbstgerechtigkeit und Verbrechertum bei, die unter totalitären Bedingungen für den organisierten Terror und die Errichtung von Ausrottungsindustrien verfügbar wird. Da Zustände, die ein Identitätsgefühl untergraben, auch ältere Menschen auf jugendliche Alternativen festlegen, marschieren eine große Anzahl Erwachsener in der gleichen Richtung mit oder werden in ihrem Widerstand gelähmt.

Ein nutzloser Kreislauf des Bösen wird hier errichtet. Denn selbst wo das totalitäre Verbrechen sich in Erfolg und Selbsterhöhung »auszuzahlen« scheint, kann die totalistische Orientierung nicht zu der relativen Ganzheit des Erlebens führen, von der sowohl Kulturen wie Individuen leben.

Aber auch diejenigen, die die Verfolgung überstehen, können durch reine Akte gerechter Rache keinen Frieden finden, Akte, durch die sie versuchen, zusammen mit den Verbrechern die Erinnerung an das Verbrechen zu vertilgen. Angesichts der Zerstörungsmittel, die den Führern der Zukunft zur Verfügung stehen, bedarf unser historisches Gedächtnis offensichtlich einer verantwortlicheren Abschätzung des Übels, das immer dort droht, wo neuen Generationen jede andere Identität verweigert wird, als die der Selbstbestätigung durch totale Ablehnung[5].

---

5 Siehe: E. H. Erikson, Wholeness and Totality, in: Totalitarism. Sitzungsberichte einer Konferenz der Amerikanischen Akademie der Künste und Wissenschaften, hrsg. von C. J. Friedrich, Harvard University Press, Cambridge 1954.

5

Unter bestimmten persönlichen und kulturellen Bedingungen können *Entwicklungskrisen* vorzeitig auftreten. Anna Freud und Sophie Dann haben die vorzeitige Entwicklung eines sozialen Gewissens in der Form einer exzessiven und unangepaßten Solidarität unter ihresgleichen bei Konzentrationslagerkindern nachgewiesen[6]. Auch die Identitätskrise kann zu früh eintreten. Margaret Macfarland von der Arsenal Nursery School erzählte mir von einem vierjährigen Negermädchen, das sich vor einen Spiegel zu stellen pflegte, um sich die Haut mit Seife zu waschen. Wenn man es vorsichtig davon ablenkte, begann es, den Spiegel zu bürsten. Als man es schließlich dazu brachte, statt dessen zu malen, füllte es erst zornige Papierbögen mit brauner und schwarzer Farbe. Aber dann brachte es der Lehrerin ein »wirklich *gutes* Bild«, wie es sagte. Erst konnte die Lehrerin nur einen weißen Bogen sehen, bis sie näher hinsah und entdeckte, daß das kleine Mädchen den ganzen Bogen mit weißer Farbe bedeckt hatte. Diese Episode der Selbst-Auslöschung im Spiel geschah in einer Schule, wo es nie Rassentrennung gegeben hatte. Sie illustriert, in welchem Ausmaß sich Reinlichkeitskontrolle und Verlust des sozialen Selbstgefühls in der Kindheit assoziieren können. Aber sie weist auch auf die Tiefe der Identitätsstörung hin, die bei Menschen entsteht, die dahin gebracht wurden, sich so unerbittlich »anders« zu fühlen, daß die gesetzliche Aufhebung der Rassentrennung nur der Anfang einer langen und schmerzlichen inneren Re-Identifizierung sein kann — von einer wirklichen Teilnahme an einer umfassenderen neuen Identifizierung gar nicht zu sprechen.

Die während all der Kindheitsstadien kultivierten Selbst-Imagines bereiten das Identitätsgefühl vor, beginnend mit dem frühesten wechselseitigen Erkennen eines anderen Gesichts und durch ein anderes Gesicht. Die Ökologen haben uns gelehrt, in den Anfängen des menschlichen Daseins nach diesen Dingen zu suchen. Auf die richtige Weise in die Situation des Menschen übertragen, könnten ihre Erkenntnisse neues Licht auf die identitätsverleihende Macht der Augen und des Gesichtes werfen, die dich zuerst »anerkennen« (dir dein erstes »Ansehen« verleihen) und auch neues Licht auf den infantilen Ursprung der gefürchteten Entfremdung, des »Gesichtsverlustes«. Eine Person zu sein, mit sich selbst identisch, setzt ein Urvertrauen in die eigenen Ursprünge voraus, und den Mut, aus ihnen herauszuwachsen.

6 A. Freud und S. Dann, An Experiment in Group Upbringing, in: The Psychoanalytic Study of the Child IV, International University Press, New York 1951.

Ich bespreche diese Dinge hier, weil jedes tief aufwühlende oder entwurzelnde Erlebnis eine teilweise Regression sowohl auf die Urhoffnung nach Anerkennung veranlaßt, wie auf den Urschrecken des Versagens dieser Anerkennung: die tote, die totgeborene Identität. Das ist der Grund, weswegen entwurzelte Menschen oft kaum hören, was man ihnen sagt, sondern sich an die Augen, an den Ton der Stimme zu klammern scheinen.

Während aber tiefe Identitätsverwirrungen in der Jugend immer auf die infantilen Anfänge der »Anerkennung« zurückdeuten, können ungelöste Identitätsprobleme — wie das der Fall des »Wandernden Juden« illustrierte — ins hohe Alter hineinreichen, wo sie unter Umständen zu jener Verzweiflung beitragen, die dem alten Menschen die eigene Anerkennung des Wertes seines Lebens mißgönnen. Ein Mensch, der daran verhindert wird, sein Leben auszuleben, wird damit des Rechtes beraubt, *aktiv zu sterben*, als die wirkende Kraft eines lebendigen Prozesses. René Spitz' bildliche Darstellungen von Kleinkindern, denen ein sinnvoller Anfang fehlte[7], ließen sich durch eine eindrucksvolle Galerie der leblosen Gesichter jener Menschen ergänzen, die kein sinnvolles Ende zu erwarten haben. Das soll aber nicht heißen, daß der alternde Mensch ermutigt werden sollte, immer wieder nach neuen Anpassungen seiner Identität zu suchen. Ganz im Gegenteil. Wo die Identitätsbildung in der Jugend relativ erfolgreich war, führt die psychosoziale Entwicklung durch die Erfüllung der erwachsenen Phase zu einer endgültigen Integrität, zum Besitz einiger weniger Prinzipien, die sich, obwohl aus wechselnden Erfahrungen abgeleitet, doch als im wesentlichen unveränderlich erweisen. Ohne alte Leute, die über eine derartige Integrität verfügen, können junge Menschen im Kampf um eine Identität weder rebellieren noch gehorchen.

Das Kernproblem der Identität besteht also in der Fähigkeit des Ichs, angesichts des wechselnden Schicksals Gleichheit und Kontinuität aufrechtzuerhalten. Das Schicksal aber kombiniert immer Veränderungen in den inneren Zuständen, die das Ergebnis fortschreitender Lebensstadien sind, mit Veränderungen in der Umwelt, in der historischen Situation. Identität bedeutet auch die Elastizität, in den Wandlungsprozessen wesentliche Grundformen zu bewahren. So sonderbar das erscheinen mag, bedarf es also einer festbegründeten Identität, um radikale Veränderungen zu ertragen, denn die festbegründete Identität hat sich selbst rund um Grundwerte

7 R. Spitz, Anaclitic Depression, in: The Psychoanalytic Study of the Child II, International Universities Press, New York 1946.

aufgebaut, über die Kulturen gemeinsam verfügen. Wir können hier zum Beispiel an die Werte von Familie, Arbeit und Religion bei den polnischen Bauern denken, die sich relativ intakt in die städtischen Wohnblöcke und Stahlgießereien von Pittsburgh übertragen ließen, vom Schlamm und der Fruchtbarkeit der polnischen Ebenen in den Rauch und die Produktivität der modernen Industrie. Oder wir denken an die »primitiven« und isolierten Jemeniten und ihr Festhalten am *Buch* als Brücke über die Jahrhunderte weg zur modernen Bildungswelt, oder an Ben-Davids Beobachtung, daß die Immigranten, die ein gut integriertes Selbst-Image und eine gesicherte Gruppenidentität mitbringen, bessere Chancen haben, von der israelischen Gesellschaft absorbiert zu werden. Diese Beispiele weisen auch darauf hin, daß Identität nicht ein abgeschlossenes inneres System bedeutet, das unzugänglich für Veränderungen wäre, sondern vielmehr einen psychosozialen Prozeß, der im Individuum wie in seiner Gesellschaft gewisse wesentliche Züge aufrechterhält und bewahrt.

Die Gefahr jeder Periode der Entwurzelung und Umsiedlung in großen Maßstäben besteht darin, daß äußere Krisen bei zu vielen Individuen und Generationen die Hierarchie der Entwicklungskrisen und ihrer eingebauten Korrektive in Verwirrung bringen und daß der Mensch jener Wurzeln verlustig geht, die in sinnvollen Lebenszyklen fest verwachsen sein müssen. Denn die wahren Wurzeln des Menschen werden in der Generationenfolge genährt, und er geht seiner Hauptwurzel nicht in den verlassenen Orten verlustig, sondern in der abgebrochenen Entwicklungszeit. Das ist der wirkliche Schaden, den die erzwungene Massenumsiedlung anrichtet — ein Schaden, der sich in den Generationenprozeß einschleicht und zum erschreckenden Gegenstück der neuen Gefahr des Erbschadens durch Kernexplosionen wird.

6

Ob wir nun als Ärzte oder Verwaltungsbeamte mit der Heilung, dem Transport oder der Rehabilitierung anderer Menschen betraut sind, werden wir zu Hütern verlorener Lebensstadien; ideal ausgedrückt, sollte unsere Rehabilitationsarbeit zumindest ein sinnvolles *Moratorium* schaffen, eine Periode des Aufschubs in der Weiterverweisung. Wie Sie ja wissen, kann im Akt der Zufluchtnahme selbst ein initiales Moment des Glaubens, erhöhter Energie und der Bereitschaft zu sinnvoller Mühsal enthalten sein, was alles sich erst im zweiten, im Aufbereitungsstadium auflöst. Das ist wiederum ein gemeinsames Problem, auf das Sozial- wie psychiatrische Sachbearbeiter treffen. Lassen Sie mich kurz das Problem des hospitalisierten Patienten besprechen; ich hoffe, daß die Parallelen deutlich werden.

Hospitalisierte Patienten, die »eingeliefert« wurden, sind häufig bereit, sich selbst »auszuliefern«. Sie erwarten, »an die Arbeit zu gehen«, an sich selbst wie an jede Aufgabe, die ihnen übertragen werden könnte. Aber allzuoft erwarten den Patienten mühsame diagnostische und Einführungsprozesse, die die absolute Distanz zwischen dem aktiven Leben und ihm unterstreichen. So wird wörtlich »zum Schaden noch der Spott gefügt«, indem der Entwurzelte, der von seiner bisherigen Zugehörigkeitsgruppe schon als aufzugeben oder unnormal angesehen wird, sich von denen eingeordnet und abgeurteilt sieht, von denen er erwartet hatte, sie würden ihm den Weg durch ein sinnvolles Moratorium weisen. Manch einer erwirbt die irreversible Identität, ein lebenslänglicher Patient und Klient zu sein, nicht auf Grund dessen, was er »ist«, sondern auf Grund dessen, was zuerst mit ihm gemacht wurde.

Das Problem des verlorenen Moments der initialen Bereitschaft verschärft natürlich nur eine andere Gefahr, die zum Wesen längerwährender Wurzellosigkeit und des Unterstelltseins unter Institutionen gehört. Ich spreche von der Ausbildung *negativer Identitäten*, das heißt von herabgewürdigten Selbst-Imagines und sozialen Rollen. Ich habe schon auf den Unterschied in der Bewertung zwischen Pionier und Flüchtling, zwischen Grenzer und Wanderndem hingewiesen. Fügen Sie dem die traditionellen Bilder des »Zigeuners«, des »Besitzlosen« und des »Landstreichers« auf der einen Seite und des »Insassen« und »Internierten« auf der anderen Seite hinzu, und Sie haben eine eindrückliche Reihe negativer Bewertungen, mit denen Entwurzelte oder gefangene Menschen zu kämpfen haben, sei es, indem sie ihnen bis zum letzten widerstehen, oder indem sie sie akzeptieren. Verlängerte Passivität bringt derartige randständige Identitäten an die Oberfläche, läßt sie in einer schrecklichen Neuordnung der Selbst-Imagines zentral und beherrschend werden, die durch Generationen nicht wieder auslöschbar ist. Eine aufgeklärte therapeutische Leitung aber erkennt sie als jene sekundäre soziale Erkrankung, die aller erzwungenen Untätigkeit und allem Patiententum in Anstalten anhaftet.

Lassen Sie mich einen Augenblick vom *Austen Riggs Center* sprechen, einer offenen Psychiatrischen Klinik und Forschungsanstalt, deren Stab ich angehöre. Wir erleben bei unseren

Patienten verblüffende Beispiele der Initiative, wo und wann immer es uns gelingt, selber bestimmte diagnostische und prognostische Vorurteile zu überwinden, die uns veranlassen wollen, diese Patienten übermäßig zu beschützen und unsere Aufgabe »zu ihrem eigenen Besten« zu vereinfachen. Ebensosehr unter dem Druck der Patienten wie der Mitarbeiter haben wir ein »gemeinsames Arbeits«-Programm eingeführt, das die Patienten am Vormittag zu Arbeiten zusammenführt, die der Erhaltung der Klinik dienen. Auf diese Weise können bemittelte Patienten indirekt zur Unterstützung derjenigen beitragen, die eines »Stipendiums« bedürfen. Ehe der Plan tatsächlich funktionierte, hätten wir nicht geglaubt, daß er durchführbar sei. Zusätzlich wurde von Joan Erikson mit der Hilfe von Mitarbeiter- und Patienten-Ausschüssen ein individualisierteres »Betätigungsprogramm« entworfen. Im Rahmen dieses Programms und unter der Leitung ausgebildeter Lehrkräfte betreiben unsere Patienten einen Kindergarten, der den Kindern des Orts offensteht. Ehe die Eltern ihre Kinder brachten — und wiederbrachten — hätten wir das nicht für möglich gehalten. Zu unserem Programm gehört auch eine dramatische Gruppe, die von einem Berufs-Theaterdirektor geleitet wird. Lassen Sie mich ein aufschlußreiches Erlebnis erzählen: bei einer Gelegenheit beschloß eine Gruppe junger männlicher Patienten, ein schwieriges Stück unter der Leitung eines Gruppenmitglieds einzuüben. Sie brachten ihre Produktion bei Gelegenheit eines Wettstreits zwischen Amateurschauspielgruppen aus größeren Städten und von benachbarten Universitäten zur Vorführung. Die »Drama-Gruppe Riggs« gewann den ersten Preis. Nach der Verleihungsfeierlichkeit nahmen mich einige der anderen Wettstreiter beiseite und baten mich um eine Aufklärung. Die jungen Schauspieler, meinten sie, seien fabelhaft gewesen, aber sie schienen doch kaum alt genug *für Ärzte* . . .
Ich brauche die Bedeutsamkeit einer Situation, in der die Patienten echte allgemeine Anerkennung für eine durchaus fachmännische Leistung erringen können, nicht weiter zu unterstreichen. Besonders wichtig ist das für junge Patienten, bei denen der Prozeß der Identitätsbildung im akutesten Stadium nicht mit einem negativen Selbst-Bild in Verbindung geraten sollte, auch obgleich (oder gerade weil) junge Leute mit dem Gedanken spielen und experimentieren, Außenseiter, Verbrecher, Rebellen und Patienten zu sein. Manche unserer jungen Patienten, oft Kinder von Eltern mit unbeschränkten Mitteln oder von unübertreffbarer Begabung und Leistung, machen sich einen Sport daraus, Landstreicherkostüme zu tragen. Aber wie Sie ja wissen, gehen diese jungen Leute,

85

indem sie dergestalt rebellieren, tatsächlich mit einer weltweiten Bewegung von Jugendlichen konform, die lärmend »negative Identitäten« zur Schau stellen und mit ihrer exzentrischen Kleidung sich über eine ältere Generation lustig machen, die ihre Kinder übertypisierte und deren Identitäten ohne zu fragen festlegen wollte.

Patiententum durch äußere Entwurzelung und der Zustand des psychiatrischen Patient-Seins grenzt somit an das Gebiet der *aktiven Selbstentwurzelung.* Sie kann ebensowohl das Kennzeichen hilfloser, aber auch wirklich abenteuerlicher Individuen sein, wie auch das geistig ruheloser und, gelegentlich, wirklich schöpferischer Menschen: die Triebfedern der Erneuerung. Denen allerdings, die die Position des »Außenseiters« um ihrer selbst willen spielen und betreiben, möchte ich die Einsicht Albert Camus empfehlen, der den höchsten literarischen Ausdruck für den existentiellen Zustand des Menschen als *l'étranger* schuf und der doch der großen Bedeutung der Logik und Ethik des Fußballspielens in seinen jungen Jahren ihren Platz zugesteht. Um die Grenzen der menschlichen Existenz zu ermessen, muß man an irgendeinem konkreten Zeitpunkt und Ort »die Spielregeln« voll erlebt haben. Als philosophischer »Fremder« zu leben, ist einer der Entschlüsse, die nur dem reifen Menschen zustehen; um zu diesem Entschluß fähig zu sein, muß der unreife Mensch mit unserer Hilfe erst eine Heimat in der Wirklichkeit von Arbeit und Liebe finden.

Camus war es, der unsere Jugend an »jenen Teil des Menschen erinnerte, der immer verteidigt werden muß«. Und die Jugend — insofern sie nicht an militante Ideologien gebunden ist — versucht dies Wesentliche auf vielerlei paradoxe und widersprüchliche Weisen zu verteidigen: durch übermäßige Tätigkeit oder durch Nichtstun, durch Ablehnung aller Introspektion oder durch ihre Übertreibung. Es ist nicht immer deutlich zu erkennen, aber doch häufig wahr, daß die Jungen auf diese Weise sich weigern, ihre Treue überalteten Moralbegriffen anzutragen, um einer undeutlich geahnten Ethik Treue zu halten. In unserem Lande fällt ein Teil unserer intellektuellen Jugend einer Mischung von europäischem Existenzialismus und östlicher Philosophie anheim, um eine späte ideologische Begründung für gewisse daheim gezüchtete Individualismen zu schaffen. Diese Jugend kümmert sich wenig um die Art, in der bei erwachenden Kulturen der Mystizismus oder das klösterliche Leben in den zeitgebundenen Interessen und Belangen und in den systematischen Morallehren ihrer Zeit und ihres Ortes verwurzelt war. Aber zu allen Zeiten mußte man, um seine Identität zu verlieren, erst eine besitzen; und um zu transzendieren, muß man durch ethische Bindungen hindurch und nicht sie umgehen. Die klösterliche Meditation zollte in ihrem Höhepunkt aller Schöpfung volle Anerkennung und sorgte für das, was existierte, durch mildtätige Werke, indem sie die Wege der Transzendenz betreute und indem sie die Verantwortung dafür übernahm, nichts zu zeugen, wofür sie nicht sorgen konnte oder wollte. Verglichen mit dieser ethischen Position finde ich unsere literarischen Verkaufsvertreter einer teilweisen Konversion und eines zeitweisen Mystizismus eher von ihrem Selbst besessen, als von ihm befreit. Denn derjenige, der sich wirklich des Teils des Menschen bewußt ist, das immer verteidigt werden muß, muß sicherlich die Verantwortung dafür übernehmen, denen, mit denen er die menschliche Existenz teilt und in denen er sie erhöht, diesen Teil nicht zu verweigern, sei es durch Tat oder Unterlassung. Sollte nicht auch ihnen eine Möglichkeit geboten werden »ihr letztes Ziel« zu erreichen, unentstellt von neurotischer Wurzellosigkeit?

7

Zum Abschluß möchte ich die Verwendung von »baummäßigen« Ausdrücken in der Angelegenheit der »Wurzeln« des Menschen besprechen: die Bilderwelt, die den Menschen als ein Wesen auffaßt, das in einer Örtlichkeit begründet ist, durch Wurzeln gehalten, und das organische Nahrung aus einem ökologisch gebundenen Universum absorbiert. Hat der Mensch immer vom Verlust der Wurzeln gesprochen? Andere Zeitalter kannten große und verheerende Völkerwanderungen, und der Mensch des späten Mittelalters muß die Welt als ebenso bis zur Unkenntlichkeit verändert durch Druckerpresse und Schießpulver, durch die Pest und die Eroberung der sieben Meere empfunden haben, wie wir in einer größeren Welt unsere Erde als erweitert empfinden und doch zusammengeschrumpft durch Radioverbindung und Kernwaffen, durch geistige Unrast und die Eroberung des Raumes. Ist nicht die sehnsuchtsvolle Betonung der Wurzeln eine Reaktion auf die trotzige und schöpferische Überschreitung einer primär landwirtschaftlichen und »heimatgebundenen« Existenz zu Beginn des modernen Zeitalters? Solange der Mensch imstande ist, seinen eigenen Lebenszyklus gänzlich in die natürlichen Zyklen eines Naturausschnittes einzuordnen, den auszunutzen er gelernt hat, kann er ein Gefühl der Partizipation an den Wurzeln, die er bearbeitet, aufrechterhalten —

wollen wir sie nun eine parasitische oder eine symbiotische nennen. Die daraus erwachsene Bilderwelt von Verwurzelung und Wachstum hat (wie das jede integrierte Bilderwelt tut) eine gewisse einfache Würde und Schönheit unterstützt, aber sie hat auch spezielle Formen der Starrheit und der Verderbnis gefördert, die von den romantischen Anhängern der »Rückkehr zu den Wurzeln« nachträglich übersehen werden. Wir finden solche Tendenzen in unseren eigenen Reihen, wo die Bevorzugung von Bildern persönlichen »Wachstums« und der Verwurzeltheit des Individuums in sich selbst eine Reaktion auf die scheinbar »mechanischeren« Konzepte der Psychoanalyse bezeichnet. Aber ob wir nun Bilder aus dem Laboratorium, aus der Fabrik oder aus der Baumschule verwenden, müssen wir auf der Hut sein, damit nicht der bloße Klang unserer Ausdrücke uns glauben läßt, relevantere Begriffe für die menschliche Entwicklung gefunden zu haben.

Lassen Sie mich jetzt die inneren Entfremdungsvorgänge zusammenfassen, die in der Ontogenese des Menschen als Individuum wesenhaft enthalten sind — tatsächlich so wesenhaft enthalten, daß Zustände der Entwurzelung, des Verlassenseins und der Vereinsamung beim Erwachsenen nur wiederklingen lassen, was er »von fern aus der Vergangenheit« her schon kennt. Ich bin der Meinung, daß dieser Widerhall der individuellen Vergangenheit bei jedem historischen Unheil den Menschen dazu bringen kann, sich ungerechten Leiden einfach zu unterwerfen und die Verfolgung als Teil des »menschlichen Zustands« hinzunehmen. Aber das bedeutet auch, daß wir Ungerechtigkeit und Verfolgung nicht ausrotten können, ehe wir nicht die innere Tendenz des Menschen, sich selbst zu verfolgen und sich so mit seinen Verfolgern zu identifizieren, verstanden haben.

Die verbindende Tatsache besteht darin, daß der Mensch bei jedem Schritt seiner Entwicklung als abgegrenzte Person dazu neigt, sich innerlich entwurzelt zu fühlen. Das beginnt schon früh; denn kaum hat er gelernt, das vertraute Gesicht zu erkennen (den ursprünglichen Zufluchtsort des Urvertrauens), so wird er auch schon schreckvoll des unvertrauten, des fremden Gesichtes gewahr, des Gesichts, das keine Antwort lächelt, des abgewandten, des verdüsterten und des tadelnden (das Kind beginnt »zu fremdeln«). Und hier fängt auch, wie die Psychoanalyse das vertritt, die unerklärliche Tendenz seitens des Menschen an, zu empfinden, daß er die Ursache dafür ist, daß das Gesicht sich abwendet, das sich doch nur zufällig irgendwohin wendet.

Einige andere Species erleben ebenfalls Augenblicke intensiven Erkennens, wie sie z. B. in den Zeremonien und Tänzen bestimmter Vögel so auffallend zur Darstellung kommen, die die Vertrautheit der Art oder der biologischen Elternschaft begründen oder wiederbegründen. Beim Menschen aber wird all das zum integrierenden Teil einer höchst individualisierten Begegnung der Augen, der Gesichter, der Seelen. Wie es den Beginn aller Individualität auszeichnet, so bleibt es auch letztes Ziel der menschlichen Wünsche: »dann aber werde ich erkennen, so wie auch ich erkannt werde«. Auf dem steinigen Pfad dahin aber gibt es die vielen Augenblicke, wo der Mensch fühlt, daß er weder kennt noch gekannt wird, daß er weder ein Gesicht hat noch eines wiedererkennt: seine erste Entwurzelung, die regelmäßig beim Verlust der Heimat und der Neuansiedlung wiedererlebt wird — und in der Psychose.

Später in der Kindheit kommt die Zeit, wo das Kind seine Autonomie genießt, wenn es auf seinen eigenen Füßen steht — etwas wackelig, aber ihm gehörig. Es gewahrt einen ganzen Kreis zustimmender Augen ringsumher, die den Raum, den es bemeistert, sowohl vertrauenswürdig wie sicher machen. Es lernt einen Teil seines Eigensinns zu unterdrücken, für die Belohnung, eines Willens mit denen zu sein, die um es herum sind. Aber leider kommen auch die Augenblicke der Mißbilligung und der Beschämung, wenn es tadelnd angesehen und ausgelacht wird und zornig errötet, weil es nicht weiß, über wen es sich am meisten ärgert: sein exponiertes Selbst oder die feindseligen Zuschauer. Das also ist die zweite Entwurzelung, das Gewahrwerden eines preisgegebenen Selbst, durch das der Mensch ein Außenseiter zu sich selber wird. Von nun an ist er nie mehr ganz er selbst und niemals völlig »sie-die anderen«. Er wird zeitweilig versuchen, vollständig er selbst zu werden, indem er sich mit seinen rebellischen Impulsen identifiziert; oder versuchen, völlig die anderen zu werden, indem er aus ihren Gesetzen seine Zwänge bildet; oder er tut beides, mit dem Ergebnis, daß er sich selbst ebenso wie die anderen bezweifelt.

Noch später kann die Entwicklung eines Gewissens das Gefühl der Definition und Klarheit verleihen und die wachsende Initiative in anerkannte und fruchtbare Richtungen lenken. Aber es bringt auch das »schlechte Gewissen« mit sich, ein Ausdruck übrigens, der sonderbar offen läßt, ob es sich um das Bewußtsein der Schlechtigkeit oder um das schlechte Gewissen handelt. Auf alle Fälle ist es Teil jener »Über-Ich-Bildung«, das den Menschen zu seinem eigenen inneren und, schlimmer noch, oft unbewußten Richter macht. Die daraus resultierenden Hemmungen und Verdrängungen ließen sich in Begriffen der Entfremdung ausdrücken, denn sie sind imstande, die intimsten Wünsche und Erinnerungen des Menschen in fremdes Gebiet zu verwandeln.

Das also sind einige der unentrinnbaren inneren Spaltungen, die sich vollziehen, während der von seiner biologischen Nabelschnur befreite Mensch seinen Platz im sozialen und moralischen Universum findet. Vieles von dem, was wir der neurotischen *Angst* und vieles von dem, was wir dem existentiellen *Schrecken* zuschreiben, ist in Wirklichkeit nur die dem Menschen eigentümliche Form der *Furcht:* denn wie ein Tier, um zu überleben, mit spezialisierten Sinneswerkzeugen, die auf spezielle Umwelten eingerichtet sind, das Nahe und Ferne erforscht, muß der Mensch sowohl seine innere wie seine äußere Umwelt nach Anzeichen zulässiger Aktivität und nach Versprechen der Identität durchforschen.

Ist er in manchen Umgebungen mehr »zu Hause« und in anderen weniger? Romantische Sehnsüchte und oberflächliches Reisen lassen uns die innere Sicherheit und die äußere Verläßlichkeit verflossener Zeiten und fremder Länder und ihrer Zustände überschätzen. Es scheint aber ganz entschieden so, als wäre der Mensch immer sowohl seiner Natur wie seiner inneren Welt entfremdet gewesen und als habe er immer den Versuch gemacht, seine unmögliche Situation so zu gestalten, daß er in ihr leben und produktiv sein konnte — und daß es ihm periodenweise gelang. Es besteht kein Grund zu behaupten, daß eine technologische Welt als solche der inneren Hilfsquellen der Anpassung schwächen müßte, die tatsächlich durch den guten Willen und den Einfallsreichtum einer miteinander in Verbindung lebenden Gesellschaft aufgefüllt werden könnten.

War der *Raubmensch* nicht entfremdet? In Nordkalifornien habe ich Yurok-Indianer zu ihren Lachsen im »Lande jenseits des Meeres« beten sehen. Tränenreich versicherten sie ihrer Beute, daß sie deren Grundwesen nichts Böses antun wollten, daß sie nur ihren fleischlichen Anteil verzehrten und daß sie ihre Schuppen den Fluß hinab in den Ozean zurückkehren lassen würden, woher sie kamen, so daß aus ihnen neue Lachse wachsen konnten — und weiterhin in die Netze der Yuroks gehen. Das ist natürlich eine Magie, die ganz perfekt auf ein tiefes Geheimnis der Natur »paßt«, nämlich die Vermehrung der Lachse. Aber der Ton der Stimmen und der Inhalt der Gebete lassen keinen Zweifel darüber aufkommen, daß der Mensch in solch einer verzwickten Lage Bilder aus der ontogenetischen Entfremdung vom väterlichen Versorger mit der Furcht des Stammes, eine aus der Fremde kommende Versorgung zu verlieren, in einer einzigen Gebetshaltung vereinigt. Nehmen Sie den *ackerbauenden* Menschen:

der gequälte Aberglaube des Bauern sollte uns sicher davon überzeugen, daß die Natur in seiner Phantasie nicht nur eine wohlwollende Mutter und vertraute Wohnstätte darstellt, sondern auch einen launenvollen Feind, der mit bitter harter Arbeit gezwungen und mit schlauen Ritualen befriedigt werden muß. Die inneren Gefahren der *merkantilen* Welt sind uns inzwischen vertraut. Wer verkauft und kauft, leiht und sammelt, wird bald aus allen Menschen Konkurrenten, Ware und Sklaven machen — auch aus sich selbst, seiner Frau und seinen Kindern. Im gleichen Maße wird er unmenschlich und verliert alle Fähigkeiten zur Einfühlung. Schließlich kommen wir zur *Industrialisierung,* wo der Mensch andere Menschen und sich selbst in Werkzeuge verwandelt und die Maschinen, die er dirigiert, in eine Maschinerie, die ihn dirigiert. Hier ist der Mensch offensichtlich in der Sackgasse seiner Existenz als Spezies angekommen, denn er lernt, die Maschinerie seiner Selbstausrottung zu vervollkommnen und von blindem Stolz auf sie erfüllt zu sein.

Nun hat irgendwo zwischen der Ausbeutung der Natur und der Selbstausbeutung des merkantilen und mechanisierten Menschen eine gigantische Umwandlung stattgefunden, die zuerst Gegenstand der leidenschaftlichen Beachtung von Karl Marx wurde: es ist die Schaffung von Mittelsmännern zwischen dem Menschen und der Natur. Und uns dämmert eine Ahnung, daß die technologische Welt unserer Tage dabei ist, eine Art von Entfremdung zu schaffen, die alle Vorstellung übersteigt. Das alles darf aber die universelle Bedeutsamkeit des Problems der technischen Entfremdung nicht verwischen, die mit der Schaffung von Werkzeugen und der Entwicklung eines sich selbst bewußten Gehirnes am Aufgang der Menschheit begann. Auch sollten wir nicht übersehen, daß die Geistesarbeiter, die dazu neigen, ihre eigene Bewußtheit und »Menschlichkeit« von dem zu distanzieren, was sie die entfremdete Blindheit der mechanisierten Massen nennen, sich gelegentlich einer Selbsttäuschung hingeben. Denn auch die Geistesarbeit kennt ihre wesenhafte technische Entfremdung, da sie Methoden anwendet, die Schuldgefühle hervorrufen müssen, selbst wo die Bestrebungen friedfertig und nicht weltlich erscheinen: Methoden, die Existenz in Wortfetzen zu analysieren, Erfahrung in Begriffe zu abstrahieren, die Wirklichkeit im Experiment zu zwingen und magische Rache an denen zu nehmen, die die Macht der heutigen Technologie handhaben — indem man sie entfremdet nennt. Kein Wunder, daß der Geistesarbeiter rings um sich Entfremdung fühlt. Die Frage ist nur, bis zu welchem Grad er zusätzlich lernt, ein verantwortliches Gegengewicht gegen die Kräfte der Zeit zu bilden, die er untersucht, ausbeutet und beklagt. Die Suche nach Wurzeln hat also in den merkantilen und industriellen Zeitaltern immer neue Formen angenommen. Der Eifer, mit dem der merkantile Mensch den Marktschwankungen eine den Kreisläufen der Natur analoge Gesetzmäßigkeit zuschrieb, half eine merkantile Art von Genie zu schaffen, aber er vermittelte gleichzeitig vielen Menschen, angesichts des unmenschlichen und ungöttlichen Glücksfalls, das Gefühl Opfer zu sein. Der Versuch des industriellen Menschen, sich mit der Maschine zu identifizieren, als wäre sie ein neues Totem-Tier, verführt ihn zu einem sich immer erneuernden Wettlauf nach roboterartiger Leistungsfähigkeit, aber doch auch zu der Frage, was, wenn alle Anpassungen geleistet sind, von der menschlichen »Identität« übrig bleibt. Es kann also ebenso zum Wesen eines Zeitalters unbarmherziger Veränderungen gehören, sich Sorge über die unveränderlichen Wurzeln der menschlichen Identität zu machen, wie ein weitverbreitetes Schuldgefühl zum Wesen des ackerbauenden Zeitalters, zur Technologie der vergewaltigten Natur gehörte.

Schuldgefühl und Furcht um die eigene Identität gehören natürlich zur mitgebrachten menschlichen Ausrüstung. Doch scheinen besondere Formen epidemischer Ängste an bestimmte Perioden gebunden zu sein. Und so geschieht es, daß wir in dieser Ära phantastisch erweiterter Beweglichkeit uns mit Wurzeln und Anfängen und Ur-Elementen beschäftigen — und zufälligerweise mit der Beziehung zwischen Mutter und Kind, als müßten wir auch im Psychologischen die Entwicklung fortgesetzt auf die seelische und körperliche Nabelschnur zurückverfolgen. Und vielleicht können wir auf diese Weise tatsächlich erneuten Kontakt mit den ontogenetischen Quellen der Hoffnung aufnehmen, mit der grundlegendsten Rolle der Frau in der Welt des Mannes — und mit den Wurzeln einer Ethik, die wohl doch die stolzesten Erfindungen des Menschen überragt — weil sie sie überragen *muß.*

8

Wenn wir um uns schauen, dann bemerken wir, daß der Mensch unserer Tage (und nicht nur sein amerikanischer Prototyp) seine selbstbewegenden Kräfte bis zum Punkt der lokomotorischen Selbst-Berauschung und mit einer neuen Art von autokratischer Rücksichtslosigkeit genießt. Wollen wir diesem Menschen erklären, daß seine geistige Gesundheit nach Wurzeln verlangt, dann müssen wir jenes Minimum an Wurzeln genau definieren, die er braucht, während er sich fortbewegt, und das Maximum, das er mit sich nehmen kann — sehr ähnlich, wie von den Laboratorien erwartet wird, daß sie ihm die Grenzen seines Eindringens in den Raum und seines Sichhingebens an die Geschwindigkeit nachweisen — die beide nicht an seiner Wiege gestanden haben. Sein Unbehagen darüber, allzu wurzellos zu sein, kommt in dem Witz über den Mann recht gut zum Ausdruck, der damit prahlt, für sein elektrisches Auto 5000 Dollar gezahlt zu haben. Angesichts der Kleinheit des Wagens wunderten sich seine Freunde über den Preis. »Ach«, meinte er, »der Wagen selbst kostet nur 1000 Dollar, aber das Verbindungskabel kostet 4000.«

Das Gefühl der Wurzellosigkeit wiederum hat viel zu dem beigetragen, was so vielfältig als die Entfremdung des technologischen Menschen diskutiert wird. Aber die Beziehung des Menschen zur Natur, ob er nun wilde Tiere fing und schlachtete oder ob er Pflanzen und Tiere der Kultivierung und Domestizierung unterwarf, war immer höchst vielschichtig. Denn zusammen mit der Fähigkeit, Werkzeuge zu erfinden, geht immer jene innere Aufspaltung des Gewissens, die für den Menschen in seiner kultivierten und erfundenen Welt das leisten muß, was der Instinkt für das Tier in seiner Umwelt leistet. Wie die Psychoanalyse nachgewiesen hat, schaffte dieser Prozeß beim Menschen ein Gefühl, aus seiner eigenen animalischen Natur entwurzelt und von seinem eigenen Gewissen verlassen oder ausgeschlossen zu sein. In seiner Furcht und seinem Schuldgefühl neigt er dazu, wie ein Baum, ein Tier oder eine Maschine »zu tun«. Und warum sollte der Mensch, ein lokomotorisches Wesen, ausgestattet mit einem erfinderischen Gehirn und einem empfindsamen Gewissen, nicht tatsächlich eine mechanische Welt schaffen, die seinem Streben nach einer kulturellen und technologischen Identität (innerhalb vernünftiger Grenzen) ziemlich weitgehend angepaßt ist. Warum sollte er nicht in einer Welt daheim sein (ebenso weitgehend, wie es sein Schicksal ist, in irgendeiner Technologie daheim zu sein), in der er alle Energien, die er der Natur nur abringen kann, dazu verwertet, alle synthetischen Produkte zu erschaffen, die er zu einem neuen Stil verschmelzen kann? Denn seine Identität als Geschöpf, das Handwerkszeug verwendet, ist immer die Vorbedingung seiner spirituellen Suche nach einer transzendenten Identität.

Auf alle Fälle geben wir, als Vertreter der Berufe, die sich mit der geistigen Gesundheit befassen, unsere aktive Zustimmung zur Mechanisierung, indem wir ja selbst die perfekten

Maschinen benutzen, die uns aus so vielen Ländern zusammenführen, und die Verständigungseinrichtungen, die uns erlauben, einander in vielen Sprachen gleichzeitig zuzuhören. Der Kampf, den unser Beruf führt, richtet sich gegen das magische Denken, gegen die soziale Ausbeutung und die gedankenlose Zerstörungsneigung, die immer bei der menschlichen Beherrschung von Werkzeugen und Waffen eine Rolle spielen. Unsere Kampfansage richtet sich gegen das *vom Menschen selbst bewirkte Patientsein*, ohne Rücksicht auf die hochklingenden Theorien oder Ideologien, die es als unvermeidlich maskieren wollen. Wir bestehen auf dem Prinzip, daß kein Mensch jener Früchte des Lebens beraubt werden darf, die allein ihm erlauben, den zentralen Aufgaben seiner Existenz in seiner Zeit zu begegnen.

IV Die menschliche Stärke und der Zyklus der Generationen

Mit der vierten Vorlesung verschiebt sich der Brennpunkt von den inneren und äußeren Schwierigkeiten der Ich-Entwicklung zu jenen grundlegenden menschlichen Kräften, die sich mit der verlängerten Kindheit des Menschen und mit seinen Institutionen und Traditionen herausgebildet haben. Es handelt sich hier um die ausgearbeitete Form eines Vortrages vor dem Psychoanalytischen Institut und dem Mount Zion Medical Center in San Franzisko im Jahr 1960, im Andenken an Dr. Sophie Mirviss.

Eine Stufenfolge der Grund-Tugenden

Der Psychoanalytiker hat guten Grund, Zurückhaltung zu üben, wenn er über die menschliche Tugend spricht. Denn täte er es leichthin, könnte man ihn verdächtigen, die beweisträchtige Last seiner täglichen Beobachtungen zu vergessen, die ihn mit dem »viel durchwühlten Boden . . ., auf dem unsere Tugenden sich stolz erheben«, vertraut macht. Und er könnte sich dem Vorwurf aussetzen, die Richtung der Freudschen Gedankengänge aufzugeben, in denen Bewußtseinswerte nur dann eine verantwortliche Neubewertung finden können, wenn die Würdigung der unbewußten und der irrationalen Kräfte im Menschen fest begründet ist.

Aber gerade die Entwicklung des psychoanalytischen Denkens und seine augenblickliche bevorzugte Beschäftigung mit der »Ich-Stärke« legen es nahe, die menschliche Stärke neu zu bedenken, nicht im Sinne des Edelmuts und der Rechtschaffenheit, wie sie die Morallehren kultivieren, sondern im Sinn der »inhärenten Stärken«. Denn ich glaube, daß die Psychoanalytiker, nachdem sie nun ein halbes Jahrhundert Lebensgeschichte angehört haben, ein »inoffizielles« Bild der Stärken entwickelt haben, die den individuellen Lebenszyklen wie den Generationenfolgen innewohnen. Ich denke hier an die höchst erfreulichen Gelegenheiten, wo wir übereinstimmend sagen können, daß ein Patient wirklich gebessert ist — nicht, wie die Fragebogen es gerne von uns haben wollen »deutlich gebessert« oder »teilweise gebessert« — sondern im Wesen gebessert. Hier wird das Verschwinden der Symptome nur beiläufig erwähnt, während das entscheidende Kriterium eine Zunahme in der Stärke und Ausdauer der Konzentration des Patienten auf Bestrebungen ist, die irgendwie richtig sind, sei es nun in der Liebe oder in der Arbeit, im häuslichen Leben, in der Freundschaft oder als Staatsbürger. Ja, wir scheuen uns tatsächlich vor jeder systematischen Diskussion der menschlichen Stärke. Wir anerkennen zum Beispiel eine innere Affinität zwischen den frühesten und tiefsten geistigen Störungen und dem radikalen Verlust einer grundlegenden Art von Hoffnung; oder zwischen der Beziehung von zwanghaften und impulsiven Symptomen und einer grundlegenden Willensschwäche. Aber wir sind nicht neugierig zu erfahren, was eigentlich die genetischen oder dynamischen Determinanten eines Zustandes der Hoffnung oder eines Zustands kontrollierter Willenskraft wirklich sind. Wir tun tatsächlich gequält unser Bestes, das, was wir als Wert empfinden, in Ausdrücken doppelter Negation darzustellen. Ein Mensch, den wir als ziemlich gesund bezeichnen möchten, ist relativ widerstandsfähig gegen Regression, oder ziemlich frei von Verdrängungen, oder neigt weniger zur Ambivalenz, als man erwarten könnte. Und doch wissen wir, daß in einem Zustand der Gesundheit oder der geistigen und affektiven Klarheit ein Ordnungsprozeß herrscht, der sich nicht unter der vollständigen Liste von Negationen subsumieren läßt. Teile dieses Prozesses nennen wir »Ich-Synthese«, und wir sammeln allmählich neue Beobachtungen unter diesem Nenner. Aber wir wissen, daß auch dieser Prozeß bei manchen Menschen in manchen Momenten und bei manchen Gelegenheiten mit einer Gesamtqualität begabt ist, die wir als »beseelt« oder »lebensvoll« bezeichnen könnten. Das zu klassifizieren werde ich gewiß nicht versuchen. Aber ich meine, daß wir, ohne die Existenz dieser Dinge anzuerkennen, auch keine wirkliche Perspektive hinsichtlich der besten Augenblicke des menschlichen Gleichgewichts erhalten können — und auch nicht in bezug auf die tiefsten Augenblicke der Tragödie des Menschen.

Im folgenden habe ich die Absicht, zuerst die entwicklungsmäßigen Wurzeln und später den evolutionären Sinn gewisser grundlegender menschlicher Qualitäten zu untersuchen, die ich Grund-Tugenden (»basic virtues«) nennen will. Ich tue das, teilweise, weil ich den Plural »Stärken« (»strenghts«) ungeschickt finde, aber vor allem, weil das Wort Tugend im Sinn der alten *virtus* dazu dient, etwas ausdrücklich festzustellen. Im Lateinischen bedeutete *virtus* Männlichkeit, was zumindest auf die Kombination von *Kraft, Selbstbeherrschung* und *Mut* hindeutet, die hier vermittelt werden soll. Wir würden natürlich zögern, Männlichkeit als die offizielle Tugend des Weltalls anzusehen, besonders seit uns aufdämmert, daß vielleicht die Weiblichkeit gezwungen sein wird, einen beträchtlichen Beitrag zu der Rettung der Menschen vor den höhenstürmenden und katastrophalen Strebungen des Mannes zu leisten. Aber die altenglische Sprache gab dem Wort »virtue« eine spezielle Bedeutung, die bewundernswert paßt. Es bedeutete *innewohnende Kraft* oder *aktive Qualität* und wurde zum Beispiel für die unverminderte Wirksamkeit gut konservierter Mediziner und alkoholischer Getränke verwendet. (Die hier gemeinte Qualität entspricht etwa dem deutschen Ausdruck »Gehalt«, d. Ü.) »Tugend« (»virtue«) und Geist (»spirit«) hatten einst austauschbare Bedeutung — und nicht nur in der Tugend, die flüssige Spirituosen ziert. Unsere Frage lautet also: welche Tugend »verschwindet« aus einem menschlichen Wesen, wenn es die Kraft verliert, von der wir hier sprechen, und »kraft« welcher Stärke erwirbt der Mensch jene beseelte oder belebte Qualität, ohne die seine Moral zum bloßen Moralismus wird und seine Ethik zu schwächlichem Bravsein?

»Tugend« will ich also bestimmte menschliche Qualitäten der Stärke nennen, und ich will sie in Beziehung zu jenem Prozeß setzen, durch den die Ich-Stärke sich von Stadium zu Stadium entwickelt und von Generation zu Generation verliehen wird.

Scheinbar ein Paradoxon des menschlichen Lebens ist die kollektive Fähigkeit des Menschen, seine eigene Umgebung zu erschaffen, obgleich jedes Individuum in nackter Verletzlichkeit geboren wird, die sich in eine verlängerte infantile Abhängigkeit erstreckt. Die Schwäche des Neugeborenen ist aber tatsächlich eine relative. Weit entfernt, die körperliche Welt in irgend einem Maße beherrschen zu können, ist der neugeborene Mensch mit einer äußeren Erscheinung und mit Ausdrucksformen ausgestattet, die an die Zärtlichkeit der das Kind pflegenden Erwachsenen appellieren und ihnen den Wunsch eingeben, für seine Bedürfnisse zu sorgen; die Mitgefühl in denen erregen, die sich um sein Wohlsein kümmern; und die, indem sie die Erwachsenen veranlassen, sich zu kümmern, ihre aktive Fürsorge stimulieren. Ich wiederhole all diese Worte, wie Zärtlichkeit, Mitgefühl und Fürsorge, nicht um der poetischen Wirkung willen, sondern um die fundamentale Tatsache zu unterstreichen, daß im Leben im allgemeinen und im menschlichen Leben im besonderen, die Verletzlichkeit neugeborener Wesen und die Schwäche unschuldiger Bedürftigkeit eine ganz eigene Macht besitzen. So wehrlos kleine Kinder sind, haben sie Mütter zu ihrer Verfügung, haben sie Familien, um die Mütter zu beschützen, Gesellschaften, um die Familienstruktur zu unterstützen, und Traditionen, um den Systemen der Pflege und Erziehung Kontinuität zu verleihen. All dies aber ist notwendig, damit der menschliche Säugling sich menschlich entwickelt, denn seine Umwelt muß ihm jene äußere Ganzheit und Kontinuität bieten, die, wie ein zweiter Schoß, dem Kind erlaubt, seine einzelnen Fähigkeiten in bestimmten Stufen zu entwickeln und sie in einer Reihe psychosozialer Krisen zu einer Einheit zu verschmelzen.

In den letzten Jahren hat sich die Psychiatrie mit der Mutter-Kind-Beziehung beschäftigt und hat ihr zu Zeiten die gesamte Last der Verantwortung für die geistige Gesundheit und Reife des Menschen aufgebürdet. Diese ausschließliche Konzentration auf die früheste Entwicklung schien in der jungen Wissenschaft der Ethologie ausdrücklich Bestätigung zu finden, die die angeborenen Mechanismen analysiert, durch die Muttertiere und Jungtiere wechselseitig beieinander das Verhalten auslösen, das für das Überleben der Jungen notwendig ist – und damit für die Erhaltung der Art. Aber ein echter ethologischer Vergleich müßte die Frühperiode im Tierleben (wie etwa die Nest-Besitzergreifung gewisser Vögel) dem gesamten vorerwachsenen Leben, einschließlich der Adoleszenz, gegenüberstellen. Denn das psychosoziale Überleben des Menschen wird nur durch vitale Tugenden sichergestellt, die sich in der Wechselwirkung zwischen aufeinanderfolgenden und sich überschneidenden Generationen entwickeln, die in organisierten Umwelten zusammenleben. Hier bedeutet Zusammenleben aber mehr als zufällige räumliche Nähe. Es bedeutet, daß die Lebensstadien des Individuums »ineinanderleben«, zahnradartig in die Lebensstadien anderer eingreifen, die es vorantreiben, wie es die anderen vorantreibt. Ich habe daher in den vergangenen Jahren versucht, den ganzen Lebenszyklus als ein integriertes psychosoziales Phänomen darzustellen, anstatt dem zu folgen, was man (in Analogie zur Teleologie) »Originologie« nennen könnte, das heißt das Bestreben, den Sinn der Entwicklung immer wieder von einer Rekonstruktion der allerersten Anfänge abzuleiten.

Wenn es sich darum handelt, nun die grundlegenden Tugenden zu benennen, mit deren Hilfe menschliche Wesen sich und andere durchs Leben steuern, dann ist man zuerst versucht, sich neue Worte aus lateinischen Wurzeln auszudenken. Latein vermittelt immer den Eindruck der Fachkundigkeit und klaren Ausschließlichkeit, während die Worte des täglichen Gebrauchs unzählige Nebenbedeutungen besitzen. Dem Optimisten lassen sie die Tugenden wie heitere und leichte Fertigkeiten klingen, dem Pessimisten wie idealistische Forderungen. Wenn wir uns aber mit Erscheinungen beschäftigen, die dem Ich näherstehen, dienen uns die alltäglichen Worte der lebenden Sprache, wie sie im Gebrauch durch Generationen herangereift sind, am besten als Diskussionsgrundlage.

Ich will daher von *Hoffnung*, *Willen*, *Zielstrebigkeit* und *Tüchtigkeit* als den Ansätzen der Tugend sprechen, die in der Kindheit entwickelt werden; von der *Treue* als der Tugend der Jugend; von *Liebe*, *Fürsorge* und *Weisheit* als den zentralen Tugenden des erwachsenen Lebens. Trotz all ihrer scheinbaren Zusammenhanglosigkeit hängen diese Eigenschaften voneinander ab. Der Wille kann nicht ausgebildet werden, ehe sich die Hoffnung nicht als zuverlässig erwiesen hat, noch kann die Liebe wechselseitig werden, ehe sich die Treue als verläßlich erwiesen hat. Auch steht jede Tugend und ihr Platz in der Reihe aller Tugenden vital mit anderen Ausschnitten der menschlichen Entwicklung in Verbindung, so etwa mit den Stadien der Psychosexualität, die in der gesamten psychoanalytischen Literatur[1] so sorgfältig erforscht wurden; weiter mit den psychosozialen Krisen[2] und den Stufen der Reifung der Wahrnehmung[3]. Diese Stufenfolge muß ich als bekannt voraussetzen, wenn ich mich auf eine parallele zeitliche Reihenfolge der sich entwickelnden Tugenden beschränke.

Wenn wir dem gesunden Säugling den Ansatz zu *Hoffnung* zuschreiben, so würde es tatsächlich schwierig sein, die Kriterien dieses Zustands näher zu bestimmen, und noch schwieriger, ihn zu messen: aber wer einmal ein hoffnungsloses Kind gesehen hat, der weiß, was ihm *fehlt*. Die Hoffnung ist sowohl die früheste wie die unentbehrlichste Tugend, die im Zustand des Lebendigseins inhärent ist. Andere haben diese tiefste Qualität als *Zuversicht* bezeichnet, und ich selbst sprach vom *Vertrauen* als der frühesten positiven psychosozialen Haltung, aber wenn das Leben erhalten werden soll, muß die Hoffnung bleiben, selbst wo die Zuversicht verwundet, das Vertrauen gestört ist. Ärzte wissen, daß ein Er-

---

1 E. H. Erikson, Kindheit und Gesellschaft, Ernst Klett, 2. A. Stuttgart 1965.
2 E. H. Erikson, »The Psychological Development of Children.« und »The Syndrome of Identity Diffusion in Adolescents and Young Adults«, in: Discussions in Child Development, World Health Organisation III, International Universities Press, New York 1958.
3 J. Piaget und B. Inhelder, De la Logique de l'enfant a la logique de l'adolescent, Press Universitaire de France, Paris 1955, siehe auch: P. H. Wolff, Piaget's Genetic Psychology and Its Relation to Psychoanalysis, Psychological Issues II, No. 5, International Universities Press, New York, 1960.

wachsener, der alle Hoffnung verloren hat, in ein so leb-
loses Stadium regrediert, wie ein lebender Organismus das
noch eben ertragen kann. Aber es ist etwas in der Anatomie
selbst der erwachsenen Hoffnung, was einem das Gefühl gibt,
daß sie die kindlichste aller Ich-Qualitäten ist, und für ihre
Bestätigung am abhängigsten von der Barmherzigkeit des
Schicksals. Religiöse Gefühle veranlassen Erwachsene daher,
ihre Hoffnung in periodischen Bittgebeten wieder aufzurich-
ten, wobei sie ein gewisses Maß an Kindlichkeit gegenüber
unsichtbaren, allmächtigen Kräften annehmen.

Nichts im menschlichen Leben aber ist in seinen Ursprüngen
gesichert, ehe es nicht in intimen Begegnungen von Partnern
in günstigen sozialen Umgebungen bestätigt wird. Das Lächeln des kleinen Kindes flößt dem Erwachsenen Hoffnung
ein, und indem es ihn zum Lächeln bringt, erweckt es in ihm
den Wunsch, Hoffnung zu machen. Das ist aber natürlich
nur eines der physiognomischen Details, die anzeigen, daß
das Kind durch seine vertrauensvolle Suche nach Erfahrung
und Bestätigung in dem Gebenden eine Kraft erweckt, die
erweckt und durch die Erfahrung der Wechselseitigkeit kon-
solidiert zu haben er wiederum bereit und bedürftig ist.

Hoffnung ist für ihr Beginnen angewiesen auf die erste Begegnung des neuen Wesens mit *vertrauenswürdigen mütterlichen Personen*, die auf sein Bedürfnis nach *Aufnahme* und
Kontakt mit warmer und beruhigender Umhüllung und Um-
schließung antworten und Nahrung zur Verfügung stellen,
die sowohl lustvoll aufzunehmen wie leicht zu verdauen ist,
und Erfahrungen der Art vorbeugen, die regelmäßig zu wenig zu spät anbieten würde. Das ist alles andere als eine rein
instinkthafte Angelegenheit. Die biologische Mutterschaft
bedarf mindestens dreier Verbindungsglieder zur sozialen Erfahrung: die frühere Erfahrung der Mutter, bemuttert worden zu sein; einen Begriff der Mutterschaft, der mit einer
vertrauenswürdigen zeitgenössischen Umwelt geteilt ·wird;
ein alles umfassendes Weltbild, das Vergangenheit, Gegenwart und Zukunft in einer überzeugenden Grundform der
Vorsorge zusammenhält. Nur so können Mütter vorsor-
gen.

Hoffnung wird durch eine Kombination von Erfahrungen in
der »prähistorischen« Ära des Individuums bestätigt, in der
Zeit, die vor der Sprache und der verbalen Erinnerung liegt.
Sowohl die Psychoanalyse wie die genetische Psychologie
halten die sichere Wahrnehmung eines »Objektes« in dieser
Wachstumsperiode für zentral bedeutsam. Die Psychologen
verstehen darunter die Fähigkeit, die *fortdauernde Qualität
der Dingwelt* wahrzunehmen, während die Psychoanalytiker

etwas ungenau von einem ersten Liebes-Objekt sprechen, das heißt von der Erfahrung der fürsorgenden Person als eines kohärenten Wesens, das die körperlichen und emotionalen Bedürfnisse in zu erwartender Weise erwidert, und daher verdient, mit Vertrauen beschenkt zu werden, und dessen Gesicht erkannt wird, indem es erkennt. Diese beiden Arten von Objekten sind das erste Wissen, die erste Bestätigung und damit die Grundlage der Hoffnung.

Die Hoffnung, einmal als Grundqualität der Erfahrung etabliert, bleibt unabhängig von der Verifizierbarkeit von »Hoffnungen«, denn es gehört zum Wesen der Reifung des Menschen, daß konkrete Hoffnungen zu einer Zeit, wenn ein erhofftes Ereignis (oder ein Zustand) eintritt, sich als stillschweigend verdrängt durch eine fortschrittlichere Gruppe von Hoffnungen erweisen. Die allmähliche Erweiterung des Horizontes der aktiven Erfahrung bietet bei jedem Schritt so lohnende Bestätigungen, daß sie wiederum neue Hoffnungen inspirieren. Zur gleichen Zeit entwickelt das Kind eine größere Fähigkeit zum Verzicht, zusammen mit der Möglichkeit, enttäuschte Hoffnungen auf bessere Aussichten zu übertragen; es lernt von dem zu träumen, was vorstellbar ist, und seine Erwartungen auf das auszurichten, was verspricht, sich als möglich zu erweisen. Alles in allem also erhält sich die reifende Hoffnung nicht nur angesichts veränderlicher Tatsachen aufrecht — sie ist imstande, Tatsachen zu verändern, wie man vom Glauben behauptet, er versetze Berge. Vom evolutionären Standpunkt aus scheint die Hoffnung dem Menschen helfen zu müssen, sich einem gewissen Maß jener Verwurzelung anzunähern, über die die tierische Welt verfügt, in der Instinktausrüstung und Umwelt einander bestätigen, beginnend mit der mütterlichen Reaktion — außer, wo Katastrophen das Individuum oder die Art überwältigen. Für den menschlichen Säugling *ist* die Mutter die Natur. Sie muß jene ursprüngliche Bestätigung *sein*, die später von anderen und weiteren Ausschnitten der Realität kommen wird. Alle die Selbst-Bestätigungen beginnen daher in jenem inneren Licht der Mutter-Kind-Welt, das die Madonnendarstellungen als so ausschließlich und sicher vermittelt haben: und dieses Licht darf tatsächlich nicht aufhören, durch das Chaos vieler Krisen hindurch zu leuchten, seien es zufällige oder Reifungskrisen.

Um einige vorläufige Formulierungen jetzt abzuändern: *Hoffnung ist der fortwährende Glaube an die Erfüllbarkeit leidenschaftlicher Wünsche, trotz der dunklen Dränge und*

Wutgefühle, die den Anfang des Daseins bezeichnen. Hoffnung ist die ontogenetische Grundlage des Glaubens und wird durch den erwachsenen Glauben genährt, der die Grundformen der Fürsorge durchtränkt.

Ein ausschließlicher Zustand der Hoffnung, in verschiedene, vorstellbare Welten übertragen, wäre ein Paradies in der Natur, eine Utopie in der sozialen Wirklichkeit und ein Himmel im Jenseits. Beim Individuum, hier und jetzt, würde er einen schlecht angepaßten Optimismus bedeuten. Denn echte Hoffnung führt unvermeidlich zu Konflikten zwischen dem schnell sich entwickelnden Eigensinn und dem Willen anderer, aus denen die Rudimente des Willens hervorgehen müssen. Während die Sinne und Muskeln des Säuglings nach Möglichkeiten aktiverer Erfahrung greifen, trifft er auf die doppelte Forderung nach Selbstbeherrschung und nach der Unterwerfung unter die Beherrschung durch andere. Zu *wollen* heißt nicht, eigenwillig zu sein, sondern vielmehr, allmählich die Macht zu weitergehendem Urteil und zur Entscheidung bei der Verwendung der Triebe zu erringen. Der Mensch muß lernen, das zu wollen, was sein kann, auf das, was nicht sein kann, als nicht wollenswert zu verzichten, und zu glauben, daß er will, was unvermeidlich ist.

Hier liegt zweifellos der genetische Ursprung der trügerischen Frage nach dem »Freien Willen«, die der Mensch immer wieder logisch und theologisch zu bemeistern sucht. Tatsache ist, daß ohne Hoffnung und Wille kein Mensch leben, kein Ich intakt bleiben kann. Selbst der philosophierende Mensch, der sich getrieben fühlt, sogar den Grund, auf dem er steht, zu verneinen, indem er Wille und Hoffnung als illusorisch anzweifelt, fühlt sich wirklicher, indem er eine so heroische Frage aufwirft. Und wo der Mensch sich entschließt, sein Gefühl, das Unvermeidliche gewollt zu haben, Göttern und Führern unterwirft, da begabt er sie leidenschaftlich mit dem, worauf er für sich verzichtet hat.

Die Rudimente des Willens werden, in Analogie zu allen Grundqualitäten, erworben, indem das Ich Erfahrungen aus Frontbereichen in sich vereinigt, die scheinbar weit voneinander getrennt liegen: Bewußtwerdung und Aufmerksamkeit, Manipulation, Verbalisierung und Lokomotion. Das Training der Ausscheidungssphinkter kann zum Mittelpunkt des Kampfes um die innere und äußere Kontrolle werden, die dem gesamten Muskelsystem und seiner doppelten Exekutive — individuelle Koordination und soziale Lenkung — innewohnt. Ein Gefühl der Niederlage (auf Grund von zu wenig oder zu viel Training) kann zu tiefer *Scham* und zwanghaftem *Zweifel* führen, ob man jemals wirklich wollte, was man tat, oder wirklich tat, was man wollte.

Ist der Wille aber erst zuverlässig in die frühe Ich-Entwicklung eingebaut, dann überlebt er, ebenso wie die Hoffnung, die Beweise seiner nur begrenzten Macht, denn das heranreifende Individuum inkorporiert allmählich ein Wissen darüber, was zu erwarten ist und was von ihm erwartet werden kann. Oft besiegt, lernt es trotzdem das existentielle Paradoxon zu akzeptieren, daß es Entscheidungen trifft, von denen es »tief drinnen« weiß, daß sie durch Ereignisse vorbestimmt sein werden, denn Entscheidungen zu treffen ist nun einmal Teil der Werturteile-fällenden Qualität, die allem Lebendigsein inhärent ist. Die Ich-Stärke hängt, vor allem anderen, von dem Gefühl ab, innerhalb der Kette des Unvermeidlichen seinen aktiven Anteil geleistet zu haben. Und wie es mit geringeren Hoffnungen ist, so ist es mit kleineren Willen (wenn dieser Plural erlaubt ist). Sie scheinen es wirklich nicht wert zu sein, über sie zu verzweifeln, wenn der Augenblick der Prüfung kommt, vorausgesetzt nur, Wachstum und Entwicklung haben genug Spielraum, um neue Ziele zu bieten, und die erwartbare Wirklichkeit erweist sich, alles in allem, als befriedigender und interessanter, als die Phantasie.

Wille bedeutet also die ungebrochene Entschlossenheit, sowohl Wahl wie Selbstbeschränkung frei auszuüben, trotz der unvermeidlichen Erfahrung von Scham und Zweifel in der Kindheit. Der Wille ist die Grundlage dafür, daß wir Gesetz und Notwendigkeit akzeptieren, und er wurzelt in der Einsichtigkeit von Eltern, die sich vom Geiste des Gesetzes leiten lassen.

Das soziale Problem des Willens ist in den Worten »guter Wille« enthalten. Der gute Wille anderer hängt offensichtlich von einer wechselseitigen Einschränkung der Willen ab. Es ist meist im Verlauf des zweiten oder dritten Lebensjahres, wo das Kind lernen muß, Neuankömmlingen nachzugeben. Jetzt ist es die Aufgabe kluger Elternschaft, die Privilegien des Starken zu achten und doch die Rechte des Schwachen zu schützen. Die Eltern werden dem Kind, das lernt, seine Eigenwilligkeit zu beherrschen, Bereitwilligkeit anzubieten und guten Willen gegen guten Willen auszutauschen, allmählich ein gewisses Maß an Selbst-Kontrolle überlassen. Am Ende wird sich aber herausstellen, daß das Eigen-Bild des Kindes in der Art aufgespalten ist, wie der Mensch für den Rest seines Lebens aufgespalten zu bleiben die Neigung hat. Denn ebenso wie das ideale (»vor-ambivalente«, wie wir das nennen) Bild der liebenden Mutter das Eigen-Bild des Kindes als

103

Widerspiegelung der echten Anerkennung des Kindes durch die Mutter, als das ihrige und als gut hervorbringt, so entspricht das ambivalent geliebte Bild der kontrollierenden Eltern einem ambivalent geliebten Selbst, oder richtiger: ambivalent geliebten Selbsten. Von nun an wird das fähige und das impotente, das liebende und das zornige, das einheitliche und das selbstwidersprüchliche Selbst Teil der Ausstattung des Menschen sein: wahrlich ein seelischer Sturz aus der Gnade. Angesichts dieser inneren Spaltung kann nur weise Elternschaft, die sich selbst als Teil einer leidlich gerechten bürgerlichen und Welt-Ordnung empfindet, ein heilendes Gerechtigkeitsgefühl übermitteln.

Wir kommen nun zur dritten vitalen Tugend, zur *Zielstrebigkeit;* und da wir die Prinzipien der Darstellung voraussetzen dürfen, können wir kürzer sein.
Es gehört zur verlängerten Unreife des Menschen, daß er die Rudimente des Willens in Situationen ausbilden muß, in denen er nicht genau weiß, was er will und warum; was seinen Eigensinn gelegentlich zu einer ziemlich verzweifelten Sache macht. Auf die gleiche Weise muß er die Rudimente der Zielstrebigkeit in bloßer Phantasie und im Spiel entwickeln: eine zeitweilige Perspektive, die übereinstimmenden Strebungen Richtung und Brennpunkte gibt. Das Spiel bedeutet für das Kind, was dem Erwachsenen Denken, Planen und Entwerfen bedeuten, ein versuchsweises Universum, in dem die Bedingungen vereinfacht, die Methoden forschend sind, so daß Irrtümer und Mißlingen in der Vergangenheit durchdacht werden können, Erwartungen überprüft. Die Regeln des Spieles können nicht gänzlich durch den Willen der Erwachsenen auferlegt werden: Spielsachen und Spielgefährten sind dem Kinde gleich.
In der Welt der Spielsachen spielt das Kind die Vergangenheit »aus«, oft in verhüllter Form, in der Art von Träumen, und es beginnt die Zukunft zu meistern, indem es sie in zahllosen Variationen sich wiederholender Themen vorwegnimmt. Indem es die verschiedenen Rollenbilder der Erwachsenen um es herum in seine Sphäre des »so-tun-als-ob« aufnimmt, kann das Kind herausfinden, wie es sich anfühlt, so zu sein wie die Großen, ehe das Schicksal es zwingt, tatsächlich so wie einige von ihnen zu werden. Wenn es aber aussieht, als verschwende das Kind eine echte Zielstrebigkeit auf seine Spiele, die in keinem Verhältnis zu dem steht, was es bald lernen muß, nämlich wozu Dinge »wirklich da sind«, was ihr wirklicher Zweck ist, dann unterschätzen wir die

entwicklungsmäßige Notwendigkeit zum stellvertretenden Spiel bei einem Tier, das lernen muß, eine innere und eine äußere Welt, eine erinnerte Vergangenheit und eine vorausgeahnte Zukunft zusammenzufügen, bevor es lernen kann, die bei der Zusammenarbeit verwendeten Werkzeuge, die in einer Gemeinschaft verteilten Rollen und die in einer gegebenen Technologie verfolgten Ziele zu beherrschen.

So bietet das kindliche Spiel (wie die inspirierten Spieldinge des Erwachsenen, der Tanz, das Drama, das Ritual) eine Zwischenrealität, in der die Zielstrebigkeit sich von Fixierungen an die Vergangenheit lösen kann. Es scheint bedeutungsvoll, daß das Spiel am intensivsten wird, wenn die Periode der infantilen Sexualität zu Ende geht und wenn die große menschliche Schranke, das universelle »Inzest-Tabu« wirksam wird. Die sexuellen Triebe und die zielgerichtete Energie müssen nun von eben den Elternfiguren abgelenkt werden, die zuerst die Zärtlichkeit des Kindes, seine Sinnlichkeit und seine amorphen sexuellen Phantasien erregten. Und sie werden auf eine Zukunft von zuerst phantastischen, aber dann mehr und mehr realisierbaren Zielen hingeleitet.

Auch bei jungen Tieren ist das Spiel auf dem Schutz vor Hunger und Gefahr durch die Eltern begründet. Beim Menschen ist es außerdem vom Schutz vor unbewältigbaren Konflikten abhängig. Das Spielalter baut sich auf der Existenz der *Familie in einer ihrer vorbildlichen Formen* auf, die allmählich abgrenzen muß, wo das Spiel aufhört, und der nicht wieder rückgängig zu machende Zweck beginnt, wo Phantasie nicht mehr erlaubbar ist und die zu erlernende Realität allbeherrschend wird: nur so läßt sich das Gewissen integrieren. Nicht immer wird begriffen, daß eine der wichtigsten Begründungen für die eheliche und familiäre Treue das fordernde Bedürfnis des kindlichen Gewissens nach innerer Einheitlichkeit gerade in dem Zeitpunkt ist, wo das Kind über die Familie hinausreichende Ziele in Betracht ziehen kann und muß. Denn die Stimmen und Bilder jener Erwachsenen, die jetzt als *innere Stimme* internalisiert sind, dürfen einander nicht zu offensichtlich widersprechen. Sie tragen zu der intensivsten Gewissensentwicklung beim Kind bei — zu einer Entwicklung, die ein für allemal Spiel und Phantasie von der Zukunft abtrennen, die unwiderruflich ist. Drohungen, Strafen und Warnungen haben alle die Bestimmung bestimmter Akte (und infolgedessen bestimmter Gedanken) gemeinsam, eine soziale und tatsächlich ewige Realität zu besitzen, die niemals wieder ungeschehen gemacht werden kann. Das Gewissen akzeptiert diese Unwiderruflichkeit als innerlich und privat, und es ist um so wichtiger, daß es das ethische Beispiel einer Familie inkorporiert, die zielstrebig in familiären und wirtschaftlichen Bestrebungen vereint ist. Das allein verleiht dem Kind die innere Freiheit, sich weiter zu begeben – zu dem jeweiligen Schulmilieu, das seine Kultur für es bereit hält.

Die Zielstrebigkeit ist nun dazu bereit, sich allmählich an einen Wirklichkeitssinn zu heften, der durch das definiert ist, was *erreicht werden kann,* und was *in Worten mitgeteilt* werden kann. So findet das Gewissen, die beständige innere Stimme, die die erlaubten Taten und Gedanken abgrenzt, einen mächtigen Verbündeten in der Struktur der Sprache, die eine gemeinsame Wirklichkeit bestätigt.

Zielstrebigkeit bedeutet also den Mut, als wertvoll erkannte Ziele ins Auge zu fassen und zu verfolgen, unbehindert durch die Niederlagen der kindlichen Phantasie, durch Schuldgefühle und die lähmende Angst vor Strafe. Sie schließt Ideale der Tätigkeit in sich und leitet sich aus dem Beispiel der Grundfamilie ab. Sie ist die Kraft der Ziel-Gerichtetheit, die von der Phantasie genährt wird, aber nicht phantastisch ist, die durch Schuldgefühle begrenzt, aber nicht gehemmt wird, moralisch eingeschränkt, aber ethisch aktiv. Daß der Mensch als spielendes Kind begann, hinterläßt aber einen Restbestand von Theater- und Rollenspiel selbst in dem, was er für seine höchsten Zwecke hält. Er sieht diese als Erwachsener in den Tableaux seiner vergangenen Geschichte dargestellt, er projiziert sie auf eine größere und vollkommenere zukünftige Bühne und dramatisiert sie in der zeremoniellen Gegenwart mit uniformierten Schauspielern in rituellen Anordnungen.

Wie sollen wir die nächste Tugend nennen? *Tüchtigkeit* käme dem am nächsten, was ich meine, obgleich mein Freund, R. W. White, diesen Begriff für ein Prinzip reserviert hat, das in allem Lebendigen wirkt[4]. Doch sollte es nicht zu schwierig sein, dahingehend übereinzukommen, daß eine Qualität, die allem Lebenden zukommt, doch während eines Stadiums des Lebenszyklus ihre epigenetische Krise hat. Auf alle Fälle charakterisiert ein Gefühl des Könnens das, was schließlich zur spezifischen Leistungsfähigkeit wird. Immer seit seiner »Austreibung aus dem Paradies« hat der Mensch dazu geneigt, Arbeit als Mühe oder Sklaverei zu beklagen und die als glücklich zu preisen, die scheinbar wählen können, ob sie arbeiten wollen oder nicht. Tatsache ist aber, daß der Mensch zu arbeiten lernen *muß,* sobald seine Intelligenz und seine Fähigkeiten bereit sind, »an die Arbeit gesetzt« zu werden, damit die Kräfte seines Ichs nicht atrophieren.

4 R. W. White, Motivation Reconsidered. The Concept of Competence, Psychological Review 66, 297–333, 1959.

Die Evolution hat es mit sich gebracht, daß der Mensch, wenn er das Alter der Belehrung in den Grundelementen seiner Kultur erreicht, das unspezialisierteste aller Tiere ist. Die Rudimente der Hoffnung, des Willens, der Zielstrebigkeit ahnen nur eine Zukunft undeutlich vorausgefühlter Aufgaben. Jetzt wird es für das Kind notwendig, in Grundmethoden unterrichtet zu werden, die zur Identität einer technischen Lebensweise führen. Denn der infantilen Sexualität fehlt (im Gegensatz zu den Ansichten der modernen Apostel des infantilen Eros) jede Möglichkeit der Zielstrebigkeit, und wenn R. W. White diese Theorie der Zielstrebigkeit der psychoanalytischen Theorie der infantilen Sexualität gegenüberstellte, so könnte er darauf hinweisen, daß in der Kindheit die vorübergehende Investierung von Triebenergie in erotischen Möglichkeiten intensiv ist, und oft schicksalsentscheidend, daß aber die Auszahlung an Befriedigung und Erfüllung außerordentlich begrenzt bleibt. Es ist also einleuchtend, daß eine Periode psychosexueller Latenz dem Menschen gestattet, die Werkzeugmöglichkeiten des Körpers, des Geistes und der Sachwelt zu entwickeln, und den weiteren Fortschritt auf den sexuellen und sinnlichen Gebieten zu verschieben, bis sie zum Teil eines größeren Bereichs sozialer Verantwortung geworden sind.

In der Schule stellt sich heraus, daß das, was im Gespinst der eigenen Gedanken und im Gebrauch der eigenen körperlichen Koordination »funktioniert«, im allgemeinen auch bei Materialien und bei kooperativen Begegnungen »funktioniert«: eine Selbstbestätigung von bleibender Bedeutung. Alle Kulturen begegnen daher diesem Stadium mit dem Angebot der Belehrung in vervollkommenbaren Kenntnissen, die zu praktischem Gebrauch und dauerhaftem Können führen. Alle Kulturen haben auch ihre jeweilige Logik und ihre »Wahrheiten«, die sich durch Übung, Gebrauch und Ritual erlernen lassen. Wo die Beherrschung der Schrift die gemeinsame Basis weiterer Spezialisierung ist, bieten die Regeln der Grammatik und des Rechnens natürlich eine abstraktere Darlegung des Funktionierens der Realität. So bereiten die Rudimente des Könnens und der Vernünftigkeit beim Kind einen zukünftigen Sinn für die Leistung vor, ohne den es kein »starkes Ich« gibt. Ohne ihn fühlt sich der Mensch minderwertig in seiner Ausstattung und in seiner Fähigkeit, einem beständig wachsenden Radius bewältigbarer Wirklichkeit mit seinen Fähigkeiten gerecht zu werden.

Das Kind ist in diesem Stadium also schon zu einer Vielfalt an Spezialisierungen bereit und wird mit großem Eifer Techniken lernen, die mit dem *Produktionsethos* übereinstimmen, das durch ideale, reale oder mythische Vorbilder schon seine Vorahnungen der Zukunft besetzt hat und das ihm nun in der Person belehrender Erwachsener und kooperativer Gleichaltriger begegnet. Auf diese Weise entwickelt der individuelle Mensch auf jeder Stufe eine bedeutsame Zunahme seiner menschlichen Entwicklung, indem er einen weiteren Ausschnitt seiner Kultur sich zu eigen macht. In diesem Falle erlauben ihm seine sich entwickelnden Fähigkeiten die Grundmaterialien der Technologie und die Denkelemente zu erfassen, die die Technik lehrbar machen.

Tüchtigkeit ist also der freie Gebrauch von Geschicklichkeit und Intelligenz bei der Erfüllung von Aufgaben, unbehindert durch infantile Minderwertigkeitsgefühle. Sie ist die Grundlage für die kooperative Teilnahme an Technologien und beruht ihrerseits auf der Logik von Werkzeugen und Kenntnissen.

Reift die Sexualität des Menschen in der Pubertät heran, so ist er doch noch nicht bereit, ein Partner zu sein oder Elternschaft auszuüben. Es besteht tatsächlich eine echte Frage, ob frühe Freiheit im direkten Gebrauch seiner Sexualität den Menschen freier als Person und als Garant der Freiheit anderer machen würde. Auf alle Fälle ist das Ich-Gleichgewicht eines Jugendlichen entscheidend gefährdet durch die doppelte Unsicherheit einer soeben erst ausgereiften Sexualmaschinerie, die in einigen oder all ihren Funktionen in Schwebe gehalten werden muß, während er selbst sich auf seinen eigenen Platz in der Ordnung der Erwachsenen vorbereitet. Die daraus resultierende Impulsivität, die mit zwanghafter Zurückhaltung wechselt, ist wohl bekannt und oft beschrieben worden. In all dem läßt sich aber immer eine »ideologische« Suche nach innerer Einheitlichkeit und einer dauerhaften Wertordnung entdecken und ich möchte die besondere Ich-Qualität, die mit der Jugendphase und von nun an hervortritt, als *Treue* bezeichnen[5].

Treue ist die Fähigkeit, freiwillig eingegangene Verpflichtungen trotz der unvermeidlichen Widersprüche von Wertsystemen aufrechtzuerhalten. Sie ist der Eckstein der Identität und erhält ihre Inspiration aus bestätigenden Ideologien und von gleichgesinnten Gefährten.

In der Jugend bestätigt sich solch eine Wahrheit auf verschiedene Arten: ein hohes Pflichtgefühl; Genauigkeit und Wahrheit in der Wiedergabe der Realität; die Qualität des

5 E. H. Erikson (Hrsg.), Youth: Change and Challenge, Basic Books, New York 1963.

Echten, wie in der Authentizität; das Empfinden der Wahrhaftigkeit, wie in der Aufrichtigkeit und Überzeugtheit; der Charakterzug der Loyalität, des »Treueseins«; Fairneß gegenüber den Spielregeln; und schließlich ist all das in der *Treueleistung* umschlossen — einem freiwillig geleisteten, aber bindenden Gelübde, mit der schicksalhaften Beibedeutung, daß Fluch auf den Verräter falle. Wenn Hamlet, das emotionale Opfer der Treulosigkeit seiner königlichen Eltern, die Frage stellt »Sein oder Nichtsein«, dann demonstriert er in Wort und Tat, daß für ihn »Sein« abhängig ist von Treusein (sich selbst, der Liebe, der Krone) und das Übrige gleich Tod. Kulturen, Gesellschaften, Religionen bieten dem Jugendlichen die Nahrung gewisser Wahrheiten in Riten und Ritualen der Konfirmation als Mitglied eines Totems, eines Klans, eines Glaubens, einer Nation oder einer Klasse, die von nun an seine Über-Familie sein soll; neuerdings finden wir auch mächtige Ideologien, die die Loyalität der Jugend beanspruchen und besitzen (und wenn gefordert auch einen frühen Tod). Denn die Jugend braucht vor allem anderen bestätigende Erwachsene und übereinstimmende Gleichgeartete. Die Identität verdankt ihre evolutionäre und historische Bedeutsamkeit der Tatsache, daß soziale Gruppen des Menschen, die keine Spezies in der Natur mehr bilden, und doch noch nicht die Menschheit der Geschichte sind, bisher das Bedürfnis hatten, mit Stolz oder Überzeugung zu fühlen, daß sie von irgendeiner *besonderen* Art seien, die jedem einzelnen die Teilnahme an einer auserwählten Identität versprach.

Stammesmäßige, nationale und klassenmäßige Identität aber fordert, daß der Mensch das Anderssein als feindlich empfindet, und mindestens einige Menschen haben andere als Feinde überdeterminiert und sie mit einer verurteilenden Grausamkeit abgelehnt, wie es das in der Tierwelt nicht gibt. Auf alle Fälle hat das Bedürfnis nach überlegener Status-Identität zusammen mit dem technologischen Stolz den Menschen dazu verführt, andere Menschen mit völligem Gleichmut auszubeuten und auszurotten. Welche technische Stufe der Mensch auch erreicht hat, er ist imstande, ganz gewaltig auf archaische Unternehmungen zu regredieren. Er kann Menschen anderer Rasse, Nation oder Klasse zu Tode jagen, er kann sie in Massen versklaven, er kann sie um Besitz und Freiheit bringen, er kann sie durch den »Volkszorn« abschlachten lassen oder im geheimen ihre Massenzerstörung beschließen. Vielleicht noch erstaunlicher ist, daß er seine eigenen Kinder als »andere« behandeln kann, als leeren »Boden«, in den Werte hineingepflanzt, als Tiere, die geschlagen und gezähmt werden müssen, als Eigentum, über das man verfügt, als

billige Arbeitskraft, die man ausnützt. All das war zu irgendeiner Zeit Teil eines Ethos einer so selbstgerechten Technologie, daß selbst hochstehende Menschen es sich nicht leisten
konnten, anders zu handeln, ohne als Verräter gegenüber irgendeiner Herrschaft oder als Berauber irgendeiner Solidarität zu erscheinen. In unserem Zeitalter grenzenloser technischer Expansion wird die Frage daher sein, was der Mensch
nicht zu verbrauchen, *nicht* zu erfinden, *nicht* auszubeuten
sich leisten kann — und dabei doch seine Identität zu erhalten
vermag.

Aber hier betreten wir das Gebiet ethischer Wertungen. Identität und Treue sind unerläßlich für die ethische Stärke, aber
sie schaffen sie nicht selbst. Es ist Sache des erwachsenen
Menschen, der bereitwilligen Loyalität der Jugend Inhalt zu
geben und geeignete Objekte für ihr Bedürfnis nach Ableh-
nungen anzubieten. Wie die Kultur durch stufenweise Übung
in das Gewebe des jungen Individuums eindringt, so absorbiert sie auch die erneuernden Kräfte der Jugend in ihre Säfte.
Die Jugend ist der vitale Regenerator im Prozeß der sozialen
Entwicklung, denn sie bietet ihre Treue und ihre Energie
selektiv der Erhaltung dessen an, was ihr das Gefühl des Echten vermittelt, und setzt sich für die Verbesserung oder die
Zerstörung der Dinge ein, die ihre regenerative Bedeutung ein-
gebüßt haben.

Loyal und legal sind verwandte Worte. Wer loyal sein kann,
kann sich legal binden — oder sich entschließen, ein Abtrün-
niger zu sein oder Revolutionär zu werden, in Treue gegen
eine Verjüngung, die überfällig ist. Indem der jugendliche Erwachsene diejenigen erwählt, die ihrerseits ihn wählen werden — als Mitglied, als Freund, als Partner und Mitarbeiter
— vervollständigt er die Grundlagen der erwachsenen Tugenden. Seine Identität und sein Stil der Treue definieren seinen
Platz in der Umwelt, den die Geschichte ihm zugeteilt hat;
aber in gleicher Weise definiert sich die Gesellschaft durch die
Art, in der sie seine Kräfte der Solidarität absorbiert — oder
zu absorbieren unterläßt.

Heute treten Ideologien da ein, wo die Religion versagt, indem sie sich (zusätzlich zu mehr praktischen Forderungen)
als historische Perspektiven anbieten, an die sich der individuelle Glaube und das kollektive Vertrauen heften können.
Wie die Religionen wirken sie einem drohenden Entfremdungsgefühl mit Hilfe positiver Rituale und bestätigender
Dogmen entgegen, zusammen mit dem rigorosen und grausamen Bann gegen Fremdes in den eigenen Reihen oder bei
fremden Feinden. Sie haben keine Bedenken, Technik mit Magie zu verbinden, indem sie den Ton »Einer Stimme«, die aus

dem Dunkel spricht, erhöhen und »Ein Gesicht« in den Scheinwerfern der Massenversammlungen vergrößern und vervielfältigen. Am wichtigsten aber in unserem Zusammenhang ist die Art, in der Ideologien Dogmen an neue wissenschaftliche und technische Entwicklungen knüpfen. Denn offensichtlich bieten Wissenschaft und Technik ja heute eine höchst unmittelbare Form der Bestätigung durch den materiellen Reichtum, der jedem zugänglich wird, der bereit und in der Lage ist, zu arbeiten, und vor allem bereit ist, mitzuhelfen, daß die Dinge funktionieren.

Daß *Liebe* die höchste menschliche Tugend ist, ja tatsächlich die beherrschende Tugend des Universums, wird so allgemein angenommen, daß wir gut daran tun, noch einmal ihre entwicklungsmäßige Begründung zu durchdenken und festzustellen, warum hier die Liebe einem bestimmten Stadium und einer bestimmten Krise in der Entfaltung des Lebenszyklus zugeordnet wird. Bindet nicht die Liebe jedes Stadium? Natürlich gibt es viele Formen der Liebe, von der tröstlichen und angstvollen Verhaftung des Säuglings an seine Mutter bis zu der leidenschaftlichen und verzweifelten Entflammtheit des Jugendlichen. Aber Liebe im Sinn der Evolution und der Generationenfolge ist, meiner Ansicht nach, die Umformung der Liebe, die während der präadoleszenten Lebensstadien empfangen wurde, in die Fürsorge, die während des erwachsenen Lebens anderen zugewendet wird.
Es muß eine wichtige evolutionäre Tatsache sein, daß der Mensch über die Sexualität hinaus wählerische Liebe entwickelt: ich glaube, es ist die *Wechselseitigkeit von Genossen und Partnern in einer gemeinschaftlich erlebten Identität*, um der wechselseitigen Bestätigung durch die Erfahrung willen, sich selbst, indem man sich verliert, im anderen wiederzufinden. Denn ich möchte hier betonen, daß die Identität sich dort am stärksten erweist, wo sie mit sich selbst Risiken eingehen kann. Aus diesem Grund setzt Liebe in ihrem wahrsten Sinne sowohl Identität wie Treue voraus. Wohl läßt sich nachweisen, daß bei der Ausbildung der verschiedenen Tugenden viele Formen der Liebe wirksam sind, trotzdem aber ist es wichtig, sich klar darüber zu sein, daß nur die »Abschlußprüfung« am Ende der Adoleszenz die Entwicklung jener Intimität erlaubt, jene Selbstlosigkeit gemeinsamer liebender Zuwendung, die die Liebe in wechselseitiger Hingabe verankert. Die intime Liebe wird so zum Hüter jener ungreifbaren und doch allgegenwärtigen Macht innerhalb der psychosozialen Entwicklung: die Macht des *kulturellen und per-*

sönlichen Stils, der Überzeugung hinsichtlich der gemeinsam gewählten Lebensformen verleiht und fordert, die individuelle Identität innerhalb der gemeinschaftlichen Intimität sichert und die Bereitwilligkeit zur Fortpflanzung wie zur Produktivität in eine »Lebensform« fügt.

Die Liebe des jungen Erwachsenen ist vor allem eine *wählende,* eine *aktive* Liebe, gleichgültig, wie die Methoden ehelicher Auswahl nun sind, die solch eine aktive Wahl zur Vorbedingung der Vertrautheit machen oder durch einen Prozeß allmählichen Vertrautwerdens zu ihr führen. In beiden Fällen besteht das Problem darin, das Erlebnis, im Milieu der Eltern, in dem man nun eben aufwuchs, umhegt und umsorgt worden zu sein, in eine neue erwachsene »Sohnschaft« zu übertragen, die als wechselseitiges Anliegen aktiv gewählt und gepflegt worden ist.

Tatsächlich werden junge Erwachsene in Freundschaften und Partnerschaften wechselseitig zu Söhnen, aber zu Söhnen durch freie Wahl, die eine langwährende Hoffnung auf Verwandtschaft über (inzestuöse) Blutsbande hinaus bestätigt. Von nun an hängt die Ich-Stärke von einer Bindung an andere ab, die ebenso bereit und auch fähig sind, an der Aufgabe mitzuwirken, die Sorge für Nachkommen, Werke und Ideen zu übernehmen.

Die erwachsene Sexualität zeichnet sich durch Genitalität aus, durch die Fähigkeit zum vollständigen und wechselseitigen Vollzug des sexuellen Aktes. Eine unerhörte Macht der Bestätigung wirkt in dieser Begegnung von Körpern und Temperamenten nach einer gefahrvoll langen Kindheit, die, wie die Erforschung der Neurosen im Detail nachwies, die Fähigkeit zur psychosexuellen Wechselseitigkeit aufs schwerste vorbelasten kann. Freud bemerkte, daß allein die reife Genitalität jene (nicht leicht zu erwerbende und nicht leicht zu bewahrende) Kombination von geistiger Klarheit, sexueller Gegenseitigkeit und sorgender Liebe sicherstellen kann, die den Menschen in der Wirklichkeit seiner Verantwortungen verankert.

Wir haben bisher noch nichts über die Unterschiede zwischen den Geschlechtern gesagt. Für diesmal gibt es für diese Unterlassung eine Rechtfertigung. Denn nur in der Periode des jungen Erwachsenendaseins überspringen die biologischen Unterschiede zwischen den Geschlechtern — und ich glaube, daß sie von Anfang an entscheidend sind — ihre psychosoziale Krise und führen zu einer Polarisierung der beiden Geschlechter innerhalb eines gemeinschaftlichen Lebensstils.

Die bisher entwickelten Tugenden bereiten auf diesen Lebensstil und diese Polarisierung vor, ebenso wie all die körperlichen Fähigkeiten und kognitiven Kräfte, die sich bis zur Adoleszenz und in deren Verlauf entfalten. Das Können, und ebenso die Treue, sind Tugenden, die beiden Geschlechtern gemeinsam sind. Man könnte sich eine entwicklungsmäßige Begründung vorstellen, die erklären würde, warum die sexuellen Unterschiede die Geschlechter nicht völlig trennen, bis Können und Treue ihre Trennung zu einer Polarisierung umgestalten, zu einer Form der Trennung, bei der es zu einer wechselseitigen Erweiterung der Erfahrung kommt und zu einer Arbeitsteilung innerhalb einer stilisierten Grundform der Liebe und Fürsorge. Eine so begründete Erklärung der menschlichen Entwicklung könnte auch den Gedanken nahelegen, daß die Geschlechter hinsichtlich der Fähigkeiten und Tugenden, die die Kommunikation und Kooperation fördern, gar nicht so verschieden sind; während die Unterschiede dort am größten sind, wo die Divergenz wesentlich ist, das heißt in den Kontrapunkten des Liebeslebens und der getrennten Fortpflanzungsfunktionen[6]. Man könnte also formulieren, daß die Geschlechter am ähnlichsten sind in den Funktionen des Ichs, die — da sie dem Bewußtsein, der Sprache und der Ethik am nächsten sind — dazu dienen müssen, sowohl die Tatsache der sexuellen Gegenseitigkeit wie der Bipolarität zu integrieren.

Liebe bedeutet also die Gegenseitigkeit der Hingabe, die für immer den Antagonismus überwindet, der in der geteilten Funktion enthalten ist. Sie durchdringt die Intimität der Individuen und ist damit die Grundlage der ethischen Strebungen.

Aber Liebe kann auch zur gemeinschaftlichen Selbstsucht im Dienst irgendeines Gebietes werden, sei es Bett oder Heim, Dorf oder Land. Daß auch eine derartige »Liebe« seine Bindungen und Verbindungen charakterisiert, ist zumindest einer der Gründe für das klanhafte Festhalten des Menschen an Lebensstilen, die er verteidigt, »als hinge sein Dasein von ihnen ab«. Und tatsächlich hängen seine Ich-Kohärenz, seine Orientierungssicherheit von ihnen ab. Das ist der Grund dafür, daß eine »Ich-Panik« den Menschen blind vor Wut machen kann, ihn im Rechtsbewußtsein der Verteidigung einer gemeinschaftlichen Identität auf Stufen des Sadismus hinabsinken läßt, für die es in der Tierwelt keine Parallelen zu geben scheint.

Die *Fürsorge* ist eine für die psychosoziale Entwicklung wesentliche Qualität, denn wir sind die »lehrende Spezies«.

6 E. H. Erikson, Reflections on Womanhood, Daedalus, 1964.

Auch Tiere ermutigen instinktiv bei ihren Jungen dasjenige, was zur Auslösung bereit liegt. Und natürlich lassen sich dem Tier durch den Menschen manche Tricks und Dienstleistungen beibringen. Aber nur der Mensch kann und muß seine Fürsorge auf die langen und sich überschneidenden Kindheiten zahlreicher Nachkommen ausdehnen, die in Haushalten und Gemeinschaften vereinigt sind. Indem er die Rudimente von Hoffnung, Wille, Zielstrebigkeit und Können übermittelt, gibt er den körperlichen Erfahrungen des Kindes Bedeutung, vermittelt er eine Logik, die weit über den Buchstabensinn der Worte hinausreicht, die er lehrt, und umreißt allmählich ein bestimmtes Weltbild und einen Stil der menschlichen Gemeinschaft. All das ist unerläßlich, um bei Menschen die Analogie zu der grundlegenden ethologischen Situation zwischen Elterntier und Jungem zu vervollständigen. Dies alles — und keineswegs weniger — ist notwendig, um uns der Gans und ihren Küken, wie die Ethologen sie verstehen, vergleichbar zu machen. Haben wir erst einmal dies Ineinandergreifen der menschlichen Lebensstadien erfaßt, dann verstehen wir, daß der erwachsene Mensch so konstituiert ist, daß er es *nötig hat, benötigt zu werden*, um nicht der seelischen Deformierung der Selbst-Absorption zu verfallen, in der er zu seinem eigenen Kind und Schoßtier wird. Ich habe deswegen ein triebhaftes und psychosoziales Stadium der »zeugerischen Fähigkeit« über das der Genitalität hinaus postuliert. Die Elternschaft ist für die meisten Menschen die erste und für viele die primäre zeugerische Begegnung[7], doch fordert die Fortdauer der Menschheit die zeugerische Fähigkeit vieler schöpferischer Denker und Täter heraus. Und der Mensch hat ein *Bedürfnis* zu lehren, nicht nur um derer willen, die belehrt werden müssen, nicht nur um der Erfüllung seiner Identität willen, sondern weil Tatsachen lebendig erhalten werden, indem man sie ausspricht, Logik, indem man sie demonstriert, Wahrheit, indem sie bekannt wird. So beschränkt sich die Leidenschaft zu lehren nicht auf den Lehrberuf. Jeder reife Erwachsene kennt die Befriedigung, das zu erklären, was ihm lieb ist, und von einem begreifenden Geist verstanden zu werden.

Fürsorge ist die sich immer erweiternde Sorge für das, was durch Liebe, Notwendigkeit oder Zufall erzeugt wurde; sie überwindet die Ambivalenz, die der unwiderruflichen Verpflichtung anhaftet.

Der moderne Mensch, der gezwungen ist seine Fruchtbarkeit einzuschränken, neigt dazu, die Angelegenheit seiner Beteili-

---

7 T. Benedek, Parenthood as a Developmental Phase, Journal of the American Psychoanalytic Association VII, 3, 1959.

gung an der Zeugung durch die technischen Möglichkeiten gelöst zu sehen, in Sachen der Befruchtung bewußt wählen zu können. Für solch eine Wahl muß der Mensch bereit gemacht werden. Aber ein noch so »sicheres« Liebesleben, wenn es von der bloßen Vermeidung von Nachkommenschaft und einer Verleugnung der zeugerischen Fähigkeit begleitet ist, kann in manchen Fällen zu einer ebenso belastenden Quelle innerer Spannungen werden, wie es die Verleugnung der Sexualität selbst war. Hier könnte die spezifische Schuld erwachsen, mit dem »Feuer der Schöpfung« gespielt zu haben. Es ist daher wesentlich, daß die Geburtenkontrolle nicht nur durch die Berücksichtigung der psychosexuellen Bedürfnisse des Menschen gelenkt wird, sondern auch durch ein weltweites Gefühl schöpferischer Verantwortung gegenüber allen menschlichen Wesen, die planvoll auf diese Welt gebracht wurden. Das würde (abgesehen von Empfängnisverhütungsmitteln und Ernährungshilfen) die gemeinschaftliche Garantie bedeuten, daß jedem Kind die Chance für eine Entwicklung offensteht, wie wir sie hier skizziert haben.

Die zeugerische Fähigkeit als die Triebkraft, die hinter den verschiedenen Formen der selbstlosen »Fürsorge« steht, erstreckt sich potentiell auf alles, was ein Mensch erzeugt und hinterläßt, schöpft und hervorbringt (oder hervorzubringen hilft). Die ideologische Polarisierung der westlichen Welt, die Freud zum Theoretiker der Sexualität, Marx zu dem der Arbeit in diesem Jahrhundert gemacht hat, ließ bis vor kurzer Zeit ein ganzes Gebiet des menschlichen Geistes in der Psychoanalyse noch unkartographiert. Ich spreche von der *Liebe des Menschen sowohl zu seinen Werken und Ideen wie zu seinen Kindern* und von der notwendigen Selbstbestätigung, die das erwachsene Ich aus der Anforderung seiner Arbeit bezieht und beziehen muß. So wie der erwachsene Mensch es nötig hat, benötigt zu werden, so bedarf er — für die Stärke seines Ichs und die seiner Gemeinschaft — der Anforderung, die von dem ausgeht, was er erzeugt hat, und was nun »herangezogen« werden muß, behütet, bewahrt — und unter Umständen transzendiert.

Daß der Mensch all-liebende und sorgende Götter geschaffen hat, ist nicht nur der Ausdruck seines fortbestehenden infantilen Bedürfnisses nach Fürsorge, sondern auch die Projektion eines Ich-Ideals auf eine übermenschliche Wirkung. Sie muß stark genug sein, um die menschliche Neigung, unbekümmert Nachkommen zu erzeugen, zu lenken (oder wenigstens zu vergeben), die Ereignisse und Zustände verursacht, die sich immer wieder als über seine Kräfte gehend erweisen. Es ist aber ganz offensichtlich, daß der Mensch jetzt lernen muß, die Verantwortung zu übernehmen, die Evolution und Geschichte ihm auferlegt haben, und daß er lernen muß, seine Fähigkeit zu unbeschränkter Vermehrung, Erfindung und Ausdehnung zu lenken und planvoll einzuschränken. Und hier schließe ich ganz ausdrücklich die Frau mit ein, wenn ich vom Menschen spreche. Denn die Bereitschaft der Frau zur Fürsorge ist entschiedener in ihrem Körper verwurzelt, der sozusagen das morphologische Modell der Fürsorge darstellt, gleichzeitig schützende Behausung und Nahrungsquelle.

Wenn wir nun zum letzten Stadium kommen, wird uns die Tatsache bewußt, daß unsere Kultur tatsächlich über keinen Begriff für das Gesamt des Lebens verfügt, wie ihn die östlichen Kulturen besitzen. »Im Amt ein Konfuzianer, in der Zurückgezogenheit ein Taoist.« Es ist tatsächlich erstaunlich zu sehen, wie bis vor ganz kurzer Zeit und mit wenigen bemerkenswerten Ausnahmen, die westliche Psychologie vermieden hat, die Reichweite des gesamten Lebenszyklus wahrzunehmen[8]. Wie unser Weltbild eine Einbahnstraße zu niemals endendem Fortschritt darstellt, nur unterbrochen von kleinen und großen Katastrophen, so sollen unsere Lebensläufe Einbahnstraßen zum Erfolg sein — und zum plötzlichen Vergessen. Aber wenn wir vom Zyklus des Lebens sprechen, dann meinen wir tatsächlich zwei Kreise in einem: den Zyklus einer Generation, der sich in der nächsten schließt und den Kreislauf des individuellen Lebens, der zu einem Abschluß kommt. Wenn der Kreis auf viele Weisen zum eigenen Anfang zurückkehrt, so daß die sehr Alten wieder wie Kinder werden, dann ist die Frage, ob es eine Rückkehr zu einer mit Weisheit gewürzten Kindlichkeit ist, oder zu einer beschränkten Kindischkeit. Das ist nicht nur innerhalb des Kreislaufs des individuellen Lebens wichtig, sondern auch in dem der Generationen, denn es kann die vitale Spannung der jungen Generation nur schwächen, wenn das Zeugnis des täglichen Lebens bestätigt, daß die verlängerte letzte Lebensphase des Menschen nichts ist, als eine sanktionierte Periode der Kindischkeit.
Jede Spanne des Lebenszyklus, die ohne nachdrückliche Bedeutung gelebt wird, sei es am Anfang, in der Mitte oder am Ende, bedroht den Sinn des Lebens und die Bedeutung des Todes für alle, deren Lebensstadien ineinander verflochten sind.

8 C. Bühler, Der menschliche Lebenslauf als psychologisches Problem, Verlag für Psychologie, Göttingen 1959.

Hier trifft die Individualität auf ihre entscheidende Prüfung, nämlich auf die Existenz an der Pforte zu jenem Tal, das der Mensch allein durchschreiten muß. Ich bin nicht gewillt, die Psychologie des »letzten Anliegens« zu diskutieren. Aber ich kann beim Abschluß meiner Skizze das Gefühl nicht umgehen, daß die hier dargestellte Ordnung eine existentielle Ergänzung des großen Nichts und der Wirklichkeit des Generationskreislaufs nahelegt. Denn gibt es irgendeine existentielle Verantwortung im Lebenskreislauf, so muß sie darin bestehen, daß die eine Generation der nächsten jene Stärke schuldig ist, mit deren Hilfe es ihr möglich wird, die letzten Dinge auf ihre eigene Weise zu bestehen — unverstört durch geisttötende Armut oder jene neurotischen Sorgen, die durch emotionale Ausbeutung hervorgerufen werden.

Denn jede Generation muß die Weisheit des Zeitalters in der Form ihrer eigenen Weisheit finden. Die Stärke nimmt daher bei den Alten die Form der Weisheit in all ihren Beibedeutungen an, vom gereiften »Witz« zum angesammelten Wissen und ausgereiften Urteil. Sie ist die Essenz des Wissens, befreit von nur zeitlichen Relativismen.

Weisheit also ist distanziertes Befaßtsein mit dem Leben selbst, angesichts des Todes selbst. Sie erhält und vermittelt die Integrität der Erfahrung, trotz des Niedergangs der körperlichen und geistigen Funktionen. Sie hält für das Bedürfnis der nachfolgenden Generation nach einer integrierten Erbschaft Antworten bereit und bleibt sich doch der Relativität alles Wissens bewußt.

Kraft, Leistungsfähigkeit und Anpassung nehmen ab; aber wo Geistesstärke sich mit verantwortlichem Verzicht verbindet, da können manche alte Menschen menschliche Probleme in ihrer Ganzheit sehen (was eben »Identität« bedeutet) und können für die nachfolgende Generation ein lebendes Beispiel für den »Abschluß« eines Lebensstils darstellen. Nur eine derartige Integrität kann die Verzweiflung des Wissens aufwiegen, daß ein begrenztes Leben zu seinem bewußten Abschluß kommt; nur solch eine Ganzheit kann den armseligen Kummer übersteigen, sich am Ende und übergangen zu fühlen, und die Verzweiflung, einer Periode relativer Hilflosigkeit entgegenzusehen, die das Ende bezeichnet, wie sie den Anfang bezeichnete.

Natürlich gibt es auch die Führer und Denker, die ein langes schöpferisches Leben in Positionen abrunden, in denen Weisheit wesentlich und von Diensten ist. Es gibt diejenigen, die sich in einer zahlreichen und kraftvollen Nachkommenschaft bestätigt fühlen. Aber auch sie gehören am Ende zu den Überalterten, die auf eine immer enger werdende Raum-Zeit

beschränkt sind, in der nur wenige Dinge in ihrer abge-
schlossener Form ein letztes, aber verläßliches Flüstern der
Bestätigung bieten.

Die Entwicklung und das Ich

Nachdem wir eine epigenetische Stufenfolge sich entfaltender
Grund-Tugenden überblickt haben, macht mir die naheliegende
Möglichkeit Sorge, daß diese aufsteigende Reihe von manchen als ein potientielles Verzeichnis von Anpassungstests
oder als neuer Produktionsplan bei der Herstellung von
wünschenswerten Kindern, Bürgern und Arbeitern aufgefaßt
wird.
Derartige Versuche werden eine geringe Lebensdauer haben,
weil sie nicht funktionieren werden. Andere wieder könnten
die Verwendung der Liste als neue Zusammenstellung von
Idealen vorhersehen, die mit moralischem Eifer hochgehalten
werden: aber *diese* Tugenden können das eben auf Grund
ihrer Natur nicht sein. Vielleicht sollte ich mir aber mehr
Sorgen über die Liste selbst machen, wie sie hier steht. Manchem könnte meine Auswahl der Tugenden und ihre Ver-
teilung auf den Lebenszyklus wohl ziemlich willkürlich
scheinen. Ich erinnere mich da mit einem Mißbehagen an
eine meiner liebsten Wiener Geschichten: ein österreichischer
Kaiser wurde aufgefordert, das Modell einer Barockstatue, die
einen Platz in Wien zieren sollte, zu beurteilen. Er studierte
sie eine Zeitlang mit der Konzentration, die von einem
Schutzherren der Künste erwartet wird, und entschied dann
voll Autorität: »Sie braucht etwas mehr Glaube-Hoffnung-
Barmherzigkeit da links unten.« Habe ich die Gesamtheit des
Lebens auf die Art angesehen, wie der Kaiser die Statue be-
urteilte?
Ich hoffe gezeigt zu haben, daß diese sich entfaltenden Tugenden keine äußerlichen Ornamente sind, die sich leicht hinzufügen oder wegnehmen lassen, je nach den Launen des
ästhetischen oder moralischen Stils. Dies ganze »Bündel«
von Tugenden ist aber tatsächlich in drei verschiedenen Systemen verankert, über die ich mich etwas genauer äußern
möchte. Es sind: die *Epigenese* in der individuellen Entwicklung, die *Generationenfolge* und das *Wachstum* des Ichs. Lassen Sie mich zuerst über die Epigenese sprechen.
1955, auf einer Tagung, diskutierten eine Anzahl von Kinder-
psychologen die Frage, ob es in der Kindheit deutlich unterscheidbare »Allgemeinstadien« gäbe — Stadien, die erkennbar
die verschiedenen Funktionen des Körpers und Geistes um-

fassen — die sich gleichzeitig entwickeln und doch solch eine bemerkenswerte Autonomie voneinander zu bewahren scheinen[9]. Jean Piaget war einer der Sprecher und war, wie gewöhnlich, sowohl scharf rigoros in der Verteidigung der bekannten Lehrmeinung wie witzig in seinen Nebenbemerkungen. Er bezweifelte die Existenz derartiger einheitlicher Stadien aus physiologischen Gründen, wobei er wiederholte, daß zum Beispiel Zähne, Skelett, Gehirn und endokrines System sich nach ihren eigenen Maßstäben und in ihrem eigenen Tempo entwickeln und heranwachsen. Er hielt es für selbstverständlich, daß beim gesunden Kind zu jedem Zeitpunkt ein hohes Maß an *funktioneller Einheit* herrscht, das heißt eine Fähigkeit, die Wachstumsformen all der physiologischen, geistigen und emotionalen Funktionen aufeinander abzustimmen und zu koordinieren. Das nannte er die Einheit der Persönlichkeit. Aber er lehnte jeden Anspruch als unbewiesen ab, die Prinzipien gefunden zu haben, die diese funktionelle Einheit in einem gegebenen Stadium in der Weise lenken, daß für dies bestimmte Stadium eine *strukturelle Einheit* aufgezeigt werden könnte. Er bot sich selbst als Beispiel einer »vielfältigen, gespaltenen und widerspruchsvollen« Persönlichkeit an und gab zu, daß er sich bei beruflichen Anlässen zwingen könne, ganz ernsthaft zu sein, während er sich bei anderen (unspezifizierten) als ziemlich kindisch bezeichnen müsse oder die Neigung habe, sich wie ein Jugendlicher zu benehmen. Mit anderen Worten, es gäbe Konflikte:

Je ne réalise pas l'unité structurale. La seule unité structurale que je connais est l'unité du personnage social que je représente, mais que ne recouvre pas tout. Comment voulez-vous donc qu'il y ait une unité structurale chez l'enfant si elle n'existe pas chez l'adult?

Ich möchte aber trotzdem die Frage der strukturellen Einheit auf Grund klinischer, entwicklungsmäßiger und evolutionärer Überlegungen aufrollen. Nicht, daß ich auch nur daran denken könnte, Untersuchungsmethoden vorzulegen, die der von Piaget geforderten Exaktheit nahekämen und für die er in seiner Synthese des Experimentellen mit dem Klinischen ein Beispiel gibt. Die meisten von uns haben ihre Wurzeln in dem einen oder dem anderen, in den experimentellen oder den klinischen Methoden; das bedeutet, daß wir den Menschen kennen, wenn er entweder gesund genug ist, um Teile seiner selbst der Untersuchung in geeigneten Milieus zu überlassen, oder wenn er krank genug ist, um in unterscheidbare Verhaltensfragmente zu zerfallen. Die Wissenschaftler, die

9 J. Piaget, in: Le Problème des Stades en Psychologie de l'Enfant, Presses Universitaires de France, Genf 1955.

sich der experimentellen Methode zuwenden, sind im allgemeinen vorsichtig genug, irgendwelche Versprechungen hinsichtlich ihrer Fähigkeit abzugeben, die Natur des Menschen zu enthüllen. Aber es ist klar, daß ihre methodologische Bescheidenheit nur die Erwartung überdeckt, daß die Summe aller ihrer zuverlässigen Daten schließlich dem gesamten Funktionieren des Menschen entsprechen wird — wenn der Mensch sich nur dazu überreden ließe, einzusehen, daß das Leben viel einfacher zu handhaben wäre, wenn er sich entschlösse, die Summe seiner zuverlässig erforschten Teile zu sein. Ich gehöre zu der anderen Sorte, zu den Klinikern, die auf andere Arten bescheiden und eitel sind. Viel weniger vorsichtig, sprechen wir mit relativer Leichtigkeit vom Kern der menschlichen Persönlichkeit und von Stadien seiner Entwicklung. Aber dann verlangen unsere Subjekte, ganz zu werden, und der Therapeut muß über einige Theorien und Methoden verfügen, die dem Patienten eine ganze Welt bieten, um in ihr ganz zu sein. Indem wir die Dankbarkeit unserer Patienten als Bestätigung unserer Meinung mißdeuten, sind wir manchmal überzeugt, daß wir die Menschheit erklären und sogar leiten könnten, wenn sie sich nur entschlösse, unser Kollektivpatient zu werden.

Piaget ist es besonders gut gelungen, beide Illusionen zu vermeiden. Die zitierte Bemerkung sollte natürlich Naivität vortäuschen, und wenn ich mich nicht irre, räumt er derartige Schwächen gerne in einer Diskussion ein, kurz bevor er sich mit den anwesenden Klinikern höflich, aber gründlich auseinandersetzt. Auf alle Fälle sollten die Ausdrücke »kindlich« und »jugendlich« in seiner Bemerkung über sein eigenes Verhalten in Anführungsstrichen stehen. Denn Piaget würde zu wenig und zu viel behaupten, wenn er darauf bestünde, daß das, was er als Überrest der Kindischkeit erwähnt, wirklich kindlich ist oder sein angeblicher jugendlicher Einschlag wirklich jung. Wenn er »kindlich« ist, dann kann ein Erwachsener erstaunlich oder bezaubernd oder komisch kindlich sein — für einen Erwachsenen; und wenn er jugendlich ist, dann kann das gutmütig oder überschäumend oder erschreckend jugendlich sein. Aber strukturell ist er ein Erwachsener, denn sein Erwachsensein bestimmt das Wesen und die Verwendung dessen, was von seinen früheren Selbsts übriggeblieben ist und was von seinen künftigen sich anzeigt, einschließlich seiner Fähigkeit, in überlegener und strategischer Art Bemerkungen darüber zu machen.

Piagets Bemerkung kann uns aber als Illustration eines Prinzips dienen, das ich dazu verwenden möchte, die Ich-Stärken in verschiedenen Lebensstadien aufzuzeichnen — die natürlich die strukturelle Basis der funktionellen Einheit des Menschen in diesen Stadien sind. Ich habe das Prinzip der Epigenese in der Form derartiger Tabellen in einer Anzahl meiner anderen Veröffentlichungen verwendet.

Stadium C	Kindischer oder »Kindlicher« Erwachsener	»Jugendlicher« Erwachsener	Erwachsener Erwachsener
Stadium B	Kindischer oder »Kindlicher« Jugendlicher	Jugendhafter Jugendlicher	»Erwachsener« Jugendlicher
Stadium A	Kindhaftes Kind	»Jugendliches« Kind	»Erwachsenes« Kind

Fig. 1

Das Kind ist wirklich kindhaft in Stadium A, der Jugendliche jugendlich in Stadium B, der Erwachsene erwachsen in Stadium C — in dieser *Reihenfolge*, denn jedes Stadium repräsentiert eine bestimmte *Periode*, in der Körper und Geist (wenn sie gesund sind) die *Möglichkeiten* und die (wahre) Gemeinschaft die entsprechenden *Gelegenheiten* für die Erfüllung solch einer Einheit bieten. Wo verfrühte oder verspätete Reifung diese Ordnung stören, wäre der kindische oder »kindliche« Erwachsene doch immer strukturell verschieden vom spielenden Kind, der frühreife oder »erwachsene« Jugendliche anders, als ein erwachsener und vielleicht wieder »kindhafter« Philosoph und das »unkindliche« oder schon jugendlich wirkende Kind etwas anderes als ein überschäumender oder grüblerischer Jugendlicher. Allerdings müssen wir als Kliniker zugeben, daß wir die Krisen, die für bestimmte Stadien typisch sind, besser verstehen als die Stadien selbst und daß wir die Kästchen (in Fig. 1) mit den Anführungszeichen besser kennen, als die ohne. In der Psychoanalyse wurden die Stadien der Kindheit zuerst mit ihren typischen inneren Krisen gleichgesetzt und die Krisen mit den (meist unbewußten) Triebwünschen, die ihnen ihre Dringlichkeit verliehen und ihren Kernkonflikt bildeten. Was der Mensch in einem gegebenen Stadium unbewußt wünschte, das wurde zu diesem Stadium und die Summe solcher Stadien zum Menschen. Selbst in Piagets Bemerkung, die etwas wie eine Karikatur des klinischen Denkens wiedergibt, ist eine Andeutung des Irrtums enthalten, daß ein Erwachsener, der zugeben müßte, daß er jugendliche und kindliche Züge habe,

im gleichen Ausmaß den Anspruch auf eine erwachsene strukturelle Einheit verwirkt.

Es muß zugegeben werden, daß man ohne das, was Piaget einen
entwicklungshaften Konflikt nennt, kein erwachsener Erwachsener ist (noch auch ein kindliches Kind gewesen, noch ein jugendlicher Jugendlicher). Ich möchte diesem Begriff des Konflikts gerne einen normativeren und entwicklungsmäßigeren
Status verleihen, indem ich ihn als Krise bezeichne. Tatsächlich
entspricht jeder solchen Einheit eine größere Krise, und wann
immer, gleichgültig aus welchen Gründen, eine spätere Krise
schwer ist, werden frühere Krisen neu belebt.

Bei der Aufstellung dieser meiner Reihe sich entfaltender
Tugenden habe ich, ohne dies ausdrücklich auszusprechen,
auch die Existenz von Entwicklungskrisen mit eingeschlossen.
Ich muß das kleine alte Wort Krise hier kurz definieren. In
der klinischen Arbeit (wie auch in der ökonomischen und
politischen) hat es zunehmend die eine Hälfte seiner Bedeutung angenommen, die katastrophale Hälfte, während doch
in der Medizin die Krise einmal einen Wendepunkt zum
Besseren oder Schlechteren bedeutete, eine kritische Periode,
in der eine entscheidende Wendung *nach der einen oder anderen Seite* unausweichlich ist. Derartige Krisen treten in der
Gesamtentwicklung des Menschen manchmal sozusagen lär-
mender ein, wenn neue Triebbedürfnisse auf plötzliche Ver-
bote stoßen, manchmal leiser, wenn neue Fähigkeiten sich
danach sehnen, neuen Möglichkeiten gerecht zu werden und
wenn neue Bestrebungen deutlicher werden lassen, wie beschränkt man (noch) ist. Über all dieses und noch mehr müßten wir sprechen, wenn wir einen Eindruck von der schwieri-
gen Funktion der funktionierenden Einheit gewinnen wollen.
Ich habe versucht, dem doppelten Aspekt solcher Krisen Rechnung zu tragen, indem ich den psychosozialen Stadien, die
ich früher schon postuliert habe, doppelte Bezeichnungen zugeordnet habe[10]. So würde — um nur drei von ihnen zu erwähnen — die Säuglingszeit in einer Krise kulminieren, in der
das Urvertrauen das Urmißtrauen überwiegen muß, die
Adoleszenz in einer Krise, in der sich die Identität als stärker erweisen muß, als die Rollenkonfusion, während im
Alter nur die Integrität die Verzweiflung in der Schwebe halten kann. Ich will mich aber hier nicht im Detail mit der
psychosozialen Grundlage jener einenden Kräfte befassen, die
ich als Grundtugenden bezeichnet habe.

Es ist nicht leicht, während man mit einiger Überzeugung von
einem sich entfaltenden Grundplan spricht, zuzugeben, daß

10 E. H. Erikson, Kindheit und Gesellschaft, Ernst Klett, 2. A. Stuttgart 1965.

man noch nicht weiß, wie seine Komponenten zu beobachten und zu formulieren sind. Bei diesem ersten Versuch, die grundlegenden Eigenschaften der »starken« Persönlichkeit zu benennen (Dinge, die man bisher den Theologen und Morallehrern überließ), habe ich diesen Eigenschaften ihre alltäglichen Namen gegeben: so sehen sie aus, wenn man sie bei anderen beobachtet, so fühlen sie sich an, wenn man sie besitzt, und das vor allem scheint zu fehlen, wo die Tugend einen Menschen verläßt. Nun können die Negative dieser Art von Tugend nicht Laster sein; eher handelt es sich um eine Art der Schwäche, und ihre Symptome sind Unordnung, Fehlfunktion, Zerfall, Vereinzelung. Aber »Schwächen« vermitteln nicht die Komplexheit einer Störung, tragen der besonderen Wut nicht Rechnung, die sich immer anhäuft, wo der Mensch an der Aktivierung und Vervollkommnung der Tugenden verhindert wird, wie wir hier meinen. Nur wenn die aktive Spannung wiederhergestellt wird, kommen die Dinge stark und einfach ins Lot. Ich erinnere mich mit Vergnügen an den Ausruf eines Patienten: »Sie wissen wirklich, wie man die Dinge ent-kompliziert!« Solch eine Schmeichelei ist aber nur so gut wie das Erstaunen, das dahinter steht: die Dinge lassen sich nicht vor-entkomplizieren. In diesem Sinne weist die Liste der Tugenden nur auf eine Ordnung hin, die, wie ich glaube, in jeder neuen Form verwirrender Unordnung verletzt und in deren (immer erstaunlichen) Auflösung wiederhergestellt wird. Eine derartige Ordnung zu erwägen und zu beobachten ist eine Sache langwährender Studien und Überlegungen: denn die Tugenden scheinen mir auf Prinzipien der Kohäsion wie auf Defekte im »Gewebe« von Generationen und Institutionen hinzudeuten.

In diesem Zusammenhang Hoffnung als vitale Tugend zu bezeichnen, heißt nur das Grundminimum zu nennen, ohne das die höchstbewerteten und verteidigten Hoffnungen belanglos werden: es bedeutet, die Grenzen der sozio-genetischen Wirksamkeit aller Werte zu bezeichnen. Denn Werte, die nicht das Wiedersichtbarwerden der Ordnung dieser vitalen Stärken in jeder Generation sicherstellen (gleichgültig, wie ihre genetische Einteilung und ihr individuelles Wesen sei), haben die Tendenz — nun ja, ihre Tugend, ihren Kraftgehalt zu verlieren. In einer epigenetischen Entwicklung, wie wir sie hier ins Auge fassen, hat jedes Einzelelement seine Aufstiegszeit und seine Krise, und doch bleibt jedes durch das ganze Leben hindurch erhalten. Hoffnung ist das erste und grundlegendste dieser Elemente, und doch ist es auch das ausdauerndste; es ist das beständigste und erwirbt doch neue Eigenschaften, je nach dem Allgemeinstadium, das erreicht wird. So kann im Erwachsenenalter die Hoffnung in einem formulierten Glauben festgelegt werden oder ein latentes Glaubensgefühl bereichern. Ähnlich werden die Rudimente des Willens zum Teil der Entschlossenheit des Erwachsenen, sowohl im Sinne seiner Fähigkeit, einen starken Willen über andere auszuüben, wie auch in seiner notwendigen Selbstbeherrschung.

Ich wäre keineswegs in der Lage, diese Reihe zu vervollständigen. Was ich betonen will, ist nur, daß das, was so in Stufenfolgen heranwächst, Teil eines Ganzen ist, in dem kein Teil seine eigene Krise, seine weitere Metamorphose und seine Wiedereinfügung in jedes spätere Stadium versäumt haben darf. So hat die Hoffnung in der frühen Kindheit schon ein Element von Eigenwillen, das aber noch nicht so herausgefordert werden kann und darf, wie das notwendig ist, wenn die Krise des Willens im Spielalter eintritt. Daß ein Baby schon eine winzige Entwicklungsanlage hat, die wachsen wird, um nach einem langen Leben zur Weisheit zu werden — das wird sich schwerer verteidigen lassen, außer gegenüber den fanatischsten Verehrern der frühen Kindheit. (Andererseits habe ich mir sagen lassen, daß Lao-Tse »altes Kind« bedeutet.)

Es trifft aber zu, daß die allumfassenden Entwicklungsstadien des menschlichen Wesens nicht erfaßt werden können, ehe wir nicht mehr von dem verstehen, was Piaget als »funktionelle Einheit der Persönlichkeit« bezeichnet. Als menschliche Stärken sind die hier aufgezählten Tugenden offensichtlich den psychosexuellen und psychosozialen Stufenfolgen übergeordnet, in dem Sinne, daß sie Ausdruck ihrer Integration sind, obgleich die spezifische Zeit innerhalb eines Stadiums, in der solch eine Einheit erreicht wird, und der Mechanismus, durch den das geschieht, noch unbekannt sind. Das, was Freud die orale Libido nennt, bereichert offensichtlich die Erfahrung, aus der die Hoffnung erwächst. Beides kann nur in der Kindheit entstehen und muß in ihr entstehen. Andererseits würde die orale Libido ihren Platz in der Einheit der Persönlichkeit (und das bedeutet, wie wir sahen, in der Einheit des generationenbildenden Prozesses) nicht ohne ein starkes und alles durchdringendes Hoffnungsgefühl finden.

Dieser Allgemeinzustand aber hängt von viel mehr als nur einer erfolgreichen Oralität ab, selbst wenn es so etwas gäbe wie eine erfolgreiche Libido an sich. Er hängt von der Bestätigung in der sozialen Wirklichkeit, von all den reifenden Teilfunktionen des Organismus und des Geistes ab. Es ist also wirklich ganz sinnlos, zu fragen, was zuerst kommt: das Ganze entsteht mit seinen Teilen und die Teile mit dem Ganzen, auch wenn jeder Teil, wenn er zuerst durch eine neue Methode sichtbar gemacht wurde, seinem Entdecker den Eindruck vermittelt, als wäre er Ursache und Beginn aller anderen Teile. Freud sah das, als er seine Triebtheorie als seine »Mythologie« bezeichnete. Mythen lügen nicht, aber sie finden neue Formen, die enger an die Beobachtung heranreichen.

Alles, was in die menschliche Entwicklung eingebaut ist, hat eine entwicklungsmäßige Begründung. Ich habe stillschweigend vorausgesetzt, daß ich das auch für die Grundtugenden als zutreffend annehme. Aber die Verwendung des Wortes »Tugend« in der Nähe des Ausdrucks »Entwicklung« läßt einen sofort an eine der gefürchteten »naturalistischen Fallstricke« denken. Ich verwende das Wort Tugend in diesem Zusammenhang aber nicht, um in die Entwicklung moralische Absichten hineinzulesen, sondern um adaptive Kräfte zu erkennen, die aus ihr hervorgegangen sind. Nun ist ja offensichtlich, daß der Mensch, der nach Waddington[11] »zum Ethisieren neigt« moralische und religiöse Überbauten auf den vitalen Grund-Tugenden errichtet hat, die uns nicht nur durch ihre gelegentliche Fähigkeit beeindrucken, den Menschen zu erheben, sondern auch, weil sie so häufig seinen totalen Absturz verursachen. Gerade aus diesem Grunde müssen wir aber in der menschlichen Entwicklung jenen Unterbau und Felsgrund vitaler Stärke erkennen, die die menschliche Anpassung von Generation zu Generation sicherstellen. Die Erbbiologen zögern, genetisch übertragene »Dispositionen« genauer zu umreißen, durch die der Mensch mit der fertigen Fähigkeit geboren wird, mit einer sozialen Umgebung nicht nur seine vollständige physiologische Statur und seine kognitive Ausweitung auszuhandeln, sondern auch ein Bündel vitaler Kräfte, die ihn zum erfolgreichen Träger von Nachwuchs, zum Hersteller von Werkzeugen und zum Träger von Traditionen machen. Aber Waddington gibt nicht nur zu, daß der Mensch zum Ethisieren neigt, sondern auch, daß er von Natur aus ein »Autoritätsakzeptierer« ist. Das genügt meiner Meinung nach als das Minimum an genetischer Anerkennung, das notwendig ist, um angeborene Dispositionen anzunehmen, die Reihenfolgen von in organisierten Gesellschaften lebenden Generationen sicherstellen und vermitteln. Innerhalb dieser Prozesse sind also die vitalen Tugenden, die wir hier aufzählten und versuchsweise benannten, nicht hehre Ideale (dazu werden sie tatsächlich in ihrer Stunde relativer Schwäche), sondern wesentliche Qualitäten, die aus dem Zusammentreffen sich entfaltender Fähigkeiten mit bestehenden

11 C. H. Waddington, The Ethical Animal, Allen and Unwin, London 1960.

Institutionen in jedem Leben und in jeder Generation neu hervorgehen. Wenn die Mutterschaft Hoffnung einflößt, die ideologischen Institutionen Gründe zur Treue bieten und Grundformen der Zusammenarbeit Liebe fördern, dann hängt jede von ihnen von der Reihenfolge aller ab, und alle beruhen auf einer ursprünglichen Gesamtdisposition, die in dem kulturellen Gesamtmilieu entsteht, dessen einer Teil die menschliche Mutterschaft ist. Die Disposition selbstverständlich ist eine Disposition zur Hoffnung schlechthin, nicht zu einer bestimmten Art vorgeschriebener Hoffnungen, zur Treue schlechthin und nicht zu bestimmten Treuebekenntnissen und Hingaben, die ja tatsächlich von Ideologie zu Ideologie aufs stärkste kontrastieren können, zur Liebe schlechthin und nicht zu einer bestimmten kulturellen Kombination von Liebe mit sexuellen und sozialen Sitten.

Um meine Überlegungen, in denen das Wort »entwicklungsmäßig« so regelmäßig wiederkehrte, zu vervollständigen, muß ich nun zugeben, daß die hier vorgebrachten Gedanken teilweise durch eine Aufforderung von Sir Julian Huxley angeregt wurden, einen Beitrag zu einer Veröffentlichung zu leisten, die unter dem Titel »The Humanist Frame« 1961 erschienen ist[12]. Er ermutigt mich dabei, »das zu schreiben, was Sie schon lange sagen wollten« und dabei ist das Schema entstanden, das ich hier darstelle. Um die jeweilige Dialektik der Entwicklung und des Ich weiter zu besprechen, muß ich auf die Weltsicht, oder eigentlich die Weltstimmung zurückgreifen, die sich sowohl aus Darwins wie aus Freuds Untersuchungen ergab, und die, glaube ich, für unser Zögern verantwortlich ist, uns mit den menschlichen Stärken zu beschäftigen.

Der Darwinismus und die Psychoanalyse Freuds haben sich nacheinander in erster Linie mit dem beschäftigt, was man allgemein als die »niedrigere Natur« des Menschen bezeichnet: die Abstammung und Entwicklung des Genus Mensch aus einem vormenschlichen Zustand der Tierischheit; das Hervorgehen des zivilisierten und kultivierten Menschen aus Stufenfolgen der Barbarei und der Wildheit und schließlich die Entwicklung des Menschen aus Stadien der Infantilität. Sie haben die Beziehung der alltäglichen Fehlhandlungen des vernünftigen Menschen zum Wahnsinn nachgewiesen und die Neigung des politischen Menschen zur Massenanarchie enthüllt. Jeder dieser Einsichten wurde zuerst mit Spott und Unglaube begegnet, doch nahmen sie bald die Form moderner Mythen an. Die populäre Vorstellung (und das schließt

12 E. H. Erikson, The Roots of Virtue, in: The Humanist Frame, hrsg. von Sir Julian Huxley, Harper, New York 1961.

auch Spezialisten auf außer-biologischen Gebieten ein) hat die Theorie Darwins zu einem Kampf ums Überleben »mit Klauen und Zähnen« gemacht, bei der die Krone des Lebens dem Typus des Menschen zufallen müßte, den T. H. Huxley den »Gladiator« nennt. Ähnlich hat die populäre Auffassung Freuds Theorie des inneren Konflikts gröblich übersimplifiziert (und das gilt auch für Wissenschaftler, die mit den Fortschritten der Psychoanalyse unvertraut sind). Derartige Vorstellungen klammern sich an die frühesten Formulierungen dieses Konflikts und fassen ihn als einen inneren Kampf mit Klauen und Zähnen zwischen gierigen Trieben (dem unpersönlichen Es) und grausamem Gewissen (dem moralistischen Über-Ich) auf. So wurden die moralischen Alternativen, die Darwins und Freuds Entdeckungen scheinbar enthalten, überdramatisiert — als wollte sich die Menschheit an diesen furchtlosen Männern dadurch rächen, daß sie sie in die Rolle von Hohenpriestern im Kult des »Die-niedere-Natur-des-Menschen-Zugeben« zwang, wodurch dieser Natur nun mit moralischem Spott begegnet werden konnte oder aber mit einer Toleranz, die bald begann, alles zu entschuldigen.

Dieser doppelte Mythos eines inneren und äußeren Kampfes auf Leben und Tod hat es der Biologie wie der Psychoanalyse schwer gemacht, die Frage der menschlichen Stärken aufzugreifen. Hinge aber die Zukunft der Menschen allein von seinen ungezügelten »Trieben« oder seinem überanspruchsvollen Gewissen ab, dann könnte sie voraussichtlich in einem Selbstmord der gesamten Art enden — im Namen der höchsten Prinzipien.

Aber das Problem ist nicht allein das der Popularisierung. Die wissenschaftliche und ethische Notwendigkeit, die abgelehnten Ursprünge des Menschen und seine »niedrigere Natur« mit furchtlosen Augen zu sehen, hat den wissenschaftlichen Beobachter selbst in einen unhaltbaren Zwiespalt gebracht. G. G. Simpson nimmt im Schlußwort des Buches »Behavior and Evolution«, das er herausgegeben hat, Bezug auf ein Essay von Roe und Freedman über die Entwicklung des menschlichen Verhaltens:

Mit all dem hinter uns und in uns sind wir — wer könnte das bezweifeln — sexuell, aggressiv, eroberungssüchtig. Zum Schluß bedauere ich nur, daß Freedman und Roe bei dieser Aufzählung absichtlich jene Eigenschaft ausließen, die in diesem und durch dieses Buch am deutlichsten belegt ist— die forschende Neugierde[13].

13 A. Roe und L. Z. Freedman, Evolution and Human Behavior, in: Behavior and Evolution, hrsg. von A. Roe und G. C. Simpson, Yale University Press, New Haven 1958.

Tatsächlich neigen die beiden Autoren des Essays, während sie all die Daten, die die klinische Beobachtung liefert, mit bewundernswerter Klarheit aufreihen, dazu, diesen Daten Deutungen hinzufügen, die der psychiatrischen Arbeit entstammen und die den Menschen sozusagen »mit nach außen gekehrtem Inneren« sehen, ein fast hilfloses Opfer von Verdrängung, Konflikt und Ambivalenzen. Das verleiht dem Primaten das Urbild eines Säuglings, wie es aus der klinischen Erfahrung rekonstruiert wird. So scheinen sie (wie Simpson meint) sich selber vergessen und das aus der Entwicklung ausgeklammert zu haben, was sie tun, wenn sie über die Entwicklung schreiben. Sie folgen hier einer Tradition, die auch die Psychoanalyse kennzeichnet. Freuds Modell vom Menschen besteht in erster Linie aus den Prozessen, die er beobachtete, als er mit soviel urtümlichem Mut in sich so hineinblickte, wie er selbst seine Patienten sah. Für den abwägenden Beobachter, den neugierigen Menschen, bot das Modell aber keinen Raum. Die Wissenschaft, die Moral und sich selbst setzte Freud als selbstverständlich voraus.

Doch haben uns sowohl Freud wie Darwin die Mittel verschafft, um das Gewissen selbst neu zu bewerten, das von Darwin als »bei weitem der wichtigste von all den Unterschieden zwischen Mensch und niederen Tieren« angesehen wurde, das aber nur »der Wohlfahrt des Stammes — nicht der der Art noch der eines einzelnen Stammesmitgliedes« diente. Und es war Freud, der die triebhafte Rohheit und stammesmäßige Grausamkeit in vielen Zügen der menschlichen Moral aufdeckte. Die Geschichte hat seither die Grenzen und Gefahren eines stammesgebundenen Gewissens vielfältig illustriert, besonders wenn es sich in den Besitz der modernen Technik setzt.

Julian Huxley hat die Dinge am Ende seiner »Römischen Vorlesungen« zusammengefaßt:

Es stellt sich heraus, daß die merkwürdigen Schwierigkeiten, die unsere individuelle moralische Anpassung umgeben, größtenteils auf unsere Entwicklungsgeschichte zurückzuführen sind. Ebenso wie unsere verlängerte Hilflosigkeit in der frühen Kindheit, unsere Neigung zu Brüchen und Nebenhöhlenentzündungen, unsere Schwierigkeiten beim Erlernen des aufrechten Ganges, sind sie Folgeerscheinungen unserer Entwicklung aus äffischen Vorfahren. Wenn wir erst einmal realisieren, daß das primitive Über-Ich nur ein entwicklungsgeschichtlicher Behelfsmechanismus ist, ebensowenig dazu vorgesehen, die dauernde zentrale Stütze unserer Moral zu sein, wie unsere embrionale chorda dorsalis dazu bestimmt sein kann, die dauerhafte zentrale Stützstruktur unseres Körpers zu bleiben, dann werden wir seine Diktate nicht so ernst nehmen (wurden sie nicht oft als die wahre Stimme Gottes ausgedeutet?) und werden seine Ersetzung durch einen vernünftigeren und weniger grausamen Mechanismus als das zentrale ethische Problem ansehen, dem jedes menschliche Individuum gegenübersteht[14].

Dieser Abschnitt bringt eine Ansicht zum Ausdruck, zu der sich die Psychoanalyse in der Tat sowohl als klinische Technik wie als Gedankensystem bekennt. Jeder Schritt in der Behandlung und jeder Akt der Klärung ist auf eine »Ersetzung durch einen vernünftigeren und weniger grausamen Mechanismus« gerichtet. Außerdem ist diese Ansicht durch einen Aspekt der Freudschen Gedankengänge wohl vorbereitet, der die Phantasie anderer Wissenschaftler weniger beunruhigt hat, wie seine Triebtheorie: Ich spreche von seiner Ich-Psychologie.

Freuds Auffassung vom Ich ist so alt wie die Psychoanalyse selbst und entstammt tatsächlich seiner physiologischen Periode. Erst Freud selbst[15], dann Anna Freud[16] und schließlich Heinz Hartmann[17] haben beständig an der Verfeinerung des Begriffs gearbeitet. Trotzdem scheint dieser »strukturelle« Teil von Freuds Werk weniger Interesse erregt zu haben. Die Psychologen haben weiterhin das Gebiet der Psychoanalyse als in erster Linie mit dem »Affektiven« befaßt bezeichnet, und die Biologen ziehen es vor, von der Analyse zu vermuten, sie habe es nur mit dem Sexuellen, oder im besten Fall mit dem »Emotionalen« zu tun. Es ist offensichtlich so, daß der Schock durch Freuds frühe Systematisierung der Dichotomie von Trieb und Über-Ich so langsam und mit so viel emotionaler Ambivalenz absorbiert wurde, daß die späteren Gedanken Freuds einfach nicht die Aufmerksamkeit der Mehrzahl der wissenschaftlichen Arbeiter erreichte. Und selbst wo der psychoanalytische Ich-Begriff durchgedrungen ist, wurde er sofort in die Bilderwelt der »niederen Natur« des Menschen und in die Populärvorstellung vom Ich als einem aufgeblähten Selbst hineingezogen. So konnte ein Kirchengeschichtler in einer unserer besten akademischen Zeitschriften die Meinung vertreten, daß meine psychoanalytische Untersuchung von Luthers Identitätskrise zeigen wolle, wie Luther die Reformation bloß »zur Befriedigung seines Ichs« begonnen habe. In einem derartigen Ausmaß ist das volkstümliche Ich als Bezeichnung eines eitlen Gefühls eines selbst-gemachten Selbst beim modernen Menschen in das Vokabular sogar

14 T. H. Huxley und J. S. Huxley, Touchstone for Ethics, Harper, New York 1947.
15 S. Freud, Das Ich und das Es (1923), Ges. Werke XIII, 235–290, Imago Publishing Co. LTD, London 1940.
16 A. Freud, Das Ich und die Abwehrmechanismen, Imago Publishing Co. LTD, London 1946.
17 H. Hartmann, Ich-Psychologie und Anpassungsproblem (1939), Ernst Klett, Stuttgart 1960.

des Gebildeten eingedrungen. Aber zufällig bezeichnet das das Gegenteil der psychoanalytischen Bedeutung: darum ist es notwendig, in allen Kreisen, außer unter wirklichen Fachleuten, deutlich zu sagen, was das Ich *nicht* ist.

Die psychoanalytische Bedeutung des Ichs kennzeichnet es als einen innerpsychischen Regulator, der die Erfahrung organisiert und diese Organisation sowohl gegen den unzeitigen Einfluß der *Triebe* wie gegen den übertriebenen Druck eines überanspruchsvollen *Gewissens* beschützt. Tatsächlich ist »Ich« ein jahrhundertealter Begriff, der in der Scholastik für die *Einheit* von Körper und Seele stand, und in der Philosophie im allgemeinen für die *Permanenz* der bewußten Erfahrung. Die Psychoanalyse hat sich natürlich nicht mit den Angelegenheiten der unsterblichen Seele beschäftigt und sie hat dem Bewußtsein nur eine begrenzte Rolle im mentalen Leben zugeteilt, als sie nachwies, daß die Gedanken und Handlungen des Menschen mitbestimmt sind durch unbewußte Motive, die bei ihrer Analyse ergeben, daß der Mensch sowohl schlechter wie besser ist, als er sich glaubt. Aber das bedeutet auch, daß seine Motive ebenso wie seine Gefühle, Gedanken und Taten häufig viel besser »zusammenhängen« als er sich dessen bewußt sein kann (oder sollte). Das Ich der Psychoanalyse ist also dem analog, was es in der Philosophie früher bedeutete: ein auswählendes, integrierendes, zusammenhängendes und fortdauerndes Agens, das das Zentrum der Persönlichkeitsbildung ausmacht. William James verwendet den Ausdruck noch in diesem Sinn: in seinen Briefen spricht er nicht nur von der »aktiven Spannung des Ich«, sondern auch von dem »umfassenden Ich, das die nicht notwendig übereinstimmenden Zeiten und Räume von Teil-Ichs zur Kontinuität bringt«[18].

Allerdings hatte ihn seine Selbstbeobachtung nahe an die Untersuchung von Krankheitszuständen herangeführt, in denen das Ich zuerst in seiner Schwäche enthüllt und dann als ein kontrollierender Regulator von erstaunlicher Ausdauer und Kraft erkannt wurde.

Die Psychoanalyse, die sich zuerst auf die Schicksale der Triebkräfte im Menschen konzentrierte (wie sie sich in klinischen Symptomen und weltumfassenden Symbolverwendungen in Träumen und Mythen, in den Stadien der Ontogenie und in der Entwicklung der Art zu erkennen geben), hat doch niemals ihre Arbeit auf dem zweiten Feld der Forschung unterbrochen, nämlich der Untersuchung jener »kohärenten Organisation seelischer Vorgänge«, die in diesem

18 The Letters of William James hrsg. von seinem Sohn Henry James, Atlantic Monthly Press, Boston 1920.

Kessel von Kräften und Trieben ein Maß an Individualität, Intelligenz und Integrität sicherstellt. Nur das Maß des Maßes wechselt. Allein die ursprüngliche Scheu vor den inneren Konflikten, die den Menschen motivieren, ließ das Ich als rührende Kompromißinstanz erscheinen, zwischen dem Es, das ein Monopol auf den gesamten Trieb-Brennstoff der »Tiernatur« des Menschen innehat, und dem Über-Ich, das sich auf die Unterstützung allwissender Priester, allmächtiger Eltern und allbeherrschender Institutionen berufen konnte. Kein Wunder, daß in jener Zeit das Ich Freud so erschien, wie ein Reiter, der »genötigt ist, sein Pferd dahin zu führen, wohin es will«. Allmählich aber stellte sich bei der Untersuchung des menschlichen Ichs, des Hüters der Individualität, heraus, daß es das innere »Organ« ist, welches es dem Menschen ermöglicht, die zwei großen evolutionären Entwicklungen zusammenzufassen, sein *inneres Leben* und sein *soziales Planen.*

Allmählich wurde das Ich als ein Organ der aktiven Bemeisterung, nicht nur bei der Verteidigung der Unverletzbarkeit der Person gegen übermäßige Reize von innen durch den Organismus oder aus der Außenwelt, angesehen, sondern auch bei der Integration der Anpassungskraft des Individuums mit den sich ausweitenden Möglichkeiten der »erwartbaren« Umwelt. Das Ich ist somit der Wahrer *bedeutsamer Erfahrung,* das heißt, von Erfahrung, die individuell genug ist, um die Einheit der Person zu wahren; und es ist anpassungsfähig genug, um einen bedeutsamen Anteil der Wirklichkeit mit dem Gefühl zu beherrschen, in dieser Welt blinder unvorhersehbarer Kräfte in einem *aktiven Zustand* zu sein. Das bedeutet, daß ein »starkes Ich« die psychologische Vorbedingung für jene Freiheit darstellt, die abwechselnd als die Anstrengung bezeichnet worden ist, durch die das Unvermeidliche sich ereignet — oder den Willen, das zu wählen, was notwendig ist.

Ich muß aber zugeben, daß ich im Lauf der Jahre weniger untolerant gegen das populäre Mißverständnis des Ausdrucks »Ich« geworden bin, denn es enthält, wie häufig die volkstümliche Meinung, eine tiefere Wahrheit. Bis zu einem gewissen Punkt kann das Ich als Wahrer der menschlichen Individualität, das heißt seiner Unteilbarkeit, verstanden werden. Aber inmitten anderer, ebenfalls unteilbarer Individualitäten, muß und wird jedes Ich bestimmte Vorrechte bewahren, ohne die zu leben der Mensch sich nicht leisten kann, und die er daher sowohl mit geheimen Wahnbildungen (wie sie sich in seinen Träumen und Tagträumen verraten) wie mit jenen kollektiven Illusionen aufrechterhält, die oft seine

Geschichte lenken. Einige dieser Vorrechte sind: das Gefühl der *Ganzheit*, das Gefühl, in Raum und Zeit eine *zentrale Stellung* einzunehmen, und das Gefühl, *Freiheit der Wahl* zu besitzen. Der Mensch kann es nicht ertragen, wenn diese Vorrechte über einen bestimmten Punkt hinaus in Frage gestellt werden, weder als Individuum unter seinen Mitmenschen, noch als Mitglied einer Gruppe unter anderen Gruppen. Aus diesem Grunde ordnet der Mensch in individuellen Erinnerungen wie in der Kollektivgeschichte seine Erlebnisse neu an, um sich selbst immer als den erkennenden Mittelpunkt und als Quell der Ereignisse wiederherzustellen. Er hat allmächtige Könige gekrönt und allwissende Götter geschaffen und sie mit allen den Ego-ismen ausgestattet, die das Individuum nicht entbehren kann: eine Position im Mittelpunkt gewalttätiger Ereignisse; ein Gefühl, das Schicksal selbst gewollt und geschaffen zu haben; die Gewißheit, ewig und unsterblich zu sein; die Überzeugung, in der Lage zu sein, die Geheimnisse des Lebens zu kennen; die Fähigkeit, sich der Ereignisse überall in der Welt völlig bewußt zu sein und alles, was man zu ändern wünscht, beeinflussen zu können. Um dies Bedürfnis des Ego-ismus in seinem eigenen kleinen Selbst zu erfüllen, hat der Mensch auch Mittel gefunden, außer sich zu sein (Mittel der Inspiration, künstlerische, toxische Mittel), um sich als mehr zu fühlen, als sich selbst. Mit allem schuldigen Respekt sehe ich die letzte Version dieses unüberwindlichen Bedürfnisses in jenen Nach-Darwinisten, die darauf bestehen, daß der Mensch nun, wo er sich als Teil der Entwicklung erkennt und vielleicht lernt, kraft seiner Erkenntnisse einiges davon zu steuern, zu ihrer Krone und zu ihrem Ziel wird, anstatt zu einer Kreatur, die schon viel tut, wenn es ihr gelingt, das, was sie in der winzigen und dunklen Weltenecke, die sie im besten Fall kennen kann, in Unordnung gebracht und angestellt hat, wieder ungeschehen macht oder neu ordnet. Wenn ich einer der gebräuchlichen Apotheosen des Menschen bei einem sonst strengen Wissenschaftler begegne, dann erinnere ich mich gerne der Bemerkung einer jungen Studentin, die die Tiefe unserer Unerhelltheit in der direkten Weise zum Ausdruck brachte, die den Frauen vorbehalten scheint. Ihr Begleiter hatte eben laut darüber meditiert, daß das Leben tatsächlich eine sonderbare Sache sei. Erst gab es eine Stille, die er für tiefe Zustimmung hielt. Aber dann fragte sie ruhig ». . . im Vergleich wozu?«

Wenn das Über-Ich also die Moral des Menschen behütet hat, ihn aber auch zum Sklaven machte, dann erlaubt ihm sein adaptiveres Ich ein gewisses Maß an menschlichem Gleichgewicht, wenn auch nicht ohne gefährliche Illusion — gefährlich, sollte ich hinzufügen, wegen der destruktiven Wut, die ihr Mißlingen begleitet. In diesem Sinne haben die hier aufgeführten Grundtugenden ihre illusorische Seite, die sich zu großen Wahnvorstellungen leerer Tugendhaftigkeit entwickeln können und zu spezifischen Rasereien der Enttäuschung führen. Aber jede ist unentbehrlich und jede nötig für jenes Ganze, das der Mensch in seinem ausgeglichensten Zustand ist; alle aber können in Augenblicken des Humors und der Weisheit, im Gebet, in der Meditation und in der Selbsterkenntnis gütig über sich hinaus erhoben werden.

Wo aber ist in der tierischen Natur der Vorläufer des menschlichen Ichs? Der Mensch hat immer die Neigung gehabt, das, was er seine eigene »Tier-Natur« nennt — das heißt seine Es-Über-Ich-Spaltung —, auf Tiere zu projizieren, indem er zum Beispiel seine Gefräßigkeit mit dem Eß-Stil der Hunde vergleicht oder seine Wut mit der eines gereizten Tigers. Ganze »Bestiarien« schreiben den Tieren die niedersten Laster oder die Konflikte des Menschen zu. Ein vor kurzem erschienener Kalender berichtet von einer mittelalterlichen Ansicht, wonach ein Löwe sich niemals überfrißt, wobei hinzugefügt wird: »und wenn er glaubt, er könne zuviel fressen, dann steckt er die Pfote ins Maul, um sich selbst daran zu hindern«. Auch hier also schreibt der Mensch dem Löwen ein inneres Leben zu, durch das er sich eines unerlaubten Wunsches bewußt wird und sich aktiv daran hindert, »nachzugeben«, genauso, wie unser Gewissen mit unseren Wünschen ringt. Andererseits führt unsere abgrundtiefe Ambivalenz dazu, daß wir auch unsere erhabensten Tugenden im Bilde von Tieren sehen: wir sind mutig wie Löwen, sanft wie Lämmer, oder sehen im stillen Blick einer dunkelhäutigen Schönheit das geheimnisvolle Auge einer Hindin. Was wir den Tieren nicht zuschreiben und gewöhnlich zu unserem Erstaunen in Berichten und Filmaufnahmen aus ihren natürlichen Lebensbereichen entdecken, das ist ein bestimmtes eingeborenes Gleichgewicht, eine Einschränkung und Disziplin innerhalb ihres umweltlichen Überlebens- und Aktionsgebietes. Vielleicht sollten wir als Analogie zu dem, was wir »Ich« nennen, eine bestimmte keusche Zurückhaltung und wählerische Disziplin im Leben selbst der »wildesten« Tiere in Betracht ziehen: einen eingeborenen Regulator, der Raub- und Freßexzesse, unangebrachte Sexualität, zwecklose Wut und gefährdende Panik verhindert, und der gleichzeitig mit der Bereitschaft, bei Hunger oder Störungen von außen anzugreifen, Ruhe und Spiel zuläßt. Gleicherweise teilen verschiedene Arten von Tieren die gleiche Umgebung mit einem Minimum an wechselseitiger Störung oder Ablenkung, wobei jede sich nur um den eigenen Ausschnitt der Umwelt bekümmert, außer und bis sich erweist, daß vitale Interessen sich überschneiden. Der Zustand des angepaßten Tieres ist also definiert durch das, was wir *ökologische Integrität* nennen könnten; eine Kombination wechselseitiger Regulation und gegenseitiger Vermeidung, die die Anpassung innerhalb der charakteristischen Umwelt und an andere Spezies, die sie teilen, sicherstellt. Der Mensch, der sich zu einem Geschöpf entwickelt hat, das sich beständig im Prozeß der Wiederanpassung an den historischen Wechsel in seiner vom Menschen geschaffenen Welt befindet, reagiert offensichtlich übermäßig (indem er zum Beispiel unter einer Affektinkontinenz leidet, wie das Konrad Lorenz ausführt): auf seiner Ebene die adaptive Integrität des Tieres zu erreichen, würde für ihn eine wechselseitige Regulierung der inneren Motivation mit der technisch-sozialen Erfindung fordern, die er offenbar nur in bestimmten ruhmwürdigen aber nicht vorauszusagenden Perioden annähernd erreicht. Aber sei es nun, um neuen Ruhm zu erringen oder nur um des bloßen Überlebens willen — er muß jetzt seinen Platz in der Aufeinanderfolge der Generationen innerhalb einer psychosozialen Welt mit einiger Bewußtheit ausfüllen.

Nicht einen Augenblick lang können wir aber übersehen, daß der Mensch bisher in seiner Geschichte den Entwurf seiner Möglichkeiten nur in Bruchstücken verwirklicht hat. Es gibt dafür viele Gründe. Die Geschichte der Menschheit berichtet von Triumphen der Vervollkommnung, die in gewissen Zeiten und Gebieten erreicht wurden, und führt uns Beispiele menschlicher Vervollkommnungsfähigkeit vor, die vergänglich sind und doch manchmal in Formen und Worten erhalten bleiben, um mit jener innigsten Gegenwärtigkeit zu uns zu sprechen, die Rilke in seinen Duineser Elegien den Liebenden zuschreibt: »So weit sind's wir«. So erkennen wir die Perfektion eines harmonischen Wachstums in der griechischen Darstellung eines vorzüglichen Körpers und eines vorzüglichen Geistes — eine Harmonie, die durch die Tragödien und den Tod des Sokrates kontrapunktiert wird. Wir finden die Perfektion der Caritas in den Worten Christi und des Heiligen Franziskus — gegen den Hintergrund der Passion. Und wir sehen die Entfaltung der technischen und organisatorischen Perfektion in unserer Zeit, die bis zu den Sternen reicht und die Bühne für die Tragödie der Spezies Mensch aufbaut. Aber der Geschichte hat es im großen und ganzen und bis vor kurzer Zeit an Methode wie an Absicht gefehlt, die dynamische Beziehung zwischen diesen Triumphen und den inneren Entstellungen und sozialen Opfern aufzuzeigen, die sowohl der Elite wie den Massen auferlegt werden. Heute, wo wir dem möglichen Aufstieg einer Weltdemokratie entgegensehen und wo jedes Kind, das in die Welt gebracht wird, unbedingt als ein Wesen betrachtet werden müßte, dessen Geburt gewollt war und dem daher eine Weltgemeinschaft ein stets gleiches Maß an Lebensmöglichkeiten schuldet, wird die Funktion und das Bewußtsein der Geschichte sich radikal verändern.

Die wie Zahnräder ineinander greifenden Stadien der Kindheit und des Erwachsenseins sind, wie wir nun zum Schluß sehen können, tatsächlich ein System von *Erzeugung* und *Wiedererzeugung* — denn in dieses System münden und aus diesem System erwachsen jene sozialen Haltungen, denen die Institutionen und Traditionen der Gesellschaft Einheit und Dauer zu verleihen suchen.

Dies also ist die unmittelbarste Beziehung zwischen den *Grundtugenden* und den *wesentlichen Elementen einer organisierten menschlichen Gemeinschaft:* die Erwachsenen sind (unter anderen Gründen) organisiert, um aus der Kollektivität und aus ihrer Tradition einen Fundus an Sicherheit zu beziehen, der sie instande setzt, den Bedürfnissen der nächsten Generation in relativer Unabhängigkeit von den Wechselfällen des individuellen Schicksals gerecht zu werden. Vertrauenswürdige Mutterschaft bedarf eines vertrauenswürdigen »Universums«, und es läßt sich beobachten, daß die Religiosität der Frauen eine andere Qualität als die der Männer hat. Die frauengemäße Bestätigung des Glaubens liegt weniger in einer Logik, die Handeln ohne Schuldgefühle zuläßt, als darin, was die Frau mit dem Glauben selbst tun kann, nämlich neuen menschlichen Wesen Hoffnung zu vermitteln und Vertrauen einzupflanzen.

Die menschliche Stärke hängt somit von einem Gesamtprozeß ab, der gleichzeitig die *Reihenfolge der Generationen* und die *Struktur der Gesellschaft* regelt. Das Ich ist der Regulator dieses Prozesses im einzelnen.

Um ein letztes Mal die Hoffnung zum Beispiel zu nehmen: die Entfaltung dieser vitalen Qualität kann als durch freie Koordinaten bestimmt angesehen werden: die Beziehung der Mutterschaft der Mutter zu ihrer eigenen Kindheit; die Mutter-Kind-Beziehung selbst; die Beziehung beider zu Institutionen, die Glaube in die Fortpflanzung vermitteln. Alle drei sind darauf eingerichtet, die Hoffnung zu vermehren: die eigene Vergangenheit der Mutter hat in ihr den Wunsch und das Bedürfnis hinterlassen, die Hoffnung weiterzugeben, die von ihrer Mutter (von ihren Müttern) und von ihrer Kultur ausging. Die Hoffnung ihres kleinen Kindes, wenn sie erst einmal erweckt, aufrechterhalten und entwickelt wurde, hat die Macht, in allen umher Hoffnung zu erregen und zu erhöhen. Zur gleichen Zeit aber bedürfen die Erwachsenen, die mit der Aufrechterhaltung der Hoffnung des Kindes betraut sind, einer gesellschaftlichen Bestätigung und Auffrischung der Hoffnung, sei es durch religiöses Ritual oder sei es durch weisen und erfahrenen Rat, oder durch beides. Einmal geboten, spiegelt sich diese Bestätigung in der allmählichen Umwandlung der allgemeinen Hoffnungsbereitschaft des kleinen Individuums in einen Glauben wieder, der eine Beziehung zu den herrschenden Annahmen hinsichtlich der Weltordnung hat. Und während es heranwächst, wird es nicht nur dazu bereit, seinen Glauben (in der Form der Hoffnung) an seine Nachkommen weiterzugeben, sondern es trägt auch zur Bewahrung oder zur Veränderung jener Institutionen bei, die eine Tradition des Glaubens wahren.

Was im einzelnen Säugling als Hoffnung beginnt, wird in seiner reifen Form zum Glauben, zum Gefühl überlegener Gewißheit, nicht wesentlich abhängig von Bestätigung oder Vernunft, ausgenommen wo diese Formen der Selbstbestätigung zum Teil einer Lebensweise werden, die Technik, Wissenschaft und neue Quellen der Identität in einem zusammenhängenden Weltbild vereinen. Es ist nicht zu übersehen, daß während der längsten Periode der uns bekannten Geschichte die traditionelle Formulierung und die rituelle Wiederbestätigung des Glaubens von der Religion monopolisiert wurden. Geschickt hat sie die kindlichsten Bedürfnisse des Menschen an sich gebunden, nicht nur indem sie unsterbliche Garantien für das Wohlwollen einer allmächtigen Macht (wenn diese auf die richtige Weise beschwichtigt wurde) bot, sondern auch durch magische Worte und bedeutsame Gesten, beruhigende Töne und einschläfernde Gerüche — gewiß die Welt eines Kindes.

Das hat zu der Deutung geführt, daß die Religion um ihrer eigenen politischen Position willen die infantilsten Bestrebungen des Menschen ausnützt. Zweifellos tut sie das. Aber auf der Höhe ihrer historischen Funktion hat sie eine andere, korrespondierende Rolle gespielt, nämlich die, dem Bedürfnis des erwachsenen Menschen Ausdruck zu verleihen, den Jungen und den Schwachen ein Weltbild zu vermitteln, das die Hoffnung nährt. Es darf hier nicht vergessen werden, daß die religiösen Weltbilder wenigstens teilweise die abgründige menschliche Entfremdung — von sich selbst und von anderen — erkannt und ihr Rechnung getragen haben, die das Los des

Menschen ist (und das ist mehr als der radikale Rationalismus bis zum Auftauchen der Psychoanalyse beanspruchen kann). Denn zusammen mit einem Vorrat an Hoffnung ist dem Leben durch sein erstes Stadium auch eine unentrinnbare Entfremdung hinterlassen worden — nämlich ein Gefühl drohender Trennung von seinem Urgrund, eines möglichen Verlusts aller Hoffnung und die Unsicherheit, ob das verdunkelte Antlitz sich wieder in Erkennen und Liebe erhellen wird.

Der Wille hingegen reift zu der Verfügungsfähigkeit des Ichs über die Stärke des beherrschten Triebes heran. Diese Willenskraft allerdings muß sich dem Willen anderer in solch einer Weise einfügen, daß der Trieb in allen kraftvoll und aktionsfähig bleibt, selbst in der Beschränkung durch freiwillige Selbstverleugnung und bereitwilligen Gehorsam. Die Institution, die einer derartigen einsichtigen Klugheit »ewige« Form verleiht, ist das Gesetz. Die Klugheit, die die Erziehung des Eigensinns des kleinen Individuums bei seinen infantilen Anfängen regiert, wird so durch den einzelnen weitergegeben und als soziale Forderung in die Institution hineingetragen, die das Traditionelle beschützen und ein Gleichgewicht von Führung und Gefolgschaft, Privileg und Verpflichtung, freiwilligem Handeln und Zwang unterstützen. Ihrer Majestät unterwirft der organisierte Mensch die Verfügung über die Überreste des Eigenwillens in sich selbst und in anderen; halb in der Hoffnung und halb in der Angst, daß er selbst gelegentlich mit kleinen Übertretungen durchschlüpfen werde, während er selber seine Nachbarn mit zwanghafter Rechtschaffenheit beobachtet. Die Majestät des Rechts andererseits beruht auf Deutung, und zweideutige Entscheidungen wie ambivalenter Gehorsam setzen es täglich herab. So leiden auch Institutionen unter der Vergangenheit: unter der phylogenetischen Vergangenheit, die in kritischen Momenten versuchte, aus dem Strom der Zeit ein »ewiges« Prinzip herauszuheben und es in eine Reihe von Gesetzen umzuformen, die so formuliert sind, daß sie alle zukünftigen Möglichkeiten vorwegnehmen; und unter der ontogenetischen Vergangenheit, die allen Bürgern gemeinsam ist, nämlich ihrer »Gesetzes Erziehung« in der Kindheit und all ihren Ungereimtheiten. Ob sie als Kinder gelernt haben, an Gerechtigkeit zu glauben, weil sie gelernt hatten, Klugheit und Rechtschaffenheit zu bewundern, oder den Eigenwillen anderer zu hassen — jetzt ist das Gesetz ein Erfordernis für die Ich-Stärke. Sowohl Gefühl wie soziale Logik nehmen an der Aufrechterhaltung eines Gleichgewichts von Vorrechten, Verpflichtungen und Verboten teil.

Die Abhängigkeit jeder Institution von der Verjüngung durch den emotionalen Einsatz von Generationen bringt eine dauernde, doppelte Gefahr mit sich. Genauso wie der einzelne in verzweifelter Suche nach seiner frühesten hoffnungsverheißenden Beziehung in Wahn und Süchten enden kann, können Religionen, wenn sie ihre Verbindung zur lebendigen Ethik verlieren, auf illusorische und süchtige Versprechungen und leere Phantasien regredieren. Und ebenso wie der einzelne unter dem Einfluß seines infantilen Trainings auf häusliche Gesetze und Ordnungen hin »zwanghaft« werden kann, das heißt übermäßig beherrscht von und beschäftigt mit den Mechanismen der inneren Kontrolle, so kann das organisierte Recht zur Maschinerie werden, die den Buchstaben benützt, um den Geist zu unterdrücken, dessen Recht ursprünglich gesichert werden sollte. Man kann dann von »kranken« Institutionen sprechen, aber nur so lange, als man die Anpassungsmechanismen spezifiziert, die in reinen Wiederholungszwang abgesackt sind, und solange man sich nicht der Vorstellung hingibt, daß die psychologische Aufklärung an sich die Gesellschaft heilen wird.

So scheint es möglich, daß das, was wir als Grund-Tugenden bezeichnet haben, die aus dem Umgang der Generationen miteinander hervorgehen, ihren Gegenpart im Geist jener menschlichen Institutionen haben, die es unternehmen, diesem Umgang Formen zu verleihen und ihn sicherstellen. Ohne nach einer einfachen Entsprechung zwischen einer beliebigen Tugend und einer Institution zu suchen, würde ich eine wechselseitige Aktivierung und Ergänzung zwischen den Tugenden, die sich in jedem individuellen Lebenszyklus entfalten, und den Kräften der menschlichen Institutionen annehmen. Auf welche Weise wir das einmal demonstrieren werden können — auf alle Fälle sind die Tugend im Individuum und der Geist der Institutionen zusammen erstanden, sind ein und dieselbe Stärke. Aus den Stadien und Tugenden fließen so individuelle Dispositionen wie Glaube, Klugheit, moralische Zielstrebigkeit, technisches Können, Hingabe an eine Idee, ethische Verantwortung und wertungsfreier Scharfsinn in das Leben der Institutionen. Ohne sie verdorren die Institutionen; aber ohne daß der Geist der Institutionen die Grundformen der Fürsorge, der Liebe, der Belehrung und der Erziehung durchdringt, können keine Tugenden aus der Generationenfolge hervorgehen. Eine eins zu eins Beziehung zwischen einzelnen Tugenden und einzelnen Institutionen, wie etwa Kirchen, Gerichtshöfen oder wirtschaftlichen Einrichtungen, besteht aber nicht.

Ein Überblick kann leicht den Gedanken an voreilige Schluß-

138

folgerungen in bezug auf weite Gebiete, an Details, die sich einer systematischeren Untersuchung noch verschließen, aufkommen lassen. Aber ein weiter Ausblick kann zumindest klären, wohin der Weg etwa geht. Für mich scheint es außer Frage zu stehen, daß eine Theorie, die aus »psychopathischen Beiträgen auf die normale Psychologie schließen« will, die Beobachtungen der Kindheit durch eine Ansicht über das Erwachsensein ergänzen, eine Theorie der Libido durch eine Konzeption anderer Energiequellen vervollständigen und schließlich einen Begriff des Ichs durch Einsichten in das Wesen sozialer Institutionen bestärken muß.

Wenn wir hier den Versuch unternommen haben, einen Grundplan der menschlichen Stärken zu konstruieren, dann könnte uns der Vorwurf treffen, wir vernachlässigten die Unterschiede zwischen Individuen, lieferten einen Beitrag zum Fetisch der tödlichen Normen und damit zur Unterminierung des Individuums als Held oder Rebell, als Asket oder als bloße einzigartige Person. Aber der Prozeß des Lebens wird immer zu mehr Unterschieden führen, als wir sie mit unseren Einsichten, unseren Kuren und unseren Bestrebungen bequem handhaben können. Und das gleiche gilt für die Reaktion des Menschen auf die Unterschiede der Bedingungen. In den Prozessen des sozio-genetischen Wandels können wir dem stolzen Individualisten und dem, der sich gehorsam einfügt, eine besondere Bedeutung auf lange Sicht hin zuschreiben. Die echte Anpassung wird tatsächlich mit der Hilfe getreuer Rebellen aufrechterhalten, die sich weigern, sich an »Bedingungen« anzupassen, und im Dienst einer *wiederherzustellenden Ganzheit* eine Empörung kultivieren, ohne die die psychosoziale Evolution und all ihre Institutionen dem Untergang geweiht wären. Wenn Camus sagt, daß Glaube Sünde ist, dann sagt er das in einer Form und in einem Zusammenhang, die deutlich darauf hinweisen, daß ihm daran liegt, den Glauben, den er als Kind gezwungenermaßen annehmen mußte, jenseits aller Kompromisse wiederzubeleben und wiederzuerrichten.

Wo stehen wir?

In unserer Zeit kann man sich zum erstenmal eine einheitliche menschliche Spezies vorstellen, mit einer gemeinschaftlichen Technologie, auf einem Globus mit etwas »äußerem Raum«. Das Wesen der Geschichte ist dabei, sich zu verändern. Sie kann nicht weiterhin der Bericht von hoher Vollendung in herrschenden Kulturen, ihres Untergangs und ihrer Ersetzung durch andere sein. Das gemeinsame Überleben fordert, daß der Mensch neue ethische Alternativen ins Auge faßt, die für neu sich entwickelnde wie für überentwickelte Systeme und Identitäten geeignet sind. Ein weltweiter Standard der menschlichen Vollkommenheit wird realistischer zwischen der inneren und der äußeren Welt des Menschen vermitteln, als es die Kompromisse konnten, die aus der Herrschaft moralischer Absolutheiten entstanden; er wird die Verantwortung jedes einzelnen für die Möglichkeiten aller Generationen und aller Generationen für jeden einzelnen anerkennen, und das in einer besser unterrichteten Weise, als es in alten ethischen Systemen möglich war.

Wie wir sahen, kann das individuelle Ich nur stark sein durch eine wechselseitige Garantie der Stärke, die von allen, deren Lebenszyklen miteinander verflochten sind, gegeben und empfangen werden. Die Chance, die der Mensch hat, die Grenzen seines Ichs zu transzendieren, scheint von seiner vorausgehenden Fähigkeit abzuhängen, in seinem einen und einzigen Lebenszyklus voll in der Reihenfolge der Generationen engagiert zu sein. Die Untersuchung jener Wunder des täglichen Lebens, die wir als das Hervortreten der Grundtugenden zu beschreiben versuchten, scheint daher unerläßlich für eine Abschätzung des Prozesses, an dem der Mensch teilnimmt, des Stoffs, mit dem er arbeiten muß, und der Stärke, auf die er zählen kann bei seinem Versuch, seinem künftigen Geschick eine einheitlichere Richtung zu geben.

V Die psychologische Realität und die historische Aktualität

Immer wenn das Zentrum unserer Einsichten sich verschiebt, wird es notwendig, innezuhalten und traditionelle Begriffe neu zu überprüfen. Der fünfte Vortrag will die Neuformulierung eines alten begrifflichen Dilemmas versuchen, wie sie richtigerweise einer Versammlung von Kollegen vorgetragen wird. Es handelt sich hier um die erweiterte Form einer Ansprache, die ich vor der Sonntags-Vollsitzung der Amerikanischen Psychoanalytischen Vereinigung (*American Psychoanalytic Association*) bei den Midwinter Meetings in New York 1961 hielt.

Das Ich und die Aktualität

Zu den Geschichten aus Freuds voranalytischen Jahren, die in unserer Ausbildung mythologische Dimensionen annahmen, gehörte auch der Bericht über einen von Charcots Abendempfängen, wo der Meister, während ein wenig über hysterische Frauen fachgesimpelt wurde, »plötzlich mit großer Lebhaftigkeit in die Worte aus(brach): ›Mais dans des cas pareils c'est toujours la chose génitale, toujours, toujours, toujours‹« ... »Ich weiß«, berichtet Freud, »daß ich für einen Augenblick in ein fast lähmendes Erstaunen verfiel und mir sagte: Ja, wenn er das weiß, warum sagt er das nie? Aber der Eindruck war bald vergessen, die Gehirnanatomie — (hatte) alles Interesse absorbiert.«[1]

Seit damals ist die psychoanalytische Aufklärung zu voller Blüte gelangt und die Sexualität gehört nicht mehr zu den Dingen, die bei Abendempfängen nicht erwähnt werden dürfen. Aber die Erben radikaler Neuerungen tragen eine doppelte Last: gemeinsam müssen sie vollziehen, was der Gründer in einsamen Jahren erkämpfte, und sich doch zugleich bemühen, keinen Gewohnheitsbildungen zu verfallen, die aus dem Erfolg resultieren. Vielleicht sollten sie sich von Zeit zu Zeit fragen, was sie nun wirklich wissen und was sie bei Gelegenheit »mit großer Lebhaftigkeit« sagen, ohne es mit dem Impetus der Entdeckung weiter zu verfolgen.

Ich meine, daß unser Wissen von der menschlichen Stärke solch ein Punkt ist. Wir alle haben gehört, wie Psychoanalytiker (wir selbst sind nicht ausgeschlossen) in privaten Ge-

---

[1] S. Freud, Zur Geschichte der psychoanalytischen Bewegung (1914), Ges. Werke X, 43–115, Imago Publishing Co. LTD, London 1949.

sprächen oder in unkontrollierten Momenten klinischer Diskussionen mit Erstaunen die Beweise für die wiederhergestellte Gesundheit irgendeines Patienten schilderten. Derartige Beweise scheinen sich nur schwer klassifizieren zu lassen, da sie sich aus unerwarteten Begegnungen »in der Außenwelt« und aus Gelegenheiten, die jenseits unserer theoretischen Voraussicht liegen, ergeben zu haben scheinen.

Während einer Diskussion in kleinem Kreise machte Anna Freud kürzlich die Bemerkung, daß Kinder, die sich geliebt fühlen, schöner werden. Die Diskutierenden fragten sich halb scherzhaft, ob die Libido also von einer Person auf eine andere »überspringt«. Auf alle Fälle verrät uns unsere Theorie der inneren seelischen Ökonomie nicht, welche Energie die gesamte Erscheinung eines Menschen verändern und tatsächlich seinen Lebensstrom erhöhen kann. W. H. Auden umschreibt ein ähnliches Dilemma in einer Buchbesprechung[2], in der er darauf hinweist, wie schwer es für den Analytiker sei, *Taten* im Gegensatz zu *Verhaltensweisen* in Begriffe zu fassen, das heißt (um ihn zu paraphrasieren) zwischen Handlungen zu unterscheiden, welche eine denkwürdige Veränderung im gemeinsamen Leben vieler hinterlassen, und dem stereotyp gewordenen privaten Verhalten, wie es in der klinischen Isolierung beobachtet werden kann. Bedeutet das eine wesentliche Beschränkung der Psychoanalyse? Können wir den Menschen begrifflich nur dann erfassen, wenn er in einem akuten inneren Konflikt in Fragmente auseinanderfällt, das heißt, wenn er sich von jenen Momenten zurückzieht, oder sich auf sie vorbereitet, wo »seine Tugend aus ihm tritt«?

Ich weiß offen gesagt nicht, ob ich eine derartige Beschränkung bestätigen oder über sie hinausweisen werde, wenn ich jetzt von verschiedenen Blickpunkten her meinen Eindruck diskutieren möchte, daß unsere häufig nur mit halbem Herzen vollzogene und zwiespältige Verbegrifflichung der Realität dazu geführt hat, daß es uns nicht gelungen ist, wichtigen Eigenschaften des adaptiven und produktiven Handelns und ihren Beziehungen zu den Hauptphänomenen der Ich-Stärke Rechnung zu tragen.

Was meinen wir, wenn wir vom Erkennen der Wirklichkeit und von der Anpassung an sie sprechen? Hartmann hat das Realitätsprinzip formuliert als »die Tendenz, in adaptiver Weise all das in Betracht zu ziehen ... was wir für die *wirklichen Eigenschaften* eines Objekts oder einer Situation halten«[3]; und die psychoanalytische Verwendung des Aus-

2 W. H. Auden, Greatness Finding Itself, in: Midcentury, No. 13, Juni 1960.
3 H. Hartmann, On Rational and Irrational Actions, in: Psychoanalysis and the Social Sciences I, International Universities Press, New York 1947.

drucks Realität ist vor ganz kurzer Zeit wieder von Loewald[4] als »die Welt der Dinge, die *wirklich in der Außenwelt existieren*«, bestätigt worden. Freuds Kriterien der Realität sind (wie Hartmann nicht unkritisch feststellte) »die Kriterien der Wissenschaft, oder richtiger diejenigen, die ihren klarsten Ausdruck in der Wissenschaft finden ... die als ›objektiv‹ akzeptiert, was *durch bestimmte Methoden verifiziert werden kann*«. Die Hervorhebungen stammen von mir, aber die Feststellungen besagen deutlich, daß die psychoanalytische Methode schon ihrem Entwurf nach es unternimmt, die Anpassung des Menschen zu fördern, indem sie ihm hilft, Tatsachen und Motive so wahrzunehmen »wie sie sind«, das heißt, wie sie dem rationalen Auge erscheinen. Aber Hartmann hat auch die beschränkte Anwendbarkeit solcher Rationalismen auf die menschliche Anpassung klargestellt: »Es besteht keine einfache Entsprechung zwischen dem Maß an objektiver Einsicht und dem Maß der Angepaßtheit der entsprechenden Handlung«[5]. Tatsächlich könnte ein radikaler Rationalismus zu einer so angestrengten Voreingenommenheit führen, daß sie den Menschen dem Dilemma jenes Tausendfuß aussetzte, der sich völlig gelähmt sah, als man ihn aufforderte, darauf zu achten, welchen Fuß er als nächsten fortbewegen würde. Wenn Hartmanns Gedankengänge sich von der Betrachtung des Denkens, der Aufmerksamkeit und der Urteilsfähigkeit zur Handlung hin entwickeln, so folgt er damit getreulich dem Verlauf der psychoanalytischen Beschäftigung mit der Realität, wenn er sie auch entschieden ausweitet. Dieses Denken aber schließt Ausdrücke in sich wie etwa »*in bezug* auf die Realität handelnd«[6], »Handeln *gegenüber* der Realität«[7], »*in der Außenwelt* handeln«[8] (Hervorhebungen von mir eingefügt). Vielleicht bestätigt unsere gewohnheitsmäßige Bezugnahme auf die Umwelt des Menschen als auf eine »Außenwelt« mehr als irgendein anderer einzelner Punkt die Tatsache, daß die Welt der intuitiven und aktiven Teilnahme, die den größten Teil unseres wachen Lebens ausmacht, für unsere Theorie noch unbekanntes Territorium ist. Dieser Ausdruck macht mehr als irgendein anderer die Cartesianische Zwangsjacke deutlich, die wir unserem Modell vom Menschen aufgezwungen haben, der in mancher unserer Darstellungen noch am ehesten eine Einheit zu sein scheint, wenn er in horizontaler Lage nachdenkt — wie ein

4 H. Loewald, Ego and Reality, International Journal of Psycho-analysis 32, 10 bis 18, 1951.
5 H. Hartmann, Notes on the Reality Principle, in: The Psychoanalytic Study of the Child XI, International Universities Press, New York 1956.
6 H. Hartmann, a. a. O., Anmerkung 3.
7 Ebd.
8 H. Hartmann, a. a. O., Anmerkung 5.

Baby, das auf dem Rücken liegt oder ein ruhender Kranker oder wie Descartes selbst, der sich ins Bett zurückzog, um über die weite Welt nachzudenken.

Ich glaube, daß wir die Zwangsjacke nur los werden können, indem wir von unserem Begriff der *Realität* eine ihrer obskureren Folgeerscheinungen abtrennen, nämlich die *Aktualität*, die Welt, die sich in unmittelbarer Berührung und Wechselbezug bestätigt. Der Begriff der Wirklichkeit, der bei Freuds Verwendung des Wortes *Realität* oft stillschweigend mitgemeint war, vereinigt Wirkung, das heißt Aktivität und Wirksamkeit, mit Realität. Es gibt tatsächlich in Freuds Schriften zur Metapsychologie eine geheimnisvolle Fußnote, die verspricht, »Über die Unterscheidung einer Aktualitäts- von einer Realitätsprüfung« an späterer Stelle mehr zu sagen[9]. Der Herausgeber der »Standard Edition« fügt hinzu, daß sich sonst nirgends eine Spur in dieser Richtung findet und daß es sich bei dieser Fußnote um einen Hinweis mehr auf eine verlorengegangene Arbeit handeln könnte.

Ich will keine Mutmaßungen darüber anstellen, an welche Art von Unterscheidung Freud vor langer Zeit gedacht haben könnte. Ich kann das Problem nur so darstellen, wie ich es heute sehe. Was uns an dem Ausdruck »Aktualität« auffällt, ist, daß er verschiedene Bedeutungen annimmt, je nachdem wir große oder kleine Lexika verwenden. Je kürzer die Anmerkung, desto mehr bedeutet »aktuell« das gleiche wie »real«. »Aktualität« kann also einfach ein anderes Wort für die Realität der Erscheinung sein und doch zeugt sein sprachlicher Ursprung für eine Realität, die einem Zustand des Aktuell-Seins, des Gegenwärtig-, Gleichzeitig-, Unmittelbar-Seins entspringt.

Ich habe die Absicht, diese sprachlichen Unterschiede hier sehr in den Vordergrund zu rücken und behaupte, daß wir diese *Realität der Erscheinung*, die durch psychoanalytische Mittel von Verzerrungen und Wahnbildungen befreit werden muß, und die Bedeutung der Realität als *Wirksamkeit*, die eine von defensivem oder offensivem »Agieren« zu befreiende Teilnahme ist, in richtige Beziehungen zueinander setzen müssen — sie sind manchmal nahezu identisch, manchmal direkt antagonistisch. Die *Realität*, um das nochmals zu wiederholen, ist die Welt der Erfahrung der Erscheinung, wahrgenommen mit einem Minimum an Entstellung und einem Maximum an der Art der Beweisführung, auf die man sich in einem gegebenen Zustand der Technik und Kultur geeinigt hat; Aktualität hingegen ist die Welt der Partizipation, geteilt

9 S. Freud, Metapsychologische Ergänzung zur Traumlehre (1917), Ges. Werke X, 412–427, Imago Publishing Co. LTD, London 1949.

mit anderen Teilnehmenden, mit einem Minimum an defensivem Manövrieren und einem Maximum an wechselseitiger Aktivierung.

Auf der *wechselseitigen Aktivierung* liegt die Hauptbetonung; denn die menschliche Ich-Stärke, indem sie alle Mittel der Realitätsprüfung anwendet, ist von Stadium zu Stadium abhängig von einem Netzwerk wechselseitiger Einflüsse, innerhalb derer die Person andere in Bewegung setzt, während sie selbst in Bewegung gesetzt wird und innerhalb derer sie mit aktiven Eigenschaften inspiriert wird, während sie andere so inspiriert. Das ist *Ich-Aktualität*; weithin vorbewußt und unbewußt, muß sie beim Individuum durch psychoanalytische Mittel untersucht werden. Aber Aktualitäten werden mit anderen geteilt, ebenso wie Realitäten. Mitglieder der gleichen Altersgruppe haben analoge Kombinationen von Fähigkeiten und Möglichkeiten gemeinsam und Mitglieder unterschiedlicher Altersgruppen sind in bezug auf die wechselseitige Aktivierung ihrer komplementären Ich-Stärken voneinander abhängig. Hier also begegnen sich Untersuchungen der »äußeren« Bedingungen und der »inneren« Stadien in einem Brennpunkt. Man kann sagen, daß Aktualitäten codeterminiert sind durch das *Entwicklungsstadium* eines Individuums, durch seine *persönlichen Umstände* und durch *historische und politische Prozesse* — und von all dem will ich tatsächlich sprechen.

Der Begriff der Aktivierung steht in enger Beziehung zu einem der letzten beherrschenden Interessen David Rapaports vor seinem Tode. Er hinterließ eine Arbeit, in der er die verschiedenen Bedeutungen der Begriffe »Aktivität« und »Passivität« von dem Gewirr widersprechender Formulierungen befreite, um die aktiven und passiven Zustände des Ichs zu formulieren. Der aktive Zustand des Ichs führt zu integrierter Aktion, während der passive Zustand durch »Hilflosigkeit angesichts von Triebwünschen« und durch die »Lähmung der Kontrolle«[10] charakterisiert ist. Ich frage mich, ob es nicht besser wäre, den Ausdruck Passivität für andere Erscheinungen zu verwenden und von der *Inaktivierung* des Ichs zu sprechen, als dem Zustand, der für alle Ich-Gefährdungen wesentlich ist. Denn Passivität kann eine aktive Anpassung darstellen, während aus der Inaktivierung eine Lähmung resultiert. Auf alle Fälle ist es gerade das Wesen des Ichs, einen aktiven Zustand aufrechtzuerhalten, nicht nur indem es Kompromisse mit der Realität schließt, sondern indem es sich selektiv auf Aktualitäten einläßt.

10 D. Rapaport, Some Metapsychological Considerations concerning Activity, Unveröffentlichtes Manuskript, 1953.

Hier erwartet offenbar ein Problem, das zuerst bei der Psychoanalyse von Kindern auftauchte, seine systematische Klärung. Ich spreche davon, daß Variationen in der therapeutischen Technik nicht nur vom Standpunkt der »Analysierbarkeit« des Patienten abgeschätzt werden müßten, sondern auch von dem seiner Anpassungsfähigkeit, das heißt seiner Chancen, in seiner Aktualität aktive Ich-Spannung wieder herzustellen. Denn es ist ja klar, daß jedes Entwicklungsstadium seine eigene Unmittelbarkeit und sein eigenes akutes Beteiligtsein besitzt; denn ein Stadium bedeutet eine neue Konfiguration von Vergangenheit und Zukunft, eine neue Kombination von Trieb und Abwehr, eine neue Gruppe von Fähigkeiten, die zu einer neuen Gruppierung von Aufgaben und Möglichkeiten passen; es bedeutet einen neuen und erweiterten Radius bedeutsamer Begegnungen. Der Patient jeden Alters, dem es wirklich besser geht, muß seine Kraft des Erkennens Gefährten zuwenden, von denen er seinerseits erkannt wird, und seine Bedürfnisse nach Aktivierung auf die richten, die ihrerseits von ihm aktiviert werden. Wie Shakespeare in Troilus und Cressida sagt

Der Mensch . . . empfindet nicht, was er besitzt
Und fühlt sein Eigen nur durch Widerschein;
So daß auf andre strahlend seine Kraft
Sie wärmt und deren Wärme wiederum
Zum ersten Spender kehrt.

Aber ehe wir versuchen, die *entwicklungsmäßige Aktualität* zu definieren, lassen Sie mich ihre klinische Bedeutsamkeit durch die Diskussion einer Frage illustrieren, die wir uns alle irgendwann einmal vorgelegt haben: was *war* es, was Dora von Freud wollte[11]?
Wenn wir Freuds Krankengeschichten und Träume zur Erhellung dessen verwenden, was wir zu sagen versuchen, dann tun wir das aus einem sehr praktischen Grund: wir alle kennen das Material auswendig. Darüber hinaus finden wir in Freuds Schriften immer wieder beiläufige Angaben, die der Aufmerksamkeit kommender Generationen wert sind. Wir müssen natürlich annehmen, daß Freud die klinischen Daten, die er veröffentlichte, auswählte und verkleidete, so daß Neuinterpretationen immer fragwürdig sind.
Das wiederholte Studium der Freudschen Falldarstellungen aber verstärkt den Eindruck, daß wir es mit Schöpfungen von hochgradiger psychologischer Relevanz und Einheitlichkeit zu tun haben, selbst in Dingen, die ihn nur am Rande inter-

11 S. Freud, Bruchstück einer Hysterie-Analyse (1905), Ges. Werke V, 161–286, Imago Publishing Co. LTD, London 1949.

essierten. Und Freud stellte immer ausdrücklich fest, wo er stand und wie weit er gekommen war. So schloß er seinen Bericht über die Behandlung von Dora mit einem Eingeständnis, das ebenso offen wie selten in fachlichen Veröffentlichungen ist: »Welche Art Hilfe sie von mir verlangen wollte, weiß ich nicht.«

Dora war, wie Sie sich erinnern, ein Jahr nachdem sie die Behandlung abgebrochen hatte, die nur drei Monate dauerte, zu ihm zurückgekehrt. Sie war jetzt zwanzig Jahre alt und gekommen, »um ihre Geschichte zu beenden und um neuerdings Hilfe zu erbitten«. Aber was sie ihm dann erzählte, gefiel Freud nicht. Sie hatte in der Zwischenzeit ihre Familie mit gewissen zweifelhaften Vorkommnissen, die von allen abgeleugnet wurden, konfrontiert (ich werde auf ihr Wesen zurückkommen) und sie gezwungen, ihre Vorspiegelungen und Geheimnisse zuzugeben. Freud empfand diese erzwungene Konfrontierung als einen Racheakt, der unvereinbar mit der Art der Einsicht war, die er versucht hatte, der Patientin zu vermitteln. Wenn sie jetzt wußte, daß es jene Ereignisse waren, die sie krank gemacht hatten, dann lag es in ihrer Verantwortung, aus ihrer Einsicht Gesundheit, aber nicht Rache zu beziehen. Das Gespräch mit der Patientin überzeugt ihn, »daß es ihr mit dieser Bitte (um Hilfe) nicht ernst war« und er versichert, daß er bereit war, »ihr zu verzeihen, daß sie mich um die Befriedigung gebracht, sie weit gründlicher von ihrem Leiden zu befreien«. Da Dora aber intelligent war, ließ das Urteil, »daß es ihr ... nicht ernst war«, Unaufrichtigkeit ihrerseits vermuten. Und tatsächlich gibt Dr. Felix Deutsch, der später von Dora (in ihren mittleren Jahren und fern von der Szene ihrer ersten Behandlung) konsultiert wurde, ein ungünstiges Bild ihres fertig entwickelten Charakters — ein so ungünstiges, wie man es nur je in klinischen Aufzeichnungen findet[12]. Was uns interessieren muß ist, daß Dora in Freuds ursprünglicher Beschreibung als »blühendes Mädchen von intelligenten und gefälligen Gesichtszügen« erschien. Wenn diese »Charakterveränderung« tatsächlich zu einem der dauernden Züge ihrer Krankheit wurde, dann scheint es möglich, daß Dora durch den Abbruch ihrer Behandlung in dieser Veränderung bestärkt wurde.

Die Schilderung der fragmentarischen Arbeit Freuds mit Dora ist zur klassischen Analyse der Struktur und Genese einer Hysterie geworden. Aus seiner Darstellung wird deutlich, daß Freuds ursprüngliche Art zu arbeiten und zu berich-

---

12 F. Deutsch, A Footnote to Freuds »Fragment of an Analysis of a Case of Hysteria«, Psychoanalytic Quarterly 26, 159—167, 1957.

ten, durch seine erste berufliche Identität als physiologischer Forscher bestimmt war: er faßte seine klinische Methode als eine Analogie zur sauberen und exakten Laboratoriumsarbeit auf. Sie konzentrierte sich auf die »intime Struktur einer neurotischen Störung« — eine Struktur, die in Wirklichkeit eine Rekonstruktion ihrer Ursprünge und eine Suche nach den Energien, den »Erregungsquantitäten« war, die in Symptome »verwandelt« worden waren, entsprechend den herrschenden physikalischen Begriffsbildungen seiner Zeit. Was die unerträglichen Erregungen anbelangt, die in Doras Symptome »verwandelt« worden waren, so wird es genügen, die beiden traumatischen sexuellen Annäherungsversuche zu erwähnen, die ein Herr K., ein verheirateter Mann, dem Mädchen gegenüber unternommen hatte. Er hatte sie einmal, als sie vierzehn war, unter Umständen geküßt, die verrieten, daß er die Bühne für eine ernsthaftere Verführung vorbereitet hatte; und er hatte ihr, als sie sechzehn war, bei einem Spaziergang an einem Alpensee ganz unzweideutige Vorschläge gemacht. Sie hatte den Mann bei beiden Gelegenheiten abgewiesen, aber ihre Erregung und ihr Abscheu waren so heftig gewesen, daß sie zu hysterischen Symptomen führten, die durch Freud bis zu den Empfindungen, Sensationen, Affekten und Gedanken zurückverfolgt wurden, die sie bei jenen Ereignissen durchlebte. Das war seine Methode; aber wie ärztlich lebendig und konkret ist seine Frage, was mehr oder was sonst Dora von ihm zu erwarten berechtigt war. Er konnte nicht einsehen, berichtet Freud, was es ihr geholfen hätte »wenn ich mich selbst in eine Rolle gefunden . . . und ihr ein warmes Interesse bezeigt hätte«. Er empfand also die zwischenmenschliche Distanz in seiner Methode; aber keine Forderungen eines Patienten konnte ihn seine Integrität als Forscher und seine Verpflichtung gegenüber der Wahrheit verleugnen lassen: sie waren *seine* Kriterien des Respekts, der dem Patienten gebührte.

Wenn Freud in der Unfähigkeit der Patientin, seiner Art von Wahrheit nachzukommen, in erster Linie die Wirkung unterdrückter triebhafter Strebungen sah, so merkte er doch sicher, daß auch Dora auf der Suche nach einer Art Wahrheit war. Er registrierte die Tatsache und sprach sie der Patientin gegenüber aus, »daß nichts Sie so sehr in Wut bringen kann, als wenn man glaubt, Sie hätte sich die Szene am See eingebildet«; und daß »sie — sich ängstlich zu vergewissern (suchte), ob ich auch ganz aufrichtig gegen sie sei«. Und tatsächlich hatte das Mädchen guten Grund zu dem Verdacht, daß die ganze ältere Generation gegen sie konspirierte. Hatte nicht ihr Vater Freud aufgefordert, sie zur Vernunft zu bringen? Freud sollte seiner Tochter die Angelegenheit der versuchten Verführung durch Herrn K. »ausreden«. Der Vater hatte alle Ursache zu diesem Wunsch — und hier kommen wir zu dem Verdacht eines erotischen Tauschhandels, den sie später gegen ihre Familie erhob — denn Herrn K.'s Frau war seine eigene Geliebte, und er schien bereit zu sein, Herrn K.'s Annäherungen an seine Tochter zu übersehen, wenn er in seinen eigenen Angelegenheiten ungestört blieb.

Dora, ohne Zweifel, war verliebt in Herrn K., den Freud als ganz präsentablen Mann empfand. Aber man möchte wissen, wie viele von uns heute ohne Widerspruch der Behauptung folgen könnten, ein gesundes junges Mädchen brauche unter solchen Umständen Herrn K.'s Annäherungen »weder als taktlos noch beleidigend« zu empfinden. Die Art und die Schwere von Doras pathologischer Reaktion stempeln sie natürlich zur klassischen Hysterischen ihrer Tage; aber ihre Motivation für ihr Krankwerden und ihre fehlende Motivation um gesund zu werden, scheinen heute Überlegungen hinsichtlich der jugendlichen Entwicklung herauszufordern, die über die sexuellen Konflikte hinausgehen (obwohl sie sie einschließen), die damals im Brennpunkt von Freuds Untersuchungen standen.

Freuds Bericht zeigt also, wie gesagt, daß sich Dora nicht nur mit der Erkenntnis, sondern auch mit dem offiziellen Zugeständnis der historischen Wahrheit befaßte, während ihr Arzt auf der psychischen Realität *hinter* der historischen Wahrheit bestand: denn seiner Ansicht nach konnte nur ihr eigener Konflikt zwischen Liebe und Abgestoßensein das Wesen ihrer Symptome erklären. Gleichzeitig wollte sie, daß ihr Arzt »aufrichtig« in der therapeutischen Beziehung sein sollte, das heißt, daß er unter *ihren* Bedingungen zu ihr halten sollte, statt unter denen ihres Vaters oder ihres Verführers. Daß der Arzt gemäß den Regeln seines forscherischen Ethos zu ihr hielt, begriff sie wahrscheinlich bis zu einem bestimmten Punkt: schließlich kam sie zu ihm zurück. Aber warum mußte sie ihn dann mit der Tatsache überraschen, daß sie ihre Eltern mit der historischen Wahrheit konfrontiert hatte?

Dies Bestehen auf der Aktion könnte einigen von uns sogar heute den Eindruck des »Agierens« vermitteln. Mit Freud zusammen könnten wir vielleicht vorhersagen, daß die Patientin nur durch ein besseres Verständnis ihres Unbewußten dauernd von ihren Symptomen befreit worden wäre, durch ein Verständnis, das ihr schließlich gestatten würde, sich an die Realität sowohl der Ereignisse wie ihrer Reaktion auf sie anzupassen, da beide nun nicht mehr zu ändern waren.

Es ist manchmal zu leicht, aus der psychischen Realität in den historischen Beweis der eigenen Opferung zu fliehen. Genau gesagt aber, können wir eine völlige Verwertung derartiger Einsichten nur von einem »reifen Ich« erwarten, und Doras Neurose wurzelte in der Entwicklungskrise der Adoleszenz. Nun erhebt sich die Frage, ob wir heute die aktive Betonung der historischen Wahrheit durch die Patientin als reinen Widerstand gegen die innere Wahrheit ansehen würden oder ob wir darin auch eine, für ihr Lebensstadium typische, Anpassungsweise entdecken, die durch die besonderen Umstände ihres Lebens herausgefordert worden war und daher Berücksichtigung in der Behandlung verdiente. Wir dürfen nämlich vermuten, daß in jedem Lebensstadium, das, was uns als »Agieren« erscheint, ein adaptives, wenn auch unreifes Ausstrecken der Hand nach der wechselseitigen Bestätigung ist, von der das Ich lebt; und daß im Stadium zwischen Adoleszenz und jungem Erwachsensein die Verfolgung der »Wahrheit« von akuter Bedeutung für die adaptive Kraft des Ichs sein kann.

Es gibt natürlich viele Wege, auf denen ein junger Mensch eine plötzliche vordringliche Beschäftigung mit der Wahrheit zum Ausdruck bringen kann — zuerst störrisch und quälend, wechselhaft und anspruchsvoll, also völlig abwehrend im Sinne Anna Freuds, aber allmählich doch in bezug auf wirklich bedeutsame Probleme und produktive Verpflichtungen. Er kann zu einem persönlichen Einsatz für die Wahrheit im Sinne der Genauigkeit, Wahrhaftigkeit und Echtheit, der Gerechtigkeit und Zuverlässigkeit von Menschen, Methoden und Ideen gelangen. Ich habe an anderer Stelle die *Treue* als die wesentliche Qualität all dieser Zuwendungen postuliert. Da in der Adoleszenz machtvolle neue Triebe ihren erlaubten Ausdruck finden oder vorläufig in der Schwebe gehalten werden müssen, wird es zur vordringlichen Notwendigkeit für das Ich, daß in dieser Periode die Fähigkeit, Treue zu geloben und zu empfangen, entsteht und reift — ebenso wie die Gesellschaften ihrerseits, um *ihrer* Verjüngung willen, mit Hilfe aller Arten von »Konfirmationen« von ihrer Jugend das Gelöbnis spezieller Gefolgschaftstreue in der Form ideologischer Verpflichtung fordern und erhalten müssen.

Piaget und Inhelder[13], die die Denkprozesse Jugendlicher untersuchten, indem sie ihnen bestimmte experimentelle Aufgaben stellten, haben dabei das Heranreifen einer Denkweise beobachtet, die sowohl »hypothetisch« wie »deduktiv« ist. Das heißt, daß der Jugendliche, ehe er beginnt, das gegebene

13 J. Piaget und B. Inhelder, De la Logique de l'enfant à la Logique de l'adolescent, Press Universitaire de France, Paris 1955.

Material zu handhaben (wie das der Vor-Adoleszente ohne Zögern täte) sich zurückhält und erst versucht, sich eine Hypothese bezüglich der zu erwartenden möglichen Resultate zu bilden. Ebenso verweilt er noch nach dem Experiment und versucht, die Wahrheit hinter den nun bekannten Ergebnissen zu ergründen. Ich glaube, daß diese Fähigkeit eine Grundlage für die *historische Perspektive* in der späten Adoleszenz bildet, die nicht nur Raum für die freie Spekulation in bezug auf alles, was in der Vergangenheit hätte geschehen sein können, schafft, sondern auch für eine sich vertiefende Beschäftigung mit der Beschränkung weitgespannter *Möglichkeiten* auf einige wenige überzeugende Alternativen (die oft nur durch eine »totalistische« Suche nach einer einzigen Ursache gelöst wird). Die Jugend macht sich zur gleichen Zeit Sorge über die Gefahr der hoffnungslosen Determiniertheit, sei es durch unwiderrufliche Kindheitsidentifikationen, durch unauslöschliche geheime Sünden oder starre gesellschaftliche Bedingungen, und daher auch über die Frage der Freiheit in vielen drängenden Formen. Wo das Gefühl fataler schicksalhafter Vorbestimmung vorherrscht, wird die Suche nach deren Ursache zur ideologischen Angelegenheit und widersetzt sich der ausschließlich intellektuellen Erklärung. Daher kann das, was wir nur als erklärende Deutung ansehen, für die Jugend leicht zum endgültigen Urteilsspruch werden. Deshalb können Patienten wie Dora darauf bestehen, daß die innere Bedeutung ihrer Krankheit innerhalb einer totalen Einschätzung der historischen Wahrheit erkannt wird, die sorgfältig das Nicht-wieder-rückgängig-zu-Machende von den noch offenen Möglichkeiten zukünftiger Wahl abtrennt.

Die volle Verwendung der speziellen kognitiven Erwerbungen in jedem Lebensstadium ist daher nicht nur eine Angelegenheit der Übung der Intelligenz, denn diese Erwerbungen sind jeweils Teil einer neuen Form der Ich-Bestätigung, die das ganze Sein eines Menschen durchdringt. Wir wissen als Psychopathologen, daß gewisse Formen psychopathischen Ausweichens vor der Wahrheit und ihre wirklich psychotische Verleugnung auf die vollständige Entwicklung der historischen Perspektive in der Adoleszenz warten müssen. Nur wer das Wesen der unwiderruflichen historischen Wahrheit versteht, kann versuchen, sie zu umgehen oder sich von ihr zurückzuziehen.

Wenn Treue also ein zentrales Problem der Jugend ist, dann erscheint Doras Fall als klassisches Beispiel schicksalhaft pervertierter Treue. Ein Blick zurück auf ihre Geschichte erinnert uns daran, daß ihre Familie sie mehrfach sexuellen *Treuebrüchen* und *Verrätereien* ausgesetzt hatte, während alle Beteiligten — Vater und Mutter, Herr und Frau K. — sie für all das zu entschädigen suchten, indem sie Dora zu ihrer Vertrauten machten und alle sie mit Wahrheiten und Halbwahrheiten belasteten (obwohl sicherlich nicht ohne ihre krankhafte Provokation), die für eine Jugendliche einfach nicht zu bewältigen waren. Es ist interessant zu erfahren, daß die nun in mittleren Jahren stehende Dora, nach Felix Deutsch' Bericht, immer noch wie besessen war von Treuebrüchen — denen ihres Vaters, ihres Mannes und ihres Sohnes. Und noch immer hetzte sie jeden gegen jeden auf.

Es soll aber nicht so aussehen, als stimmte ich jenen alten Sozialkritikern Freuds zu, für die Dora nur ein Fall war, der die typische wienerische oder bürgerliche Treulosigkeit illustrierte. Ich füge daher hinzu, daß andere und gleicherweise bösartige Formen der Treue-Perversion auch Krankengeschichten älterer Jugendlicher aus anderen Gesellschaftsschichten und Kulturperioden charakterisieren. Die spezifischen gesellschaftlichen und kulturellen Bedingungen ihres Ortes und ihrer Zeit bestimmten aber die verwirrenden *Rollen-Forderungen* ihres Milieus. Ein vitales Identitätsfragment in ihrer Jugend war das der *weiblichen Intellektuellen* gewesen, das ihr Vater in seiner Freude an ihrer frühreifen Intelligenz unterstützt hatte, das aber durch das überlegene Beispiel ihres Bruders, wie die Zeit es damals begünstigte, entmutigt wurde. Als Freud sie das letzte Mal sah, war sie mit der Art von Erwachsenenbildung beschäftigt, wie sie damals für junge Frauen ihrer Schicht zur Verfügung stand. Die negative Identität der *deklassierten* Frau (die in ihrer Zeit solch eine Rolle spielte) versuchte sie offensichtlich mit Hilfe ihrer Krankheit abzuwehren. Herr K. hatte an jenem See versucht, sie mit derselben Begründung zu verführen, nämlich daß seine Frau ihn nicht befriedige, die vorher bei einer Hausangestellten (die sich auch Dora anvertraut hatte) erfolgreich gewesen war. Dora kann durchaus in Frau K., die Freud in erster Linie als Objekt der ambivalenten homosexuellen Liebe des Mädchens erkannte, jenen Mentor gesucht haben, der den Jugendlichen hilft, die unbrauchbaren Identifizierungen mit dem gleichgeschlechtlichen Elternteil zu überwinden. Dora las mit Frau K. Bücher und kümmerte sich um die Kinder. Aber leider gab es keine Rettung vor der alles durchdringenden *Hausfrauenpsychose* ihrer Mutter. Ich würde tatsächlich zu dem Schluß kommen, daß es dies Identitätsfragment war, das Dora mit ihrer eigenen Patienten-Identität vermengte. Denn wir wissen heute, daß in Fällen, wo dem »Patientsein« gestattet wird, zum bedeutsamsten Umstand im Leben eines jungen Patienten zu werden, seine Identitätsbildung sich daran als an einem zentralen und bleibenden Thema anklammern kann. Und tatsächlich berichtet Felix Deutsch, daß die ältliche Dora »flirthaft schwatzend ... ihre Krankheit vergaß ... großen Stolz zur Schau trug, als berühmter Fall dargestellt worden zu sein.« Ein berühmter, wenn auch ungeheilter Patient zu sein, war für diese Frau zu der einen dauernden positiven Identität geworden; darin hielt sie Freud die Treue.

Das bringt uns schließlich zur therapeutischen Beziehung selbst. In jener Zeit wurde Freud der einzigartigen Macht der Übertragung gewahr, und er verfolgte das in seinen Beweisführungen. Heute würden wir weiter gehen. Wir wissen, daß diese elementarste Bindung immer durch die Beziehung des Patienten zum Analytiker als einer »neuen Person« ergänzt wird. Das wurde von Loewald in einer Arbeit sehr direkt formuliert, die viel von meinen Ausführungen über die Rolle der Realitätsprüfung innerhalb der Aktualität der therapeutischen Beziehung vorwegnimmt[14]. Besonders junge Patienten begaben und belehnten den Therapeuten mit der Rolle des Mentors, obgleich er sich vielleicht angestrengt dagegen verwahrt, in der klinischen Arbeit das zum Ausdruck zu bringen, was er glaubt und vertritt. Die Forderungen seines Patienten verpflichten ihn natürlich nicht dazu, »eine Rolle zu übernehmen«, wie Freud das auch so entschlossen abgelehnt hatte. Die Haltung eines echten Mentors ist alles andere als eine demonstrative Form gefühlvoller Sympathie; sie wird immer Teil einer Disziplin der Zielsetzung und der Methode sein. Kein guter Therapeut oder Lehrer hat es nötig, dem Patienten seine »menschliche« Achtung, seine persönliche Freundschaft oder seine elternhafte Liebe zu erklären. Aber der Psychotherapeut muß über die Übertragung hinaus seine Rolle in dem erkennen können, was wir hier als *Aktualität eines jungen Menschen* zu umschreiben versuchen.

Wir haben die Frage, was Dora von Freud wollte, dazu verwendet, um wesentlichen Zügen der Aktualität eines jungen Patienten näherzukommen. Die historische Wahrheit festzustellen und an ihr teilzunehmen, mag ein Bedürfnis gewesen sein, das die kindische Rachsucht übersteigt; die Treuebrüche der älteren Generation beim Namen zu nennen, kann ein notwendiges Bedürfnis gewesen sein, solange die Patientin noch nicht in der Lage war, sich zu ihrer eigenen Art von Treue zu verpflichten; einige der Koordinaten ihrer eigenen Identität als junge Frau ihrer Klasse und ihrer Zeit aufzustellen,

14 H. Loewald, On the Therapeutic Action of Psycho-Analysis, International Journal of Psychoanalysis 41, 16–33, 1960.

kann ein notwendiges Vorspiel für die Verwendung von mehr Einsicht in die psychische Realität gewesen sein; während die Überzeugung von der wechselseitigen Vertrauenswürdigkeit eine Vorbedingung für das Erdulden der Übertragung gewesen sein kann, ob sie nun in ihrem beharrlichen Arzt einen weiteren Verführer oder eine weitere kritische Autorität sah.

Über all dies hinaus aber begegnen wir hier einem Problem von allgemeiner therapeutischer Dringlichkeit. Von jedem Patienten jeder Altersklasse ist immer ein gewisses Gemisch von *Agieren* und *altersspezifischem Handeln* zu erwarten, und alle Patienten erreichen in der Behandlung einen Punkt, wo das sich erholende Ich das Bedürfnis haben kann, seine ungeübten oder lange gehemmten Schwingen des Handelns zu erproben. Bei der Analyse von Kindern tragen wir dem in einem gewissen Maß Rechnung, aber bei manchen außerordentlich verlängerten Behandlungen von Patienten aller Altersstufen übersehen wir diesen kritischen Augenblick gelegentlich, während wir in unserem Vorhaben, den Patienten von allem »Widerstand gegen die Realität« zu reinigen, unerbittlich bleiben. Wäre es nicht möglich, daß solch eine gewohnheitsmäßige Beharrlichkeit uns viel von der Aktualität des Ichs verdunkelt, und das gerade unter Bedingungen, die eine Beobachtung im klinischen Milieu ermöglichen würden?

Ich habe schon zuvor von Treue gesprochen und gesagt, daß ich sie für eine allgegenwärtige Qualität halte, die während des Jugendstadiums heranreift. Bei anderer Gelegenheit habe ich diese Qualität eine Grund-Tugend genannt, und ich möchte mit Ihnen kurz jene Gedankengänge teilen, die einen Psychoanalytiker veranlassen können, solch ein Wort zu gebrauchen.

»Virtus«, die Tugend, hat verschiedenen Wertsystemen für ihre unterschiedlichen Zwecke gedient. Die Römer meinten damit das, was einen Mann zum Manne macht, und das Christentum dasjenige, was einem Mann Geist und einer Frau Seele verleiht. Sie hat sich Eigenschaften der Strenge und der Kraft, der Sanftheit, des Mitleids und der Selbstverleugnung angepaßt. Aber immer bedeutete sie *durchdringende Stärke* und *Stärke der Wirksamkeit* — also nicht nur strahlende, sondern »erwärmende und zurückstrahlende Hitze«. Ich nehme daher das Wort für unseren Gebrauch in Anspruch, um die Tatsache zu unterstreichen, daß nur solch grundlegende Stärke irgendeinem Wertsystem Wirksamkeit garantieren kann; daß die Ich-Stärke sich aus einem Wechselspiel von persönlicher und sozialer Struktur entwickelt; und daß sie sich, wie alle menschlichen Fähigkeiten, in Entwicklungsstadien entfaltet, und das heißt, in Stadien sich wandelnder Aktualität.

Die Treue kann daher nicht vor dem Stadium der Adoleszenz integriert werden, und zwar aus allen Arten von Reifungsgründen (physiologischen, kognitiven, psychosexuellen, psychologischen), die ich hier nicht wiederholen will. Aus dem gleichen Grund aber *muß* sie in der Jugend reifen, wenn das individuelle Ich nicht eine unangemessen verschärfte Krise oder dauernden Schaden erleiden soll. Solch eine Tugend ist demnach sowohl in den Plan der individuellen Entwicklung wie in die Grundstruktur jeder gesellschaftlichen Ordnung eingebaut, denn sie sind zusammen entstanden. Es mag übereilt sein, mit der Verwendung gerade des Wortes Tugend anzudeuten, daß im Ich und in der Gesellschaft eine Tendenz zur *optimalen wechselseitigen Aktivierung* bestünde. Aber hat der Begriff der Realität nicht immer schon eine optimale Entsprechung zwischen dem Geist und der Umgebungsstruktur bedeutet? Ein Patient, sagen wir, ist in seiner Realitätsprüfung gestört. Aber er ist auch, können wir jetzt hinzufügen, in der Aktualität inaktiviert; und nur in dem Maß können wir ihm helfen, die Realität zu erfassen, in dem wir, innerhalb unserer gewählten Methode, für ihn aktuell werden. Dies möchte ich auf jeden Fall zur Überlegung anbieten.

Ich kann hier meine Benennungen der entsprechenden Kriterien der Ich-Vitalität in anderen Stadien des Lebenszyklus, nicht diskutieren. Um plausibel zu werden, müßte jede in den psychosexuellen, psychosozialen und kognitiven Komponenten ihres Aufgangsstadiums verankert sein, und jeder müßte ein spezifischer Platz in der Hierarchie aller Stadien zugewiesen werden. Ich nehme aber an, daß die Verankerung des ersten dieser Kriterien, der *Hoffnung*, in den Erlebnissen des oralen Stadiums klinisch offensichtlich ist und daß uns die Rolle der fehlenden oder verlorenen Hoffnung bei allen Störungen, die mit diesem Stadium zu tun haben, vertraut ist. Ich möchte aber beiläufig eine Frage aufwerfen, die für die Annahme einer stadienweisen Entwicklung der zentralen Stärke des Menschen grundlegend ist. Wenn das neugeborene Kind die durchdringende Qualität mit in dieses Leben bringt, die das sicherstellt, was in den Bedürfnissen und Trieben individueller Frauen, in der Tradition von Generationen von Müttern und in den weltumfassenden Institutionen der Mutterschaft auf es wartet (und auf es zählt), ist es dann wirklich sinnvoll, das rudimentäre Ich des Säuglings als »schwach« zu bezeichnen und es mit dem in Zusammenhang zu setzen, was an der neurotischen Abhängigkeit eines isolierten Erwachse-

155

nen »schwach« ist. Wozu die früheste Kindheit mit dem Urbild eines schwachen Ichs und das Erwachsensein mit der Utopie eines starken belasten? Unser traditioneller Begriff der Realität versäumt es, hier der grundlegenden Tatsache Rechnung zu tragen, daß das Kind, das zwar noch nicht imstande ist, unsere sogenannte Realität zu erfassen und zu prüfen, doch innerhalb seiner Aktualität ziemlich kompetent ist. Es ist wahr, daß alle Anfänge sich durch ihre Verletzlichkeit auszeichnen, aber solange die Verletzlichkeit mit einer aktiven Anpassung an schützende Bedingungen einhergeht, ist sie kein Schwächezustand. Die Aktualität beruht in allen Stadien auf der Ergänzung von inneren und äußeren Strukturen. Die Ich-Stärke steht auf jeder Ebene in relativer Beziehung zu einer Anzahl von Notwendigkeiten: vorangehende Stadien dürfen kein lähmendes Defizit hinterlassen haben; das Stadium selbst muß sich unter für seine Möglichkeiten günstigen Bedingungen entfalten können; reifende Fähigkeiten müssen in der Umwelt kooperative Reaktionen erwecken, die durch für das gemeinsame Überleben notwendige Bedingungen Rückendeckung erhalten. Dies also ist die *entwicklungsmäßige Aktualität*. Sie hängt in jedem Stadium davon ab, daß aktive, selektive Prinzipien die Führung haben und durch eine Umwelt instand gesetzt werden, die Führung zu behalten, indem sie jedem Stadium die Bedingungen garantiert, deren es bedarf.

Ich kann diese Bemerkungen zur Entwicklung nicht beenden, ohne die Überzeugung auszudrücken, daß Überlegungen dieser Art all das deutlicher machen, was die klinische und genetische Beobachtung zu einer künftigen Ethik beitragen kann — zu einer Ethik, die sich nicht auf das strikte moralische Gebot begrenzt, Verletzungen des moralischen Ideals zu vermeiden, sondern sich zur ethischen Fähigkeit erweitert, im Aktuellen Stärke zu verleihen.

Infantile und erwachsene Aktualität in Träumen

Ich will mich jetzt einem anderen Thema unter unseren klassischen Beispielen zuwenden, um nachzuweisen, wie das, was ich über die Aktualität gesagt habe, die Methoden der Traumdeutung verdeutlichen könnte (und damit durch sie weiter verdeutlicht würde), die unsere nächtliche Rückkehr zu verflossenen Aktualitäten enthüllt. Das gibt uns Gelegenheit, einige der Annahmen hinsichtlich der verschiedenen Ordnungs- und Zeitpläne der menschlichen Entwicklung auf unserem traditionellen Prüfstand, der Traumdeutung, einer

Nachtestung zu unterziehen. Als Ausgangsmaterial möchte ich einige von Freuds Träumen wählen, wie er sie in der *Traumdeutung* darstellte und analysierte. Ich muß dabei bekennen, daß es leichter für mich ist, die Kriterien der Lebensstadien in einigen von Freuds Träumen zu erkennen, als in denen meiner Patienten und Studenten. Warum ist das nun so?

Jeder ausgebildete Psychoanalytiker hat in den für seine Formung entscheidenden Jahren seiner Ausbildung Freuds Träume studiert und hat gewöhnlich, mehr oder weniger unbewußt, in ihnen etwas mehr oder etwas anderes gesehen, als seine Lehrer. Häufig hat das, was er sah, eine theoretische Neuerung enthalten, die er erst viel später formulieren sollte, denn Freuds Traumproduktionen sind gedankenanregend weit über die Punkte hinaus, die Freud selbst in seinem Bericht ausdrücklich darstellte. Aus dem gleichen Grunde denkt man manchmal, man habe von Freud gelernt, was er nicht ausdrücklich mitgeteilt hat — während man natürlich auch dauernd Dinge neu entdeckt, die er schon lange beiläufig erwähnt hat. Darüber hinaus bieten sich Freuds Träume aus dem gleichen Grund zu weiterer Analyse an, aus dem er sie zur Veröffentlichung auswählte. Er lehnte es ab, Träume seiner Patienten zu verwenden, weil er sie für zu anormal für die Erhellung dessen hielt, was das Grundlegendste am Traum ist — oder weil er vermutete, seine Leser würden das finden —, an diesem phantastischsten und doch normalsten Produkt des menschlichen Geistes.

Es gibt noch eine Anzahl anderer Vorteile bei der Verwendung von Freuds Traumberichten, die irgendeine andere Gruppe von Träumen kaum in gleicher Weise bieten könnten: sie werden als Serien dargeboten, die während einer Periode eines Lebens geträumt wurden, das uns sehr viel genauer bekannt ist, als das sonst bei einer Biographie der Fall ist. Selbst ihr Zweck, nämlich ihrer eigenen Analyse zu dienen, wird zugegeben. Auf alle Fälle würde keiner von uns es unternehmen, sein eigenes Traumleben serienweise seinen Kollegen als Illustration des Normalen vorzulegen.

Ich vertrete die Ansicht, daß unter den latenten Zügen in Freuds Angaben Dinge enthalten sind, die den Lebensstadien zugehören, die heute beginnen, uns ihre Umrisse zu enthüllen. Da sich vieles davon im manifesten Traum findet, oder vielmehr in einem Kontinuum, das von der formalen Oberfläche bis zum unbewußten Inhalt reicht, wird es für mich nicht notwendig sein, mich dem Sport zu widmen, das neu zu interpretieren, was Freud vielleicht unbewußt geblieben sein könnte. Ganz im Gegenteil fußt meine Beweisführung vielmehr auf der Tatsache, daß Freud, während er sich auf das konzentrierte, was ihn interessierte, und zugegebenerweise vieles wegließ, was er für nebensächlich genug hielt, um es dem klatschsüchtigen Publikum vorzuenthalten, doch das, was für unsere zeitgenössische Forschungsrichtung von Gewicht ist, in den allgemeinen Umriß seines Materials mit einzeichnete. Für unseren Zweck wird es aber notwendig sein, strategische Punkte neu zu übersetzen.

Unser erstes Beispiel soll der Anfangsteil von Freuds »Parzentraum«[15] sein. Der Traum ereignete sich nach einem Reisetag und einem Abend, an dem Freud ohne Abendessen das Bett aufsuchen mußte — »müde und hungrig«. Wir wollen den Traum also betrachten und folgende Frage stellen: wenn wir bei der Analyse eines Traumes zu dem Schluß kommen, daß er zu den Problemen des *oralen Stadiums* zurückreicht, finden wir dann Beweise für die Annahme, daß der Traum neben Hinweisen auf *Nahrung*, auf den *Mund* und die *Haut* und auf Modi der *Inkorporation*, sich auch mit dem psychosozialen Problem des *Urvertrauens*, mit der ersten vitalen Tugend der *Hoffnung* und mit der *kosmischen Ordnung* beschäftigt?

Hier ist der Traum:

Ich gehe in eine Küche, um mir Mehlspeise geben zu lassen. Dort stehen drei Frauen, von denen eine die Wirtin ist und etwas in der Hand dreht, als ob sie Knödel machen würde. Sie antwortet, daß ich warten soll, bis sie fertig ist (nicht deutlich als Rede). Ich werde ungeduldig und gehe beleidigt weg.

Das ist also der erste Teil des Traumes, der uns als hauptsächliche Illustration dienen soll, da der zweite Teil weniger klar sowohl in der manifesten Form wie im Ausmaß der Assoziationen ist, die Freud ihm hinzufügt. Daß der hungrige Schläfer von einer Küche träumt, bezeichnet den Traum als einen manifest »oralen«, obwohl wir uns daran erinnern müssen, daß eine Oralität, die durch aktuellen und akuten Nahrungsentzug erregt ist, sich von der Oralität eines pathologisch regredierten Träumers unterscheidet, für den sich alle Frustrationen des Tages in Kränkungen auf der oralen Ebene verwandeln. Aber Tatsache ist, daß hier eine Persönlichkeit, die nicht stärker regrediert ist als irgendein Träumer sonst, eben vor dem Schlafengehen einem akuten oralen Problem begegnete, und daher in der Lage ist, diesem Problem in seinem Traum mit den Hilfsquellen eines gut funktionierenden

15 S. Freud, Die Traumdeutung (1900), Ges. Werke II/III, 1–642, Imago Publishing Co. LTD, London 1942.

Ichs gegenüberzutreten. Das erlaubt uns die Frage, ob in dem Gesamtzusammenhang des Traumberichts — das heißt im Traum selbst und in den »assoziierten« Nachgedanken des Träumers — unsere Kriterien für die ersten Stadien aller entwicklungsmäßigen Stufenfolgen erkennbar sind. In seiner manifesten Form weist der Traum in vielem auf die Bilderwelt und die besondere Spannung einer *oralen Krise* hin: der Ort ist jener Teil des Hauses, in dem die Nahrung bereitet wird; der Modus des Vorgehens ist der der fordernden Rezeptivität [»um mir (Nahrung) geben zu lassen«]; die Traumbevölkerung besteht ausschließlich aus Frauen, und eine von ihnen ist die *Wirtin*, eine Bezeichnung, die jeder Kenner des deutschen Liedes als Prototyp der Trank und Nahrung spendenden, allmütterlichen und doch gelegentlich romantischen Frau erkennen wird, die den einsamen Wanderer zumindest an ihren Tisch lädt.

Diese Wirtin dreht etwas in ihren Händen, als machte sie Knödel, und sie antwortete im Traum, daß der Träumer warten müsse, bis sie fertig sei. Hier haben wir natürlich den so überaus wichtigen Aufschub, der im oralen Stadium ertragen werden muß und der das Kind der Prüfung seines Vertrauens aussetzt, ob die »Wirtin« schließlich kommen und ihm seine Nahrung zur rechten Zeit bringen wird, oder ob sie es dem nagenden Schmerz seines leeren Magens überläßt. Und tatsächlich wird der Träumer, in offensichtlich kindlicher Weise, ungeduldig und geht schmollend weg, das heißt mit jener pessimistischen *Verstimmtheit*, die bei Tageslicht charakteristisch für einen bestimmten oralen Typus ist.

Ehe wir Freuds Assoziationen besprechen, wollen wir in didaktischer Weise eine Liste unserer Erwartungen hinsichtlich der nicht direkt oralen Bilderwelt und der psychosozialen Haltungen aufstellen, die das Lebensstadium charakterisieren, dem die Oralität richtigerweise zugehört. Die *bipolare Beziehung* zur Mutter haben wir schon festgestellt: sie ist in diesem Stadium alles, was die faßbare Welt enthält, und bleibt daher auf viele Weisen das Modell der Mächte, die, da sie spenden, auch alles zurückhalten können.

Die *psychosoziale Krise* der frühen Kindheit entscheidet über das Ausmaß der Vorherrschaft eines *Vertrauensgefühls* trotz all der Mißgeschicke, Verzögerungen und plötzlichen Entfremdungen, die dem Säugling Gründe zum Mißtrauen gegen die mütterlichen Personen geben. Deutlich bevorzugt der Träumer das wohlüberlegte Mißtrauen gegenüber dem ungewissen Vertrauen. Er weigert sich zu warten und verläßt die Szene — um sich anderswohin zu wenden —, und zwar zu den Männern, wie sich aus dem zweiten Teil des Traumes ersehen läßt. Wir können nicht sagen, daß er die *Hoffnung* aufgibt, die wir als die vitale Tugend bezeichnet haben, die sich im oralen Stadium entwickeln muß, denn er wendet offensichtlich seine Hoffnung nur anderswohin, fort von den Quellen der eßbaren Spenden.

Um das Inventar der Oralität vollständig zu machen, müssen wir auch seine Psychopathologie in Betracht ziehen, das heißt die Symptomatologie bei Neurosen, Psychosen und Charakterstörungen, die ein malignes Versagen des oralen Stadiums anzeigen. Wir denken hier an *Wahnbildungen*, die sich einer fiktiven Realität zuwenden, an die *Süchtigkeit*, die das Angebot intensiver, aber kurzlebiger Hoffnung in toxischen Substanzen sucht, an die lähmende *Depression*, in der die Hoffnung völlig aufgegeben wird. Und tatsächlich finden wir sie alle in Freuds Assoziationen.

Sein erster Einfall bringt ihm den ersten Roman ins Gedächtnis, den er mit dreizehn Jahren gelesen hatte, dem Alter (bemerken wir beiläufig), in dem der junge Jude durch das Ritual von Männern aufgenommen wird. Der Träumer erzählt weiter, daß der Held des Romans in Wahnsinn verfällt und beständig die drei Frauennamen ruft, die ihm im Leben das größte Glück und das tiefste Unheil bedeutet haben, — eine Wahnpsychose also, der maligne Ausdruck der Hoffnungslosigkeit. Die Tatsache, daß es drei Frauen im Roman waren, erinnert den Träumer an die drei Parzen, »die das Geschick des Menschen spinnen«. Es wird ihm ganz deutlich, daß eine der drei Frauen, nämlich die Wirtin im Traum, die Mutter »ist«. Liebe und Hunger, so überlegt er, treffen sich an der Frauenbrust — und bereiten damit (fügen wir hinzu) die große Alternative der grundlegenden psychosozialen Attitüden vor, Vertrauen und Mißtrauen, die die mütterliche Umwelt zugunsten des Vertrauens ausbalancieren muß und damit zugunsten einer lebenslangen Hoffnung auf ein wohlwollendes Schicksal.

Der zweite Einfall führt ebenfalls auf die Kindheit zurück, wo das Schicksal dich betrügen kann, ehe du es weißt. Der Träumer erinnert sich an die Bemerkung eines Mannes, der bei der Erwähnung der gut aussehenden Frau, die ehemals seine Amme war, bedauert, die gute Gelegenheit damals nicht besser ausgenutzt zu haben.

Der dritte Einfall schließlich führt auf eine Kindheitserinnerung zurück, die der Träumer jetzt als höchst entscheidend für den Traum erkennt. Er erzählt, daß, als er sechs Jahre alt war, seine Mutter ihn von der biblischen Behauptung überzeugen wollte, daß wir alle aus Erde gemacht seien und alle zur Erde zurückkehren müßten, indem sie die Handflächen aneinander rieb (wie die Wirtin im Traum) und dem Kind »die schwärzlichen Epidermisschuppen« zeigte, als Beweis des irdischen Stoffes, aus der sie gemacht sei. Hier ist es wichtig zu sehen, daß der Ursprung des Menschen selbst, ja tatsächlich der Ursprung der lebenden Materie auf dem Spiel steht. Die Mutter, die Quelle der lebenspendenden Nahrung und hoffnungseinflößenden Liebe, beweist selber, daß jeder Körper aus toter Materie geschaffen ist, aus Erde und Schmutz. Und tatsächlich assoziiert der Träumer dazu einen Ausspruch, von dem er meint, er hieße: »Du bist der *Natur* einen Tod schuldig«, wogegen Shakespeare ja wirklich sagt: »Du schuldest *Gott* einen Tod.« Der assoziierende Träumer stellt also die Natur, das heißt eine Mutterfigur, an die Stelle Gottes und bringt damit zum Ausdruck, daß ein Pakt mit einer mütterlichen Frau ein Pakt — mit dem Tode ist.

Im zweiten Teil des Traumes tritt ein einziger Mann auf und keine Frau. Nach einigem Wortwechsel werden der Fremde und der Träumer »ganz freundlich miteinander« — was den Traum beendet.

Nimmt man alle Hinweise Freuds zusammen, so scheint mir, als ob der zweite Teil des Traumes vom Thema der Investitur, der Konfirmation, handle. Auf alle Fälle legen der manifeste Trauminhalt und die Einfälle dazu nahe, daß seine Bedeutung einfach diese ist: daß der Träumer sich von den Frauen, die ihn enttäuscht haben, zu einem Mann wendet, mit dem er »freundlich wird«. Wie wir sehen werden, bringen die Einfälle Vaterfiguren ins Bild, die dem jungen Freud greifbarere Hoffnungen anboten, vor allem dadurch, daß sie den intelligenten Jungen in ihre Bildungsgemeinschaft aufnahmen. Erinnern wir uns, daß die schon erwähnten Einfälle das Alter von dreizehn Jahren in Erinnerung riefen — das heißt das Alter der Konfirmation — und das von sechs, das Alter des Schulbeginns — und denken wir daran, daß die Lehrer europäischer Jungen damals stets Männer waren. Wenn der erste Traumteil, durch Hunger veranlaßt, auf die Aktualität des ersten Lebensstadiums zurückgeht, dann führt der zweite Teil wieder voran (was, wie ich glaube, alle erfolgreichen Träume tun), denn er verspricht dem mißgestimmten Träumer offensichtlich Unabhängigkeit von den Frauen und Teilnahme an der Welt intellektuellen Könnens. Trotzdem will ich mich im folgenden auf die Einfälle des Träumers beschränken, die das ursprüngliche orale Thema erweitern.

Dem Träumer kommen eine Anzahl Männer in den Sinn, die alle Namen haben, die an Essen erinnern. Einer der Namen ist Knödel, ein anderer Fleischl. Von hier kommt er zu seinem eigenen Namen, der, wie er ohne nähere Angaben klagt, den Leuten Anlaß zu mehr oder weniger witzigen Bemerkungen gegeben habe. Die naheliegendste Art gemeiner Witze, die Freuds Namen mißbrauchen könnten, wäre wohl eine Bezugnahme auf »Freudenhaus« und »Freudenmädchen«, eine Überlegung also über Frauen seines Namens. Und tatsächlich erinnert er sich einer Witzelei, die an Goethe durch seinen Freund Herder begangen worden war, der ihn in einem Gedicht fragt, ob er »von Göttern, von Gothen oder vom Kote« abstamme —, von Erde also, von Schmutz oder sogar von Fäzes. All das entspricht offensichtlich einem Traum-Schwur: wenn deine eigene Mutter aus Erde, Schmutz oder Schlimmerem gemacht ist und dein Name wie ein Fluch, dann kannst du weder der Mutter, noch deinem Ursprung, noch dem Schicksal trauen: du mußt deine eigene Größe erschaffen. Und tatsächlich konvergieren alle Einfälle des Träumers hinsichtlich der Männer auf das große Wiener Institut für Physiologie, wo er, wie er sagt, die glücklichsten Stunden seiner Studentenzeit verbrachte — ein Glück, das, wie er nun assoziiert, durch den Geist des Goetheschen Gedichts charakterisiert war:

Und wird dich an der Weisheit Brüsten
Mit jedem Tage mehr gelüsten —.

Die »Brüste der Weisheit« versprechen demnach ewige Freuden, immer erneut und immer zunehmend, denn der Durst nach Wissen ist nicht nur sublimierte Begierde, er hat auch Beziehung zur Aktualität der voraussagbaren Welt und gibt damit dem Mann die autonome Macht, diese Welt zu ändern. Hier haben wir also die Sublimierung all der oralen Begierde, die im Traum in so unmittelbarer Bedürftigkeit erscheint, und ihre Verschiebung und Anwendung auf die Alma Mater, die Mutter der Weisheit, die dir mehr gibt als hinfällige Gaben und die dich mit den Mitteln ausstattet, etwas aus dir selbst zu machen, dein *Schicksal zu ändern.*
Aber auch hier warnen die Einfälle den Träumer vor unvorsichtiger Einverleibung, ja, vor der *Sucht.* Wie so oft in seinen Träumen erinnert sich Freud des Kokains, das er mit in die Lokalanästhesie einführen half, bevor dessen süchtigmachende Eigenschaften erkannt wurden. Aber etwas war bereits bekannt und taucht als Einfall auf: »das Kokain, das den *Hunger benimmt*«. Das ist natürlich gerade die Funktion des Ur-Mißtrauens, das die Oralität jedem gesunden Menschen ebenfalls verleiht, um ihn an der allzu vertrauensvollen Einverleibung schlechter Substanzen zu hindern. Aber die

Gefahr von zu viel Mißtrauen ist die Hemmung des Wunsches, zu nehmen. So hat der Träumer das Gefühl, daß der Traum ihn warnt, niemals eine Gelegenheit zu versäumen, sondern immer zu nehmen, was man haben kann, »auch wenn ein kleines Unrecht dabei mitläuft«. Der zweite Traumteil unterstreicht also die Wendung von der Abhängigkeit zur Selbsthilfe, von Frauen zu Männern, von der hinfälligen zur unsterblichen Substanz und endet mit einem freundlichen Angenommensein durch einen Mann mit Spitzbart — einer väterlichen Lehrerfigur.

Zusammenfassend also: ein hungriger Schläfer — und einer, der gutes Essen liebt (wie wir hinzufügen sollten), verfällt den Versagungen des frühesten Lebensstadiums, wo der Hunger zuerst erlebt wird, und dem Ärger über unzuverlässige Frauen und über all das, was zu hinfällig, zu sterblich und zu gefährdet ist, als daß man sich darauf verlassen könnte. Es muß nochmal darauf hingewiesen werden, daß dies kein »oraler« Traum in einem regrediert abhängigen, hoffnungslosen oder töricht hoffnungslosen Sinn ist. Er besteht erfolgreich die Abschlußprüfung der Oralität, um sich entschlossen von den Müttern abzuwenden und alles Vertrauen auf unabhängigere Situationen zu übertragen. Das Ich des Träumers erscheint infolgedessen in keiner Weise »regrediert« — ein Ausdruck, der oft gedankenlos gebraucht wird, wo von der Rückkehr eines Traumes zu infantilen Wünschen und Versagungen gesprochen wird. Vielmehr kehrt der Träumer zu seinem frühesten Umgang mit einem der Hauptthemen des Lebens zurück (und zu späteren Wiederholungen des gleichen Vorgangs) und denkt sich dann durch eine Anzahl von Stadien hindurch wieder voran, indem er sich selbst davon überzeugt, daß jeder kummervolle Verlust und jede angsterregende Prüfung eine erhöhte Autonomie mit sich bringen, die erweiterte Fähigkeit, in der Aktualität des Erwachsenen die Hilfsquellen der Kompetenz und der Tradition zu finden.

So illustriert der Traum von den drei Parzen die Art, in der der Traum von der Aktualität des Tages auf die frühesten Lebensstadien zurückgreift, wenn Enttäuschungen und Versprechungen erlebt werden, die für immer für eine Reaktualisierung bereitliegen.

An diesem Punkt wäre es gut, eine Karte der Dinge aufzuzeichnen, die wir in dem »oralen« Traum von den drei Parzen gefunden haben, und dessen, was wir in Träumen, die auf andere Stadien der infantilen Entwicklung zurückführen, zu finden erwarten dürfen. (Siehe Fig. 2)

Infantile und historische Aktualität

Freuds Traum nach seiner Begegnung mit dem österreichisch-ungarischen Premierminister Graf Thun[16] bietet ein seltenes und doch repräsentatives Beispiel des Wechselspiels von *infantilen* und *politischen* Themen im Traumleben.

Der aktuelle Anreiz für den Traum vom Grafen Thun ist wieder ein deutlich durch die Umstände bedingtes, aber diesmal ein deutlich *anal-urethrales* Dilemma. Freud schlief in einem Eisenbahnabteil, bei dem ein Toilettenraum fehlte; sein Traum war die Reaktion auf ein urinatorisches Bedürfnis, das ihn schließlich weckte. Er muß aber zugeben, daß »es bei mir ganz ungewöhnlich (ist), daß ich durch irgendein Bedürfnis im Schlaf gestört werde«, daß also seine Bedürftigkeit ebenso wie sein Traum in einen besonderen Zusammenhang gehören, den darzustellen er einen ausführlichen »Vorbericht« gibt. Die Umstände erweisen sich als besonders geeignet, die zunehmende Verletzlichkeit des Ichs nachzuweisen, wenn im Lauf eines Tages unvermeidlicherweise die Bestätigung seiner Begrenztheiten deutlich werden und Körper wie Geist ausruhsamer Bedingungen bedürfen, um ihr Erholungswerk leisten zu können. Am Abend zuvor war Freud auf den Bahnhof gekommen, um sich an seinen Ferienort zu begeben, ging »aber schon zum früher abgehenden Zug auf den Perron«. Die Formulierung läßt vermuten, daß Freud den Bahnsteig schon früh betreten hatte — tatsächlich ehe ihm das nach den Vorschriften erlaubt war — vielleicht um nicht den Zug zu versäumen, vielleicht unterm Einfluß seiner Eisenbahnphobie, die sein deutlichstes neurotisches Symptom war. Auf alle Fälle ging er in die Sommerferien, und die Freude über die erwartete Freiheit von der täglichen Routine veranlaßte ihn zu »allerlei lustigen Ferienvorsätzen«.

Während er so wartete, sah er den Grafen Thun am Bahnhof ankommen und beobachtete, wie der Ministerpräsident hochmütig mit einer kurzen Handbewegung den Billettkontrolleur von sich wies und »direkt durch die Eingangstür« auf den Bahnsteig hinaustrat. Graf Thun war ein Vertreter der böhmischen Selbstverwaltung gegen die deutschen Nationalisten, und — so sonderbar das heute scheint — neigte Freud in seinen Studententagen etwas zu den Deutschnationalen in Österreich-Ungarn hin.

Nachdem der Zug des Grafen abgefahren war, sollte Freud eigentlich, wie er zugibt, den Perron wieder verlassen und in den Wartesaal zurückgehen, »setzte es aber mühselig durch«, auf dem Bahnsteig zu bleiben. Die Motivierung für dies Be-

16 Ebd.

164

harren auf einem besonderen Privileg kann wieder die »Eisenbahnphobie« gewesen sein, die möglicherweise gerade durch die Stimmung von Eigenwillen, die er dann schildert, kompensiert wurde.

Nachdem er selbst ungleiches Recht für sich gefordert hatte, schaute er nun nach Leuten aus, die kommen würden, »um sich auf dem Protektionsweg ein Coupé anweisen zu lassen«, während er eine Melodie aus Figaro summte, die die Herausforderung eines Grafen zum Thema hat (Will der Herr Graf . . .). Schon bei seiner Ankunft am Bahnhof in streitlustiger Stimmung, überläßt er sich jetzt allerlei frechen Tagträumen und unterläßt nicht, sich des Spitznamens des Grafen Thun, »Graf Nichtstun«, zu erinnern, wie auch des Umstands, daß der Graf trotz seiner überlegenen Haltung keineswegs in Ferien fuhr, sondern nur dem Ruf seines Kaisers folgte, der sich im Gebirge aufhielt.

Freud sicherte sich schließlich ein Erstklass-Abteil, aber leider eines, von dem aus keine Toilette erreichbar war. Beschwerden nutzten nichts, und Freuds einzige Rache war der Vorschlag, den er dem Schaffner machte, die Eisenbahn möge wenigstens in solchen Abteilen Löcher in den Boden sägen lassen.

Psycho-sexuelles Stadium	Organ-modus	Psycho-soziales Stadium	Ansatz von Ich-Stärken	Zugehörige psycho-patholo-gische Me-chanismen	Zu-gehörige Elemente sozialer Ordnung
Oral-sensorisch-kutan	Inkorpo-rativ	Urver-trauen vs. Urmiß-trauen	Hoffnung	Psycho-tisch süchtig	Kosmische Ordnung
Muskulär-anal-urethral	Retentiv-eliminativ	Auto-nomie- vs. Scham und Zweifel	Wille	Zwang-haft, impulsiv	Gesetz und Ordnung
Phallisch-loko-motorisch	Ein-dringend	Initiative vs. Schuld-gefühl	Zielstre-bigkeit	Gehemmt, hysterisch, phobisch	Idealer Proto-typus

Fig. 2

Wie weit die durch die Umstände bedingte Einschränkung seines freien Willens den Reisenden aufbrachte, läßt sich an der Tatsache erkennen, daß Freud zugibt, üblicherweise tief und ungestört von körperlichen Bedürfnissen zu schlafen, während er in dieser Nacht um dreiviertel drei Uhr morgens mit Harndrang aus dem erwähnten Traum erwachte. Mit anderen Worten: in der streitsüchtigen Stimmung, in der er die Reise begonnen hatte, wurde die Ungerechtigkeit der Eisenbahn, ungleiche Möglichkeiten für die körperliche Erleichterung zur Verfügung zu stellen, zur persönlichen Kränkung, die bedeutsame Erinnerungen wachrief.

Der Vorbericht zum Traum vom Grafen Thun ist also ein bewundernswertes Modell für die Darstellung der Gesamtsituation eines Träumers. Statt sich bei den speziellen viktorianischen und österreichischen Elementen aufzuhalten, täten wir gut daran, zu beobachten, wie dieser Vorbericht mit ein paar meisterhaften Strichen die historischen Zustände, den sozialen Status, die berufliche Lage, die vorherrschende Stimmung und das drohende körperliche Bedürfnis umreißt, die alle zusammen den Traum determinieren, der geträumt oder analysiert werden soll. Zur gleichen Zeit bemerken wir, daß all diese verschiedenen Lebensausschnitte einen gemeinsamen Nenner in der Aktualität des zweiten psychosexuellen Stadiums besitzen, nämlich im anal-urethralen. Die initiale Stimmung und Haltung des Träumers ist einmal ganz sicher eine der unbeschränkten männlichen Autonomie und Initiative, die nur durch das Gewahrwerden der überlegenen Privilegien relativiert wird, mit denen der Premierminister seinen Weg durch die Bahnsteigsperre erzwang, als gehörte die königlich-kaiserliche Eisenbahn ihm. Der Vergleich seiner eigenen Freiheit mit der des Premiers steht am Anfang einer Reihe jener schmerzlichen Gedanken (wir wissen nicht, was früher an jenem Tag diese Tendenz in Bewegung setzte), die geeignet sind, das Selbstbewußtsein eines Mannes zu verwunden und die Verletzlichkeit seines überheblichen Selbst bloßzustellen.

Der Traum selbst ist lang und kompliziert. Der erste Teil versucht, die übermütige Stimmung des Abends aufrechtzuerhalten. Der Träumer findet sich in einer jener Studentenversammlungen, an denen er sich in den Tagen seines leidenschaftlichen ideologischen Interesses am deutschen Nationalismus zu beteiligen pflegte. Überall in Europa bedeutete eine Studentenversammlung damals eine Zusammenkunft potentieller Rebellen und Unruhestifter, und in der österreichisch-ungarischen Monarchie mit ihren vielfältigen Nationalitäten standen die Studenten in den ersten Reihen einer Anzahl separatistischer und autonomistischer Bewegungen. Und tatsächlich erscheint im Traum selbst ein anderer Graf, also jemand, der ebenfalls ein gewisses Maß an Autonomie für einige Teile der Monarchie vertrat. Aufgefordert, etwas über die Deutschen zu sagen, erklärte er mit höhnischer Gebärde für ihre Lieblingsblume den Huflattich (von dem der Träumer glaubt, er hieße auf Französisch pisse-en-lit), worauf der Träumer auffährt, »sich aber doch über (seine) Gesinnung wundert«. Auffahren könnte ja auch ein plötzliches Erwachen aus dem Schlaf bedeuten, aber der Traum ändert nur den Schauplatz, wie er es noch mehrere Male tun wird.

Es gibt in diesem Traum mehrere Teile, die deutlich voneinander unterschieden sind. Ich will indessen die Gelegenheit wahrnehmen, zu zeigen, wie die Methode der Modus-Analyse den Zusammenhang der verschiedenen Traumteile durch den *eliminativen Modus* nachweisen kann. Ich übersehe dabei nicht, daß der Traum auch dominante phallische und eindringende Elemente hat. Denn er neigt sich nur allmählich von einer generellen Stimmung phallisch-exhibitionistischer Keckheit, lokomotorischen Überschwangs und ungehemmter Initiative, das heißt von einem »größensüchtigen« Gefühl, die Dinge zu beherrschen, zur Erkenntnis eines Zustands des Beherrschtwerdens und zu dem daraus resultierenden Scham- und Ärgergefühl. Das Ich des Träumers gewinnt schließlich seinen aktiven Zustand zurück, in dem es die herrschenden Kräfte, die abwechselnd der Entleerungsdrang und die einschränkenden Personen sind, wieder beherrscht. Jeder Traumteil endet mit der Erregung eines Affekts oder zumindest mit einer erhöhten Selbst-Wahrnehmung, die vermuten läßt, daß der Träumer nahe daran war zu erwachen. Daß die erste derartige Erregung der Andeutung »pisse-en-lit« folgt, ergibt angesichts der bedrängten Umstände des Träumers durchaus Sinn. Es stimmt zwar, daß der Harndrang selbst durch die Umstände trotzigerweise erregt worden sein könnte, aber hier wie in den nachfolgenden Traumteilen erfüllt der Traum seine Funktion, den Schlaf zu sichern, indem er den Ort wechselt, fast als machte er immer wieder eine neue Anstrengung. Aber jedesmal drängt das »dringende Bedürfnis« sich wieder ins Gefühl und wird in räumliche Bilder und gesellschaftliche Situationen übersetzt, die den Träumer versichern sollen, daß er noch Herr seiner Sphinkter ist und der Überwachung durch Autoritäten entrinnt. Um das zu verstehen, muß man die Tendenz des Traumes kennen, mit räumlichen Modalitäten zu spielen und innere körperliche Bedürfnisse auf sichtbar gemachte Umgebungen zu projizieren. Wir haben gelernt, das beim Spiel der Kinder zu beobachten, und ich möchte daher zeigen, in welch geistreicher Art Freuds Träume diese Aufgabe behandeln, obwohl ich mir bewußt bin, daß dies technische Spiel allen, die ihre Aufmerksamkeit nicht auf die Deutung von Spiel und Träumen konzentriert haben, etwas weit hergeholt scheinen wird. Um es kurz zu sagen: der eliminative Modus der urethralen Zone und die Notwendigkeit, Zuflucht in einer Lokalität der Erleichterung (»locus«) zu finden, werden hier in den beiden Bedürfnissen ausgedrückt, durch irgendeinen Ausgang zu gehen und irgendeine Endstation zu erreichen. Die verzögernde oder verbietende Autorität hingegen wird, entsprechend den sozialen Erfahrungen des Kindes aus der europäischen Mittelklasse, durch angestellte Personen dargestellt.

Im zweiten Traumteil also ist der Träumer von dem Bedürfnis erfaßt, durch ihm streitig gemachte Räume hindurchzugehen und durch Ausgänge eines Gebäudes zu »entkommen«. In diesem zweiten Traumteil ist der Ort die Aula, das Auditorium der Universität; von den Türen heißt es, sie waren (offenbar von feindlichen Mächten) »besetzt« — ein Wort, das alle Kinder gut kennen, denn es schmückt die Türen der öffentlichen Toiletten, wenn sie nicht frei sind, und hat so für manches Kind unter akutem Entleerungsdruck bedeutet, daß es zu warten habe. Diese Anspielung bezeichnet ebenfalls die Notwendigkeit »zu entrinnen« wie das »Bedürfnis hindurchzugehen« als mit einem eliminativen Bedürfnis verwandt. Zusätzlich wird das »Bedürfnis hindurchzugehen« von einer Haushälterin bedroht, die dem Träumer anbietet, ihn mit einer Lampe zu geleiten, was wieder an eine Kinderfrau oder auch an eine Abortfrau denken läßt, die die Schlüssel der öffentlichen Bedürfnisanstalt verwaltet. Der Träumer ist stolz auf die Schlauheit, mit der er »die Kontrolle am Ende vermeidet« und die Situation, die seinen »Ausgang« zu kontrollieren drohte, in eine umwandelt, in der er die Kontrolle kontrolliert und damit Unabhängigkeit und Bewegungsfreiheit gewinnt. Dies Gefühl der Schlauheit (wie schon bemerkt eine erhöhte Selbst-Wahrnehmung, vergleichbar dem »Auffahren« im ersten Traumteil) begleitete möglicherweise eine Tendenz, dem physischen Bedürfnis »zu passieren« nachzugeben. Hier verschiebt sich die Traumszene wieder.

Das Bedürfnis zu passieren, ist jetzt in eine Örtlichkeit von anderer Struktur, aber doch übereinstimmender Konfiguration verlegt. Der Träumer fühlt selbst im Traum, daß das Bedürfnis, »aus der Stadt wegzukommen wie früher aus dem Haus«, die gleiche Aufgabe darstellt. Die Korridore sind durch Eisenbahnschienen ersetzt und die Personen, die ihn zurückhielten, durch einen Droschkenkutscher. Der Träumer bittet halb hochmütig, halb flehend, ihn zu einer bestimmten Endstation zu fahren. Aber leider sind wieder alle Bahnhöfe »besetzt«. Der Träumer wird wieder nachdenklich, er »entscheidet« sich, es anderswo zu versuchen.

Im vierten Teil findet sich der Träumer in einer Umgebung, die der ähnelt, in der er sich wirklich befindet, nämlich im Abteil eines Stadtbahnzuges, und es scheint, als ob nun ein Affekt erregt würde, der dem aktuellen Zustand angemessener ist, nämlich Verlegenheit. Etwas steckt im Knopfloch des Träumers, was ihn der Lächerlichkeit, oder auf alle Fälle der allgemeinen Aufmerksamkeit aussetzt. Offensichtlich ist der kecke, aktive und schlaue Tenor des Traumes und mit ihm das Träumen selbst in Gefahr. Der Träumer wird sich nun nicht nur seiner eigenen Überlegungen bewußt, sondern auch, daß er beobachtet wird, und der Traum muß wieder verlegt werden.

Ich habe nun die ersten vier Traumteile umschrieben — vielleicht eine etwas zu anstrengende Übung für diese Gelegenheit. Aber das war notwendig, um den letzten Teil zu zitieren, das große und verzweifelte Finale, in dem der Träumer versucht, die urethrale Körperzone, sein drängendes Ausscheidungsbedürfnis und die Scham, die der lächerlichen Situation anhaftet, auf die großen Figuren seines Lebensraumes zu projizieren: auf seinen Vater und — in den Assoziationen — auf Kaiser und Gott.

Ich bin wieder vor dem Bahnhof, aber zu zweit mit einem älteren Herrn, erfinde einen Plan, um unerkannt zu bleiben, sehe diesem Plan aber auch schon ausgeführt. Denken und Erleben ist gleichsam eins. Er stellt sich blind, wenigstens auf einem Auge, und ich halte ihm ein männliches Uringlas vor (das wir in der Stadt kaufen mußten oder gekauft haben). Ich bin also ein Krankenpfleger und muß ihm das Glas geben, weil er blind ist. Wenn der Konduktor uns so sieht, muß er uns als unauffällig entkommen lassen. Dabei ist die Stellung des Betreffenden und sein urinierendes Glied plastisch gesehen. (Darauf das Erwachen mit Harndrang.)

Wir sehen also, daß der Träumer sich wieder vor dem Bahnhof befindet, aber diesmal in der Gesellschaft eines älteren Herrn. Er »erfindet« einen Plan, um unerkannt zu bleiben und auch unauffällig zu werden. An diesem Punkt scheint »Denken und Erleben gleichsam eins«, was wohl heißt, daß seine Schlauheit den Höhepunkt der vollen Übereinstimmung zwischen Wunsch und Wirklichkeit erreicht hat. Das »Vorhalten«, von dem im Zusammenhang mit dem Uringlas die Rede ist, aber enthält einen höchst bedeutsamen Doppelsinn, der nicht vernachlässigt werden darf, denn Freud erzählt den

169

ganzen Traum, um die Wichtigkeit eines Kindheitserlebnisses aufzuzeigen, als sein Vater ihm im Zusammenhang mit einer urinatorischen Missetat *Vorhaltungen* machte. Dazu kommen wir sofort. Auf alle Fälle ist die beschämende Lage des Träumers jetzt völlig auf einen anderen Mann projiziert, der alt, schwach und beistandsbedürftig erscheint.

Der ausscheidende Organ-Modus ist sozusagen von all den Korridoren, Durchgängen und Eisenbahnlinien zurückgekehrt zu seinem anatomischen Modell und hat Zurückhaltung und Aufschub überwunden: im Mittelpunkt des visuellen Bildes uriniert ein Penis in ein Glas. Die ursprünglich zur Diskussion stehende Körperzone ist jetzt deutlich zu sehen (»plastisch gesehen«), aber sie gehört nun dem alten Mann an, während aus dem Träumer ein wohlwollender Helfer, ein scharfer Beobachter und ein schlauer Erfinder wird. Tatsächlich fühlt er sich an diesem Punkt im Traum besonders schlau (und diesen Punkt gibt es in einer Anzahl der von Freud mitgeteilten Träume), weil er gewahr wird, daß er Traumprozesse entdeckt, sogar während er träumte. Das ist der Punkt, an dem der Träumer erwacht und sich seines Dranges bewußt wird, nachdem er eine außerordentliche Anstrengung im Traum gemacht hatte, das Bedürfnis zu verleugnen — und sich ein neues Traumbeispiel zu verschaffen.

Indem ich den Traum vom Grafen Thun darstellte, habe ich zu zeigen versucht, wie eine konfigurative Analyse der Traum-Gestaltung die zugrundeliegenden Themen erhärtet, zu denen die Assoziationen des Träumers (die ich hier ausgelassen habe) reichen Zugang durch das gesprochene Wort bieten.

Aber es wird Zeit, von den Kindheitsszenen zu sprechen, »um derentwillen«, wie Freud sagt, »ich den Traum überhaupt aufgenommen habe«. Wir müssen uns daran erinnern, daß der Traum Teil eines Kapitels über die Wichtigkeit infantilen Materials für den Traumvorgang ist.

Ich soll, berichtet Freud, — im Alter von zwei Jahren — noch gelegentlich das Bett naßgemacht haben, und als ich dafür Vorwürfe zu hören bekam, den Vater durch das Versprechen getröstet haben, daß ich ihm in N. (der nächsten größeren Stadt) ein neues, schönes rotes Bett kaufen werde. (Daher im Traum die Einschaltung, daß wir das Glas in der Stadt gekauft haben oder kaufen mußten; was man versprochen hat, muß man halten.)

Man sieht, wie wichtig der Begriff des Vorhaltens in der Beschreibung der besorgten Bemühung um den urinierenden alten Mann ist. Die Szene vermittelt aber auch die Tatsache,

170

daß der Träumer als Kind die Scham abwehrte, indem er den Vater herablassend tröstete und ihm großartige Versprechungen machte. Eine entsprechende Szene im Alter von sieben oder acht Jahren ist ernsthafter und blieb (wie die »Traumdeutung« zeigt) als eine der schicksalsträchtigsten Kindheitsszenen in Freud Gedächtnis haften.

Dann gab es aber einmal einen anderen häuslichen Anstand, als ich sieben oder acht Jahre alt war, an den ich mich sehr wohl erinnere. Ich setzte mich abends vor dem Schlafengehen über das Gebot der Diskretion hinweg, Bedürfnisse nicht im Schlafzimmer der Eltern in deren Anwesenheit zu verrichten, und der Vater ließ in seiner Strafrede darüber die Bemerkung fallen: aus dem Buben wird nichts werden. Es muß eine furchtbare Kränkung für meinen Ehrgeiz gewesen sein, denn Anspielungen an diese Szenen kehren immer in meinen Träumen wieder und sind regelmäßig mit Aufzählungen meiner Leistungen und Erfolge verknüpft, als wollte ich sagen: Siehst du, ich bin doch etwas geworden.

Das Vergehen des Buben — man muß das in einer sich wandelnden Technologie genauer erläutern — bestand wahrscheinlich in der Benutzung eines Nachtgeschirrs im Schlafzimmer der Eltern. Das Verbrechen, ebenso wie die Bestrafung durch spöttisches Beschämen und, vor allen Dingen, die unausrottbare Erinnerung an das Ereignis, weisen alle auf ein Milieu hin, in dem derartige Charakterschwächen, wie das unanständige Urinieren zur falschen Zeit, aufs stärkste mit der Frage assoziiert werden, nicht nur, ob der Junge je ein Mann wird, sondern auch, ob er es zu etwas bringt, ob er »jemand« wird: *war er vielversprechend, oder versprach er nur zu viel?* Indem er so den rebellischen kleinen Exhibitionisten in seinem schwächsten Punkt traf, folgte der Vater nicht nur seiner persönlichen Stimmung, sondern auch den Diktaten einer bestimmten Kulturepoche, die die Tendenz verfolgte, junge Leute zum Ehrgeiz zu reizen (außer es gelang ihr, sie gehorsam unterwürfig zu machen), indem sie sie in entscheidenden Zeitpunkten mit der Behauptung herausforderte, daß sie nicht viel wert seien, und mit der Vorhersage, daß sie es auch nie sein würden.

Die beiden Erinnerungen sind also durch das Thema des *Ehrgeizes* miteinander verbunden, was in den Gesamtzusammenhang dieses und anderer von Freud berichteten Träumen paßt: etwas zu versprechen, versprechend zu sein, viel zu versprechen, Versprechen zu halten; oder zu viel zu versprechen und nichts zu werden.

Was Freud hier zeigen wollte, scheint uns heute schon selbstverständlich, nämlich die Methode, mit deren Hilfe der Berichter eines Traumes, indem er seinen Einfällen folgt, das in ihnen verborgene Gerüst rekonstruieren kann, das sein Dilemma als Erwachsener mit einem infantilen Dilemma verbindet und das tatsächlich zu einer bedeutsamen Kindheitserinnerung zurückführen kann, die schließlich den ganzen Traum inspiriert zu haben scheint. Wir verstehen nun auch die dominierende Wunscherfüllung im Traum: die Rache des beschämten Knaben, die gleichzeitig den Ärger des Mannes gegen die kaiserlichen Autoritäten magisch ausgleicht.

Wir wiederum haben die ganze Geschichte berichtet, um den Platz eines Traumes innerhalb der Untersuchung einer Lebensgeschichte aufzuzeigen und die systematische Art, in der ein früheres Lebensstadium, wenn es sich erst einmal für einen Traumvorgang geboten hat, in einer Aktualität wiedererscheinen wird, die Vergangenheit und Gegenwart kombiniert: das heißt, das Vergangene, insofern es darin aktuell geblieben ist, daß es noch immer nach Lösungen und Taten verlangt (z. B.: Ich halte, was ich verspreche); und die Gegenwart, insofern ihre aktive Spannung verletzlich gegenüber vergangenen Anspielungen auf Schwäche oder Verdammnis ist.

Was Freud zuerst durch seinen Traumbericht darlegte, war die Macht des infantilen Wunsches über das Innenleben des Erwachsenen. Die Ausrichtung der Wunscherfüllung des Traumes auf den Gesamtlebensraum des Träumers berücksichtigte Freud noch nicht. Aber wie wir sehen, liefert er viel mehr, als die meisten von sich behaupten können, nämlich die notwendigen Daten für weitere Analysen.

Lassen Sie mich, in Erinnerung dessen, was ich gezeigt und was ich mit dem assoziativen Material, das Freud nach dem Erwachen einfiel, in Verbindung gebracht habe, nun eine Zusammenfassung geben. Das *psychosexuelle Stadium*, das heraufbeschworen wurde, ist deutlich genug: neben der urethralen Zone und ihrer Funktion nehmen der Traum und besonders die Einfälle in Überfluß Bezug auf »feste, flüssige und gasförmige« Ausscheidungen. Was den Traum außerordentlich macht, ist der Umfang und die Reichweite der Assoziationen zu dem körperlichen Notstand, die Erholung von »Regressionen« und der Einfallsreichtum, mit dem die Örtlichkeiten und die Strategie des Traumes dreimal gewechselt werden, bevor er der weckenden Kraft des Bedürfnisses nachgibt. So wird der eliminative Modus in alle Arten von Durchgängen, Eisenbahnen und Ausgängen transponiert — die alle »besetzt« sind. Durch all das muß der Träumer dringend hindurch und muß dabei der Aufmerksamkeit von Kondukteuren, Prüfern und übereifrigen weiblichen Dienstboten entrinnen. Das körperliche Bedürfnis, Urin »durchzulassen«, ist hier von der Kloakenzone des Körpers auf größere räumliche Gebilde übertragen: nun muß der Träumer selbst dringlich durch ihm verweigerte Durchgänge hindurch — eine Übertragung von der Autosphäre zur Makrosphäre, die typisch in Träumen und Spielen verwendet wird.

Im *psychosozialen Entwicklungsplan* fällt ein Trend zur *Autonomie* und zu ihrem Gegenpart, dem Gefühl der Scham, mit dem anal-urethralen Stadium zusammen. Ich habe die Ansätze des *Willens* als das primäre Kriterium der Ich-Stärke im gleichen Stadium bezeichnet. All dies scheint ebenfalls Freuds urethralen Traum zu beherrschen. Das Thema der *Unabhängigkeit* kombiniert die politischen Anspielungen auf die Revolte der nationalistischen Jugend mit der Revolution der völkischen Gruppen, den Autonomiebewegungen der Provinzen und mit Unabhängigkeitskriegen. Hier ist die *Autonomie* offensichtlich mit dem Affekt eines persönlichen Bedürfnisses nach »unverschämter« Unabhängigkeit belehnt, von der erlaubten Befriedigung des Harndrangs in der Kindheit bis zu der frechen Rebellion des Schuljungen, vom »bäurischen« Verhalten des Gymnasiasten bis zu den größensüchtigen Gedanken des ferienfrohen Arztes. »Unverschämtheit« bedeutet ja einen auffallenden Mangel an Zurückhaltung, wie sie von einem richtigen Schamgefühl auferlegt wird. Wir sehen im Traum, wie der Träumer von dieser »überkompensatorischen« Ableugnung der Verlegenheit zum Affekt der Scham zurückkehrt. Entsprechend erhebt sich das Problem des Willens in vielen Formen: die Eigenwilligkeit des kindlichen Missetäters, die Willenskraft, die von dem kleinen Jungen und dem großen Reisenden gefordert wird, der überlegene Wille von Eltern und Autoritäten und der eigene Verlust der Selbstbeherrschung im inkontinenten Greisenalter, der Wille der Autorität und der ungebrochene Wille der Jugend, der nervöse Wille der absteigenden Autokratie und der heraufkommende Wille des Volkes. Was uns hier beeindruckt, ist also nicht nur die entwicklungsmäßige Logik, die dem vollständigen Inventar von Bildern und Haltungen anhaftet, das die Aktualität des Schläfers in jener Nacht notgedrungen beherrschte (urethrale Zone, eliminativ-retentiver Modus, psychosoziale Autonomie, soziale Beschämung und das Problem des Willens), sondern vor allem die Freiheit, mit der die Themen dieses Stadiums in all die Koordinaten der Wirklichkeit des erwachsenen Mannes hineinreichen. Denn der Traum vom Grafen Thun weist deutlich auch auf die politischen Neigungen hin, in denen der Träumer die stärkste Affinität zu seiner unbezähmbar individualistischen Weltanschauung gefunden hat: der Traum endet, wie ich nun zum Abschluß betonen will, mit einer mitklingenden Wiederversicherung der phallischen Angehungsweise des Träumers, seiner intellektuellen Initiative und seiner beruflichen Identität.

Wenn der alte Mann in das ihm vorgehaltene Glas Urin läßt, dann ist der Träumer nicht mehr ein verurteilter kleiner Bub oder ein drittklassiger Bürger, sondern (wie er das wirklich empfindet) ein wohlwollender Heiler, ein scharfer Beobachter und ein schlauer Erfinder. Es kann uns nicht entgehen, daß hier der Träumer die wahren Funktionen seiner schöpferischen Position im Leben wieder erwirbt, denn er *ist* ein Arzt, der neue Methoden erfindet, ein Befreier und (im beruflichen Zusammenhang) ein Politiker ersten Ranges. In anderen Worten: er übt nun im Traum die Art von Herrschaft aus, die ihm in der wachen Wirklichkeit Identität, Können und Macht verleiht. Die aber, die an ihm zweifeln, werden als alte Männer dargestellt, die die Herrschaft über ihre Sphinkter verloren haben, über die Wahrheit, über ihn. Sein Wille ist jetzt unabhängig und unbegrenzt: »Ich... erfinde einen Plan, ... sehe diesen Plan aber auch schon ausgeführt. Denken und Erleben ist gleichsam eins.«

Das ist also der Höhepunkt einer Tendenz im Traum, die Freud selbst »größensüchtig« nannte. Sie verlieh dem Träumer ein Gefühl der Schlauheit und der Fähigkeit, der Kontrolle am Ausgang »unauffällig zu entkommen«. Ich muß aber daran erinnern, daß, während der Gefühlston des Traumes ein stark manisches Element zu enthalten scheint, es ja die Ich-Verpflichtung des Traumes ist, eine derartige Selbstvergrößerung zu schaffen. Denn angesichts der beständigen Erinnerung an unsere unerfüllten und unerfüllbaren Wünsche, an unsere nie überwundene Verletzlichkeit und Beschränktheit, die uns jeder wache Tag nahebringt, muß der Traum uns helfen, mit einem Gefühl der Ganzheit, der Zentralisiertheit und des Könnens zu erwachen — mit anderen Worten: in einem aktiven Spannungszustand des Ichs. Man könnte — wie ich das in meinen Überlegungen zum »Irma-Traum« getan habe — behaupten, daß der Traum wesentliche Funktionen zu ihrem »konfliktfreien« Zustand zurückleiten muß, obgleich ich manchmal fühle, daß »Fehlen von Konflikten« und »neutrale Energie« eine etwas ärmliche Art scheint, unsere Bindung an die Aktualität und an die Welt der Taten zu charakterisieren. Freud sagt, daß er, während er träumte, wußte, daß er Träume verstand. Tatsache ist, daß er, wenn er wach war, Träume wirklich besser verstand als irgendein Mensch vor ihm und daß er imstande war, das, was er wußte, in großartiger Weise darzustellen. Und wenn er am Ende des Traumes die traurige Figur des alten Mannes betreut, dann betreute er im Leben nicht nur seinen sterbenden Vater, sondern eine wachsende Schar bis dahin nicht verstandener und unheilbarer Kranker.

So gehorchen Träume also nicht nur einem *Zensor*, der die andrängenden Wünsche der Nacht überprüft, sondern sie wenden sich auch an einen »*Sponsor*« (dieser Ausdruck wurde von Dr. Kathleen Stewart vorgeschlagen — auf Deutsch würde er etwa »Schutzpatron« besagen), der die Absichten und Erwartungen des Träumers sanktioniert und wohl dem verwandt ist, was Roy Schafer das »liebende Über-Ich« nennt[17].

Mir kommt hier Bertram Lewins luzider Essay über Descartes' Traumtrilogie[18] in den Sinn, die für den Träumer die Macht einer Erleuchtung hatte, und von Lewin zugleich als epileptisches Erlebnis im Traum wie als »der Ursprungsort« der Cartesianischen Grund-Idee gedeutet wird. Lewin stellt sich dabei die Frage, »was wohl Einstein oder Leibnitz oder Lao-Tse geträumt haben«. In der Art, wie wir Träume in Bezug zu Taten setzen, unterscheiden sich Dr. Lewin und ich offenbar, was deutlich werden wird, wenn ich die historische Aktualität diskutiere. Hier würde ich nur bemerken, daß auch Descartes in einem manischen Zustand zu Bett gegangen war, »völlig von dem Gedanken beherrscht, die Grundlagen einer wunderbaren Wissenschaft entdeckt zu haben«. Der Traum scheint also wirklich eine kataklysmische Krise darzustellen: psychosomatisch (denn Descartes war ein kränkliches Kind gewesen); sexuell (gemäß einiger vager Andeutungen); moralisch (denn da war die Frage, ob Gott oder der Teufel sein Wissen inspiriert hatte); intellektuell (hatte er recht — und hatte er das Recht, recht zu haben?). Er war damals zweiundzwanzig, und die Traumtrilogie erscheint wie eine Art privater Initiations-Ritus, der es dem jungen Denker gestattete, seinen Platz in der Geschichte des Denkens einzunehmen. Im letzten Traumteil erscheint plötzlich ein Mann, und hinter ihm eine unsichtbare Macht, die Bücher und Bilder vor den Träumer legt und sie dann wieder verschwinden läßt — offensichtlich die Macht, die »gibt und nimmt«. Dergestalt »sanktioniert« beschließt auch Descartes in seinem Traum, daß er weiß, daß er träumt und weiß, was der Traum bedeutet.

17 R. Schafer, The Loving and Beloved Superego in Freuds Structural Theory, in: The Psychoanalytic Study of the Child XV, International Universities Press, New York 1960.
18 B. Levin, Dreams and the Uses of Regression, International Universities Press, New York 1958.

Am Ende des Traumes vom Grafen Thun tritt auch ein unbekannter Mann auf, der, wie wir sahen, das Opfer des Wunsches des ehrgeizigen Träumers ist, der infantilen Scham zu entrinnen und zu beweisen, daß er »jemand« *ist*. Dieser Mann nun »stellte sich blind« und das nur auf einem Auge. Er drückte also ein Auge zu — was hieße, daß er wohl wußte, was vor sich ging, es aber »durchließ«. Das wieder könnte einem freundlichen Blinzeln entsprechen: verrät es väterliches Einverständnis mit dem manischen Selbstvertrauen des schöpferischen Träumers?

Um zusammenzufassen: Guter Schlaf gestattet uns, durch Vertrag mit der beschützenden Gemeinschaft, die Sicherheitseinrichtungen des Wachzustandes zu lockern und uns auf die Wiederbelebung verflossener Ereignisse einzulassen. Das Traumleben verwebt die jüngsten Gefährdungen des Herrschaftsgefühls des Ichs in den Teppich vorhergehender und weit zurückliegender Gefahren gleicher Art, wobei es persönliche Wahnvorstellungen und private Schlauheit benutzt, aus ihnen allen eine sinnvoll entworfene Vergangenheit zu weben und diese Vergangenheit auf eine Linie mit der zu erwartenden Aktualität zu bringen. Solange der Schläfer sich auf diese Weise entspannen, gut träumen und bereit zum Handeln erwachen kann, haben wir da ein Recht, sein Ich im Schlafzustand als schwach zu bezeichnen? Hat er nicht die Wirklichkeit so verwendet, wie das nur ein unregrediertes Ich tun kann? Ein wirklich handlungsunfähiges Ich versagt nicht nur im Traum, sondern auch beim Erwachen und im Wachen. Wenn Träume verhüllte Erfüllungen infantiler Wünsche enthalten und wenn derartige Wünsche damit verhindert werden, den Schlaf zu stören, dann haben wir reichlich Grund zu der Annahme, daß guter Schlaf und wirksames Träumen notwendige Vorbedingungen für die nächtliche Wiederherstellung der aktiven Spannung des Ichs sind. Es ist wahr, daß der Traum die feinstabgestimmten Mittel verwendet, um das Allerpersönlichste, das heißt die psychische Realität, Revue passieren zu lassen, aber er gibt auch dem erwachenden Schläfer die wirksamsten Mittel zurück, seine Aktualität mit denen zu teilen, die die ihre mit ihm teilen.

Der Traum vom Grafen Thun wurde mit dem doppelten Zweck besprochen, die Wiederherstellung der aktiven Ich-Spannung durch das Träumen zu illustrieren, und um den Traum systematischer auf die infantilen Entwicklungsstadien zurückzuverfolgen, die durch den Traumreiz wieder aktualisiert werden. Halten wir diesen Traum für vorwiegend eliminativ, dann können wir die Tatsache nicht übersehen, daß urethrales Material natürlicherweise phallisch-urethrale Anspielungen mit sich bringt; man könnte noch weiter gehen und nachweisen, daß solche Anspielungen von Hinweisen auf eine andere Gruppe entwicklungsmäßiger Daten begleitet werden: vom eindringenden Modus, von Initiative, Schuldgefühl (oder dessen Verleugnung), von Zielgerichtetheit — und von gewissen hysterischen Mechanismen. Sollten wir allerdings den Wunsch haben, ein ganzes Traummodell zu überblicken, das die Aktualität des dritten, des infantil-genitalen Stadiums der psychosexuellen Entwicklung illustriert, dann würde ich Freuds Traum von seiner Patientin Irma für solch ein Modell halten[19]. Da ich diesen Traum aber schon bei anderer Gelegenheit besprochen habe[20], möchte ich gerne zu einem anderen Gegenstand kommen, der im Traum vom Grafen Thun nur im Hintergrund bedeutsam war, nämlich zur historischen Aktualität.

Berufliche und historische Aktualität

Was gute Träumer für sich selbst leisten können, das muß der Psychoanalytiker beim Patienten wiederherstellen: ein schöpferisches Wechselspiel zwischen psychologischer Realität und historischer Aktualität. Freud machte aus jedem Patienten einen Mitarbeiter in dem Versuch, mit Hilfe des psychoanalytischen Prozesses wieder zu aktiver Ich-Spannung zu gelangen. Er machte aus der freien Assoziation, dieser meditativen Betätigung zwischen Traum und Denken, ein Untersuchungswerkzeug, aber nicht ohne die »psychoanalytische Situation« zu schaffen — eine Aktualität planvoll eingeschränkter Lokomotorik und minimaler konventioneller Wechselseitigkeit. Solch eine Aktualität aber vermittelt, durch die Veränderung des Zeitbewußtseins und des motorischen Sinnes während der langwierigen Umformung unbewußter Prozesse und inner-dynamischer Veränderungen, ein Gefühl des historischen Ablaufs, das in scharfem Gegensatz zu dem Tempo zeitgenössischer Ereignisse stehen kann. Ich möchte daher ein Wort über die Psychoanalyse und die historische Aktualität sagen. Wir haben den Traum vom Grafen Thun benutzt, um die Art zu illustrieren, wie historische Strömungen, an denen man ein ganzes Leben lang teilgenommen hat, in den adaptiven Prozessen widerklingen, die sich im Traum eines Menschen beobachten lassen. Unser Ziel auf weite Sicht ist ein besseres Verständnis des Wechselspiels zwischen Innen-

19 S. Freud, a. a. O., Anmerkung 15.
20 E. H. Erikson, Das Traummuster der Psychoanalyse, Psyche VIII, 561–604, Ernst Klett, Stuttgart 1954/55.

leben und Aktualität bei Menschen (Führern und Geführten), die zusammen Geschichte machen. Hier könnte man tatsächlich Freuds eigenes Leben (und Traumleben) systematischer in Bezug zu der Rolle setzen, die er schließlich in der Geschichte der Ideen einnahm. Ich will mich aber jetzt methodologischen Problemen und einer Reihe historischer Prozesse zuwenden, die unvermeidlicherweise unser gemeinsames zukünftiges Interesse erfüllen werden.

Die Geschichte ist bis jetzt noch ein relativ vernachlässigtes Feld in der Psychoanalyse, obgleich sich die Analytiker der *vergangenen Geschichte* zugewendet haben, um dort ihre Werkzeuge der Rekonstruktion zu erproben. Aber wir können nicht länger auf dem einseitigen Vorschlag verharren, wonach das Verhalten von Führern und Massen auf der Grundlage der Kindheit erklärt wird, die sie hatten oder die sie miteinander teilten. In »Der junge Mann Luther«[21] habe ich Luthers Kindheit und Jugend für den Nachweis verwendet, daß ein Reformator und seine Kindheit und die zu Reformierenden und ihre Kindheit genauso vom Stil der Anpassung und Wiederanpassung einer historischen Epoche beherrscht sind wie die politische Aktualität, die sie in einer entscheidenden historischen Tat vereint.

Es ist also ein großer Schritt von der Klinik zur Geschichte, ein Schritt, der in seiner Größe und Komplexität nicht verkleinert wird, wenn man die Geschichte als riesiges psychiatrisches Spital ansieht. Ich paraphrasiere damit die Feststellung eines englischen Schauspielkritikers, der vor nicht langer Zeit einen Blick über die Londoner Bühnen warf und feststellte, daß die Geschichte für die Dramatiker zum psychiatrischen Krankenhaus geworden sei. Er bezog sich dabei auf Stücke, die Figuren wie Lawrence von Arabien und Martin Luther auf die Bühne stellen und beide wie fast zu glaubhafte geistesgestörte Patienten schildern und keinen als den begeisternden und wirkungsträchtigen Mann der Tat, der er in der historischen Wirklichkeit gewesen war — wenn auch sicherlich nur in einer begrenzten Zeitspanne, der durch neurotisches Leiden und historische Tragik Schranken gesetzt waren.

Das Studium eines Mannes, den man groß nennt, wirft zuerst einmal und vor allem Licht auf andere Männer der gleichen Kategorie. Wir haben in Harvard und am *Massachusetts Institut für Technologie* (MIT) andere Reformatoren und ideologische Neuerer studiert. Grundlegend für ihr Streben fanden wir eine infantile »Rechnung, die beglichen werden mußte«, oder etwas, was sie selbst oft als »Fluch« bezeich-

21 E. H. Erikson, Der junge Mann Luther, Szcsesny, München.

neten, mit dem sie zu leben hatten oder den sie überwinden mußten. Männer wie Luther, Gandhi oder Kierkegaard zögerten keineswegs, ihren jeweiligen Fluch in Tagebüchern oder öffentlichen Kundgaben genau zu bezeichnen. Bei Luther zum Beispiel war es väterliche Brutalität, ob sie nun von seinem Vater oder seinen Lehrern ausgeübt wurde oder von Rom und dem Dogma, wie er es als Kind auffaßte; bei Gandhi war es der Tod des Vaters, oder eigentlich seine Überzeugung, daß er seinen Vater bei dieser letzten wie bei anderen Gelegenheiten im Stich gelassen habe; bei Kierkegaard war es ein merkwürdiger Fluch, der seine eigene Verdammnis mit der geheimen väterlichen Verworfenheit verband. In jedem Fall aber hatten die Väter auch ihre Söhne in einer Weise an sich gebunden, die offene Auflehnung oder Haß unmöglich machte. Unter demselben Zeichen hatten sie ihren Söhnen auch das Gefühl auferlegt, von ihren Vätern sowohl gebraucht wie erwählt worden zu sein und daher ein höheres Schicksal und eine Pflicht zu tragen, obgleich gerade diese Söhne sich isoliert oder schwach fühlten, körperlich unterlegen oder schüchtern und feige. Unter Verwendung der richtigen Absicherungen kann man noch über diese Beispiele hinausgehen und analoge Themen entdecken: hier fallen einem sicherlich Wilson und Eleanor Roosevelt ein, auch eine große Erneuerin auf dem Gebiet der Frau im öffentlichen Leben. Derartige Männer und Frauen haben ein außerordentlich strenges und frühreifes Gewissen in der Kindheit gemeinsam, und sahen meist schon in jungen Jahren alt aus. Sie neigen sowohl zu einem übermäßigen Gefühl der Unwürdigkeit wie zu einer frühreifen Beschäftigung mit den »höchsten Dingen«. Sie können versuchen, dies in ihrer Jugend durch konventionelle und weltliche Mittel abzuschütteln: Luther sang, Gandhi tanzte Walzer und Kierkegaard trank — alle während einer kurzen und unheilvollen Periode. Aber dann klärt sich ihr frühes Gefühl, auserwählt zu sein, zu der Überzeugung, daß sie in ihrer individuellen Lebensführung die Verantwortung für einen Teil der Menschheit tragen, wenn nicht sogar für die gesamte Existenz, und dann erleben sie ihr »großes Entsagen«, das sie frei macht für »die Liebe zum Handeln im großen Maßstab«, wie Wilson das ausdrückte.

Viel von dem, was ich bisher sagte, könnte aber auch für einen großen Exzentriker oder Schlimmeres gelten. Man muß daher ergänzen, daß solche Menschen auch ungewöhnliche körperliche Energien, seltene geistige Konzentration und völlige seelische Hingabe zeigen, die sie durch Versuche und Irrtümer und knapp an Katastrophen vorübertragen, und ihnen vor allem helfen, ihre Zeit abzuwarten, bis sie ihr

Publikum finden, genau wie ihr Publikum sie findet und wählt.

An dieser Verbindungsstelle wird irgendeine derartige Theorie, wie etwa der psychosoziale Begriff der *Identität*, zum historischen Werkzeug. Ich will hier nicht ihre dynamischen Bestandteile als ein bewußtes »Gefühl« und doch auch einen tief unbewußten Aspekt der Person aufzählen. Innerhalb der historischen Aktualität ist sie die Summe aller Bilder, Ideen und Kräfte, die – grob gesagt – einer Person (und einem Volk) das Gefühl einflößt, mehr »wie sie selbst« zu sein und mehr »wie sie selbst« zu handeln. In historischen Ausdrücken bedeutet das: wie das, was sie für ihr historisches Selbst halten. Auf die gleiche Art definiert die *Identitätsverwirrung* das, was Individuen und Völkern das Gefühl einflößt, daß sie ihren eigentlichen Kern verraten und den Zugriff an »ihre« Zeit verlieren.

Es gibt geschichtliche Perioden, die Identitäts-Vacua sind, wo ein plötzliches Entfremdungsgefühl sich ausbreitet. Unsere Zeit hat mit der Luthers eine Entfremdung gemeinsam, die sich aus korrespondierenden Elementen zusammensetzt: *Furcht*, die durch Entdeckungen und Erfindungen erregt ist (einschließlich von Waffen), die die raum-zeitliche Qualität des Weltbilds radikal erweitern und verändern; *innere Ängste*, die durch den Verfall bestehender Institutionen vertieft werden, die die historische Verankerung einer Elite-Identität gebildet hatten; der *Schrecken* vor einem existentiellen Vakuum. In solchen Perioden haben die tiefen Konflikte und besonderen Gaben der Führer ihr »Handeln im großen Maßstab« gefunden, und wurden sie von Zeitgenossen gefunden und erwählt, die von analogen Konflikten und entsprechenden Bedürfnissen besessen waren. In meiner Untersuchung über Luther habe ich detaillierter zu zeigen versucht, wie seine Predigten über die Psalmen gleichzeitig eine Selbstheilung, eine siegreiche, wenn auch verspätete individuelle Identitätsbildung und auch das Versprechen einer neugeweihten christlichen Identiät an seine Landsleute verrat, die in der paulinischen Theologie wurzelte, aber doch den politischen, ethischen und wirtschaftlichen Entwicklungen seines Zeitalters verbunden war.

Es gehört aber zu den Charakteristiken einer schweren Identitätskrise, daß sie das Bedürfnis weitgehend erhöht, abzugrenzen, was man nicht ist, und zu verwerfen, was als fremde Gefahr für die eigene Identität empfunden wird. Hier wird die menschliche Unfähigkeit, eine gewisse stammesmäßige und ideologische Territorialgebundenheit zu überwinden, nicht nur zum Hindernis bei der Anpassung an veränderliche

Ereignisse, sondern auch zur Ursache von Ausrottung und Massenmord.

Es ist offensichtlich, daß die Psychoanalyse heiße Kriege besser als kalte versteht und daß wir bei der Suche nach einer möglichen Hebelwirkung der psychoanalytischen Methodik auf die Biographie Menschen zum Studium ausgewählt haben, die sich selbst erwählten, indem sie eine Fülle leidenschaftlichen introspektiven Materials in Tagebüchern und Bekenntnissen darboten und deren historische Aktualität durch »heiße« geistige und ideologische Konflikte bezeichnet ist. Man könnte sagen, daß wir, indem wir uns auf Menschen konzentrieren, die stark durch ein Offenbarungsgefühl motiviert sind (was, in einem gewissen Sinn, selbst Wilson war), wir unsere Methode für die Analyse von Männern der Entscheidung disqualifiziert haben, die das Gefühl persönlicher Offenbarung auf ein Minimum reduzieren müssen und kühles, objektives Urteil, disziplinierte Zusammenarbeit und alle Register und Sicherungen einer fortgeschrittenen Technik kultivieren. Bei näherem Zusehen könnte sich aber ergeben, daß Offenbarung und historische Entscheidung (insofern sie die Entscheidung eines einzelnen bleibt) auf demselben Kontinuum existieren, nämlich auf dem der Resolutionen, die eine plötzliche und nicht wieder rückgängig zu machende Verschiebung im Geschick von Führern und Geführten verursachen. Denn die historische Aktualität ist der Versuch, aus der Unordnung der Vergangenheit eine zukünftige Ordnung zu schaffen. Die großen historischen Entscheidungen sind einfach diejenigen, durch die ein Führer oder eine führende Gruppe, die erwählt und motiviert sind zu führen und überlegene Führerqualitäten besitzen, aus einer Kombination ihrer eigenen Vergangenheiten mit den typischen Vergangenheiten der Geführten eine gemeinsame Zukunft schaffen, und so eine Konzeption der Wahrheit in der Aktion erwerben und bieten.

Die Wahrheit in der Aktion aber definiert die Wirklichkeit sofort neu und geht daher ein immenses Risiko ein. Gandhi sagte einmal (ich zitiere aus dem Gedächtnis): »Man sagt mir, daß Politik und Religion zwei verschiedenen Sphären angehören. Aber ich möchte ohne einen Augenblick des Zweifels und in aller Bescheidenheit sagen, daß diejenigen, die das behaupten, nicht wissen, was Religion ist.« Aber dann kamen die schrecklichen religiösen Unruhen und beschmutzten das Prinzip der Gewaltlosigkeit durch sadistische Pöbelherrschaft in unvorhergesehenem Ausmaß.

War Gandhis Einfluß eine Kraft, der vergleichbar, die nur in den seltensten Augenblicken charismatischer Offenbarung gegenwärtig ist, und das, was folgt, ein riesiger Unglücksfall, der der menschlichen Schwäche entsprang? Gandhi selbst würde dieses Urteil niemals akzeptiert haben, was ihm ja in der Tat seine Hingabe sowohl an die Religion wie an die Politik verboten hätte, weswegen er fastete, wenn seine Anhänger ihn im Stich ließen. Vielleicht ist es an der Zeit, daß wir politische Aufeinanderfolgen als psychologische Kontinuitäten untersuchen, statt als zufällige unglückliche Verwicklungen. Damit würden wir nichts anderes tun, als eine Methode auf die Geschichte auszudehnen — aber mit historischen Werkzeugen auszudehnen — die Freud zuerst auf neurotische Lebensverwicklungen anwandte, die vor ihm auch nur als reine Bruchstücke ohne zusammenhängenden Sinn angesehen wurden.

Die Erfahrung des Psychoanalytikers besteht darin, daß er Fall um Fall die Art untersucht, in der die integrativen Kräfte eines Patienten durch Bruchstücke der Vergangenheit inaktiviert werden, Bruchstücke, die sich der Aktualität anheften und sich doch weigern, sich in eine Zukunft transformieren zu lassen —, wie etwa unverarbeitete Erinnerungen, unbefriedigte Triebe, zusammenhanglose Angstgefühle, nichtvollzogene menschliche Beziehungen, unbeschwichtigte Gewissensforderungen, nicht verwertete Fähigkeiten, unvollständige Identitätsformen, unterdrückte geistige Bedürfnisse. Bei der Untersuchung derartiger Stadien und Krisen der individuellen Entwicklung (in Falldarstellungen, Lebensgeschichten und Biographien), bei denen die schlimmsten Blockierungen nicht umformbarer Vergangenheiten vorzukommen scheinen, hat der Psychoanalytiker in den letzten Jahren auch gelernt, die individuellen und die sozialen Mechanismen zu erkennen, durch die die innere Ordnung wieder aktiviert und erneuert werden kann.

Ich habe daher das Gefühl, daß einer der möglichen Beiträge der Psychoanalyse zur Untersuchung historischer Prozesse in der Aufklärung starrer unbewußter innerer Hindernisse bestehen könnte, die der historischen Vergangenheit entstammen und die sich neu auftauchenden Entscheidungen in der gegenwärtigen Geschichte hemmend in den Weg stellen. Sie könnte zu der Abgrenzung dessen beitragen, was sich als *psycho-historische Aktualität* bezeichnen ließ, das heißt der Summe historischer Tatsachen und Kräfte, die von unmittelbarer Relevanz für die adaptive Voraussicht und für die lähmende Furcht vor ihr sind. Eine derartige innerpsychische Relevanz trägt auf durchdringende Weise zu dem vorherrschenden Gefühl historischer Raum-Zeit in einer gegebenen Bevölkerung bei. Und was für Individuen, die ihre individuelle Lebensgeschichte durchleben, am relevantesten wird, das bestimmt auch ihren Einfluß auf die künftige Geschichte. Denn die historische Aktualität weist auch auf die zur Verfügung stehenden Hilfsmittel und Quellen hin, die die Umformung der Vergangenheit in eine Zukunft umfassenderer Identitäten ermöglichen.

Eine historische Entscheidung ist nun ein tatsächlich sehr konzentrierter Augenblick historischer Aktualität, denn hier verschmelzen die Kraftquellen des Entscheidungfällenden und derjeniger, die die Entscheidung annehmen und tragen müssen, in einem Punkt. Um das zu verstehen, müssen Historiker *und* Analytiker lernen, den Umstand voll zu erfassen, daß, während jedes individuelle Leben eine longitudinale Logik besitzt, alle Leben, die innerhalb einer gegebenen historischen Periode in wechselseitiger Abhängigkeit gelebt werden, eine Art historischer Logik teilen — und eine Unlogik. Vieles davon ist in der Art und in den Bildern enthalten, mit deren Hilfe Menschen sich miteinander identifizieren, sich mit ihren Institutionen und die Institutionen mit sich selbst identifizieren, sich mit ihren Führern und die Führer mit sich identifizieren, und wie sie, indem sie sich so identifizieren, ihre Gegener und Feinde ausschließen (man könnte sagen, sich selbst von ihnen desidentifizieren).

All dies hat seine Vorläufer in der Kindheit und in Identifikationen mit den ersten Gegenspielern im individuellen Leben. Jeder neue Anfang im späteren Leben und jede neue Bindung und Beteiligung klingt in den Kindheitsschichten unserer Vorstellungen und unserer Affekte wieder, wo alle Könige und Führer Väter oder große Brüder sind und alle Länder und Ideen Mütter. Wir müssen lernen, dies als gegeben hinzunehmen und es zugleich neuen Untersuchungen zu unterziehen, denn jedes Zeitalter entwickelt seine eigene Form dieses Wechselspiels. Was in vielen Menschen zur gleichen Zeit wiederklingt, hat aber eine andere Qualität als die Reaktionen, die an isolierten Individuen zu beobachten sind. Es unterscheidet sich vor allem in jener Nähe zur geplanten Aktion, die entscheidend für die politische Bedeutsamkeit ist. Da Nationen und Personen völlig verschiedene Systeme darstellen, muß also jeder infantile oder vor-rationale Punkt, der als solcher erkannt und benannt wurde, in einer Doppelnatur als Besitz jedes individuellen Lebenszyklus *und* als Besitz einer Gemeinschaft, und daher auch dem Schicksal von Institutionen unterworfen, untersucht werden. Die psychohistorische Aktualität hat daher zwei Komponenten: die Relevanz historischer Veränderungen für die Identitätsbildung des einzelnen und die Relevanz für den weiteren historischen

Wandel jener Arten von Identitätsbildungen, die in einer gegebenen Gesellschaft in einer gegebenen Geschichtsperiode dominant geworden sind.

Ein echter Führer andererseits wird offensichtlich durch seinen intuitiven Zugriff zu den Aktualitäten der Geführten definiert, das heißt zu ihrer Bereitschaft, geistesgegenwärtig in bestimmten Richtungen zu handeln; und durch seine Fähigkeit, sich selbst als neuen, vitalen Faktor in diese Aktualität einzuführen. Der Erfolg jedes größeren Entschlusses, den er faßt, hängt von diesen beiden Fähigkeiten ab. Wollen wir versuchen, seine Position abzuschätzen, so müssen wir also sowohl die Aktualitäten kennen, mit denen er es zu tun hat, wie die Einflüsse, die zu einer gegebenen Zeit akut relevant für die Fähigkeit seiner Anhänger ist, eine Entscheidung zu akzeptieren. Denn wir wissen, daß eine Entscheidung vorhandene innere Hilfsquellen mobilisieren muß, und daß eine Schwäche in solch einer Mobilisierung zu einem Identitätsverlust großen Maßstabs und zu einer Inaktivierung adaptiver Mechanismen führt, die ihrerseits irrationale Wutgefühle (in Gruppen wie in einzelnen) entfesseln, die nur auf den »ersten Schuß« warten.

Die Macht dieser Vorgänge in der psycho-historischen Aktualität anerkennen, hieße zu einem gegebenen Zeitpunkt nicht nur zu verstehen suchen, an welchen Punkten Individuen die Realität entstellen und übermäßig zu regredieren drohen, sondern auch, wie bereit sie in ihrer Aktualität sind, die Überreste der Vergangenheit zu transzendieren und um einer weiteren und umfassenderen Identifizierung unter den Menschen willen rationalere Ausblicke zu mobilisieren und zu kultivieren — also um einer Identifizierung willen, die die Hebelkraft für entscheidende Taten liefert.

Heinz Hartmann sprach kürzlich von verborgenen Predigern in unserer Mitte[22]. Aber wenn ich mir schon die Tradition zunutze gemacht habe, die den Sonntagmorgen zur passenden Zeit für nicht-so-verborgenes Predigen macht, so habe ich mich doch wenigstens bis jetzt des priesterlichen Vorrechts begeben, meinen Text durch die Verquickung mit möglichen Katastrophen zu empfehlen. Theorien werden nicht dadurch richtiger, daß man sie auf Notsituationen zuschneidet, und es gibt Gefahren, deren Größenordnung es verbietet, sie in hastige theoretische Kontroversen hineinzustellen. Aber auf der anderen Seite ist es auch nicht mehr möglich, eine Verschiebung in den historischen Bedingungen zu ignorieren, die uns

22 H. Hartmann, Psychoanalysis and Moral Values, International Universities Press, New York 1960.

das eisige Gefühl einflößt, begrifflich unvorbereitet zu sein. Am Ende des Ersten Weltkrieges konnte Freud noch der Hoffnung Ausdruck geben, daß nach dem Blutbad Eros seine heilende und versöhnende Macht wieder aufrichten würde. Heute wäre es ein tödlich vergifteter Eros, der der Katastrophe nachschliche.

Mit diesem Wissen werden einige von uns zu entschlossenen Partisanen, wie es jedermanns Geburtsrecht und Pflicht ist, wenn er fühlt, daß sein Augenblick der Teilnahme an einer gemeinschaftlichen Aktion gekommen ist. Wir befassen uns hier aber nur mit der Anwendung psychoanalytischer Konzepte auf den Umgang mit der politischen Aktualität. Hier fühlen sich die meisten von uns gehemmt, nicht nur durch eine Apathie, die wir wohl mit anderen Berufen teilen, sondern durch unsere besondere Einsicht in die menschliche Natur. Denn die Bedingungen, unter welchen innere dynamische Vorgänge sich analysieren lassen, scheinen denen fast diametral entgegengesetzt, unter denen politische Entscheidungen getroffen oder beeinflußt werden können, das heißt entgegengesetzt in den Relationen von Beobachtung und Handlung, von Introspektion und Entschluß. Dies klar zu sehen, könnte aber der erste Schritt dahin sein, einen Zugang zur *gegenwärtig* ablaufenden Geschichte zu finden.

Man sagt uns oft, daß Praktiker, die ungezählte Stunden Lebensgeschichte mitanhören, imstande sein müßten, sich eine Meinung über den Einfluß historischer Veränderungen auf den einzelnen zu bilden. Wir selber grübeln darüber nach, wenn wir, erschüttert von unheilverkündenden Wendungen in den Weltereignissen, unseren entspannten Patienten zuhören, wie sie »frei« assoziieren und tapfer der psychischen Realität ins Angesicht sehen, während sie um die Sorgen der Weltgemeinschaft sorgfältig herumnavigieren. Wir sind auch nicht blind gegenüber der Tatsache, daß nur eine begrenzte Zahl unserer Patienten oder Studenten nach Jahren der Gewöhnung an die psychoanalytische Situation mit einem erhöhten Verständnis zur aktuellen Wirklichkeit zurückkehrt. Nicht wenige scheinen eher von dem Zwang getrieben, ihre private psychische Realität auf die Aktualität der Gemeinschaft auszudehnen, und prompt zu versuchen, Heim und Arbeit, Beruf und Bürgerschaft mit entsprechenden Deutungen zu belasten. Im Umgang mit politischen Veränderungen bestehen sie darauf, dieses »Realitätsgefühl« über die soziale Szene zu verbreiten, Masken herunterzureißen, Abwehrhaltungen bloßzustellen und Ableugnungen zu bekämpfen, und zwar mit wenig Rücksicht auf die Struktur öffentlicher Angelegenheiten. Diese Tendenz hat ihren Ursprung natürlich im Ethos der Aufklärung, die in der Psychoanalyse ein neues Werkzeug — und eine neue Waffe — gefunden hat. Und da die berufliche Identität des Analytikers durch Tradition und Wesen mit den Doktrinen einer rationalen Aufklärung und persönlicher Freiheit verbündet ist, unterstützt er jene Methoden und Waffen des Liberalismus (die wiederum ihn unterstützen), denen eine relative Überschätzung der reinen Gewahrwerdung der »Realität« und eine Vernachlässigung des Wesens politischer Hebelwirkung gemeinsam ist.

Lassen Sie mich mit ein paar Bemerkungen über die psychoanalytische Methode in ihrer Beziehung zur jeweils gegenwärtigen Geschichte schließen. Wie schon angedeutet, sollten wir von Anfang an zugeben, daß die berufliche Aktualität, innerhalb derer die psychoanalytische Methode einen Menschen verändern kann, so verschieden von der Szene politischer Entscheidungen ist, wie nur irgend zwei menschliche Situationen sein können. Die Psychoanalyse als klinische Methode besitzt einen eingebauten Regulator, der sowohl den Patienten wie den Analytiker daran hindert, entscheidende Veränderungen zu unternehmen, ohne Zeit für genügend Retro- und Introspektion gehabt zu haben, so daß Deutung, Vorgriff und Vorhersage alle auf extensiver und bewiesener Post-Diktion fußen können. Die Psychoanalyse »wirkt« daher nur in einem kontrollierten Milieu, wo sie der Behebung neurotischer Hindernisse, der Wiedereinsetzung der heilenden Natur und vielleicht der Befreiung des Genius dient, der zu entscheiden weiß. Ich habe darauf hingewiesen, in welcher Weise meiner Ansicht nach die psychoanalytische Methode auch auf das Verständnis massiver Widerstände ganzer Bevölkerungen gegen einen Wechsel angewendet werden könnte, den sie eigentlich schon ersehnen und für den sie schon beinahe bereit sind. Die Art der Entscheidung aber, die eine derartige historische Bereitschaft aktualisiert, muß eine Gesamtreaktion auf die höheren Forderungen »der Stunde« sein und muß unbewußte und bewußte Elemente, persönliche und kollektive Reaktionen in einer einmaligen Koordination umfassen. Vorwiegend psychologisches Interesse als solches hat wenig Auswirkung auf politische oder organisatorische Urteile und es ist manchmal sogar eher störend, wie wir das zum Beispiel sehr gut aus den Schwierigkeiten erkennen, die wir bei unseren ersten Versuchen antrafen, die psychoanalytische Ausbildung in großem Maße zu organisieren — unter Bedingungen, die sich weit von denen unterscheiden, als wir noch stolz waren, im Untergrund zu arbeiten — in jedem Sinn des Wortes. Auch wir haben jetzt eine Geschichte, als Organisation und als Faktor der westlichen Kultur, und es sollte uns nicht verwundern, daß wir in einem Zeitpunkt dem Problem unserer eigenen Geschichte gegenübertreten, wo wir — zusammen mit anderen Humanisten — soweit sind, historische Prozesse zu untersuchen. Neue Ideen, neue Bewegungen, neue Länder, sie alle verhalten sich so, als überlagerten sie die Geschichte. Geschichte zu haben aber bedeutet, Erbe tragischer Schuld und überlebender Irrtümer zu sein. Unsere früheste Formulierung der infantilen Sexualität zum Beispiel ist in einer Art in die sexuellen Sitten und in die Bilderwelt der Literatur, nicht zu sprechen von dem selbstbefangenen Vokabular unserer Zeit, eingedrungen, die wir oft gerne rückgägig machen würden. Und wir hatten und haben noch unseren Anteil an Es-Utopien, in denen die Geschichte selbst von der Macht der infantilen Sexualität überlagert sein soll.

Wir können daher der wichtigsten Aufgabe unsererZeit nicht ausweichen — einer Aufgabe, die wir selbst zu bilden halfen —, nämlich der, an der historischen Aktualität bewußter und daher verantwortlicher teilzunehmen, als die Generationen vor uns. Aber das ist ein seiner Natur nach methodologisches und zugleich in seinen Folgeerscheinungen ethisches Problem, — wie das ja tatsächlich alle Probleme waren, auf die die Psychoanalyse sich konzentrierte. Wie immer, kann also nur eine Klärung unserer eigenen Situation als Beobachtende und Teilnehmende den langwährenden Einfluß unserer Methode überwachen (wenn irgend etwas das kann). Diese Überlegung führt sofort zu ein paar naheliegenden Warnungen.

Selbst wo die Partisanenschaft des Psychoanalytikers deutlich ist — und besonders dann — darf er seine berufliche Methode nicht dazu verwenden, den oder das, was er verabscheut, anzugreifen oder anzuprangern. Er muß sowohl an den Beobachter wie an den Beobachteten den gleichen Maßstab anlegen und die gleiche Annahme möglicher irrationaler oder pathologischer Verwicklungen zulassen; beim Arzt wie beim Kranken, beim Friedliebenden wie beim Kriegstreiber, beim Denker wie beim Täter. Solch universale Objektivität, gepaart mit aufgeklärter Partisanenschaft, scheint mir fast so etwas wie ein psychoanalytisches Gegenstück zum hippokratischen Eid in der Medizin zu sein. Unsere Methode ist auf alle Fälle so durchaus humanistisch, daß sie erfolgreich nur für eine fortgesetzte Aufklärung auf universaler Ebene verwendbar ist und niemals zu irgend jemandes Technik des Umsturzes werden kann.

Wenn aber die Selbstanalyse immer ein wesentlicher Bestandteil der psychoanalytischen Methode ist, dann, meine ich, haben wir unsere Arbeit in einer Hinsicht, die essentiell für das Verständnis der Geschichte ist, nicht geleistet, das heißt in der Klärung der Beziehung unserer Arbeit zur aggressiven und destruktiven Aktion. Es ist zum Beispiel gar nicht ungewöhnlich, in Diskussionen zwischen den Disziplinen den Todestrieb als unsere wichtigste Erklärung sowohl für kriegerische Gesinnung wie für die Lähmung der Friedliebenden erwähnt zu hören.

Die Tatsache, daß Freud bei seinem Versuch, den Tod zu verbegrifflichen, es vorzog, innerhalb seiner »Mythologie« der Triebe zu bleiben, ist eine Angelegenheit der Geschichte der Begriffsbildung. Als solche hat sie manch eine Diskussion über offene oder versteckte Destruktivität in spekulative Sackgassen geführt. Bevor man Freuds Ideen abtut, sollte man aber immer zugeben, daß ihre Großartigkeit zumindest die Unermeßlichkeit des zu verstehenden Problems ahnen läßt. Statt dessen aber wurde die klinische Beobachtung durch den allgegenwärtigen Ausdruck »Aggression« weiter verdunkelt, der alles bedeuten kann, von der entschlossenen Annäherung an ein Objekt bis zum Angriff mit der Absicht der Vernichtung. Aber ich glaube, es gibt einen »aktuelleren« Grund für die Tatsache, daß das erbarmungslose Streben des Menschen nach Können, Herrschaft und Macht nur allmählich unter psychoanalytische Beobachtung geraten ist: ich meine das verständliche Widerstreben, es in der eigenen beruflichen Aktualität zu erkennen. Betätigungen wie das Heilen, das Verstehen und das Theoretisieren werden nur dann mit einem Verdacht auf verborgenen Sadismus angesehen, wenn Messer gebraucht, lebende Geschöpfe seziert oder Waffen verfeinert werden. Aber die Geschichte der Psychoanalyse zeigt deutlich, daß sie — wie jede andere Untersuchungsmethode — dem Machttrieb dienen kann und dem Bedürfnis nach scharfen, wenn auch anscheinend unblutigen Waffen. In dieser Zeit der tragischen Gegenüberstellung »selbstloser« und »objektiver Wissenschaft« mit ihren mörderischen Ergebnissen könnte es aber durchaus Sache der Psychoanalyse sein, eine Selbst-Prüfung des wissenschaftlichen Geistes einzuführen.

Daß die Wissenschaft mit Absicht dazu verwendet werden kann, die Kriegsführung zu verschärfen, ist klar, und der moderne wissenschaftliche Militarismus hat viel schreckerfüllte Aufmerksamkeit auf sich gezogen. Die zeitgenössische Geschichte sollte aber deutlich machen, daß die Angelegenheit von Krieg und Frieden nicht länger einfach als die Unterschiedlichkeit zwischen der Schießbereitschaft der Kriegsanhänger auf der einen Seite und der friedlichen Beschäftigung mit Wissenschaft und Gelehrsamkeit auf der anderen angesehen werden darf. War die Rolle der Wissenschaft bei der ursprünglichen Schaffung der nuklearen Großwaffen ein »natürlicher« Auswuchs des technischen Fortschritts, gepaart mit lobenswertem Nationalgefühl und demokratischen Überzeugungen? Und war die daraus folgende Eskalation des Wettrüstens eine unnatürliche Entwicklung, die aus dem blinden Ehrgeiz und den Ängsten weniger »vernünftiger« Menschen resultierte? Es scheint, daß der intellektuelle Beobachter und Partisane sich häufig weigert, der historischen Rolle des geistigen Menschen in dem immer sich wiederholenden Kreislauf von technischer Erfindung und raffinierter Zerstörung im größten Ausmaß, von geistiger Erneuerung und ideologischem Fanatismus, von wechselseitigem Verstehen und rechthaberischer Vernichtung ins Gesicht zu sehen.

Robert Oppenheimer gebrauchte das Wort »Sünde« für das Gefühl des Wissenschaftlers, plötzlich der Gefahr gewahr zu werden, die die ganze menschliche Art bedroht. Aber ist diese tragische Sünde der Wissenschaft nur dann eigen, wenn die Wissenschaftler zufällig schlimmere Waffen zu entwickeln helfen, als sie ursprünglich beabsichtigten, und dann entdecken, daß diese Waffen gegen die falschen Leute gerichtet werden? Sünde ist auf alle Fälle nicht das richtige Wort — in unserem Zusammenhang. Aber es ist immer etwas Blindes und Grenzenloses an den abenteuerlichen Plänen der Wissenschaft und der Technik, das jetzt in seiner historischen und psychologischen Beziehung zu anderen Formen der Eroberung und Beherrschung verstanden werden muß, verstanden in seiner individuellen Motivation wie in seiner gemeinschaftlichen Entwicklung.

Das allerdings setzt eine andere Zurückhaltung in manchen unserer privaten und öffentlichen Argumente voraus. In erster Linie beschäftigt mit der Realität, die heilt, neigen wir dazu, auch die vor-rationalen und arationalen Denkweisen, wie sie Menschen in Aktion charakterisieren, als irrational zu diagnostizieren, und daher als krank und sogar »verrückt« zu bezeichnen. Die Analogie zwischen individueller Geisteskrankheit und Massen-Irrationalität kann aber ohne eine Klärung der systematischen Unterschiede zwischen dem inneren Zustand des geistesgestörten Individuums und den sozialen Bedingungen, die zur Massen-Irrationalität führen, vollständig irreführend sein. Die Frage lautet tatsächlich, wie es dazu kommt, daß irrationale Denkformen gleichzeitig mit vor-rationalen und rationalen Denkprozessen einhergehen können, und das gerade bei den »vernünftigen« Leuten und in den »richtigen« Institutionen; denn diese Kombination ist es, die die Anpassungsfähigkeit zu inaktivieren droht und die Einsicht der Denkfähigsten trüben kann. Vor-rationale

Mechanismen (wie Projektion und Introjektion) sind entwicklungsmäßig frühe, strukturell primitive und doch grundlegend notwendige Denkmechanismen; und der Mensch (der geistig gesunde Mensch) greift nicht nur im Zustand der Irrationalität auf sie zurück, sondern auch dann, wenn es ihm an der Information oder Motivation für rationaleres Denken mangelt und besonders dann, wenn er von der unklaren Wut besessen ist, die eine Situation *adaptiver Impotenz* begleitet. Gerade die Tatsache, daß eine solche Wut, wenn sie von Führern ausgebeutet wird, von ihnen auch höheren Idealen der Pflicht und Leistung vorgespannt werden kann, zeigt, daß diese Art Unvernunft nicht vom Wesen der Geistesstörung ist. Ihre einzige Heilung besteht tatsächlich in einer Führerschaft, die die Natur der politischen Kommunikation beherrscht und doch aufgeklärt genug ist, um — zu ihrem eigenen Besten — die schlaue Ausbeutung des nichtrationalen Denkens zu vermeiden.

Um zusammenzufassen: die Art des Psychoanalytikers die Dinge anzusehen gestattet ihm, in der Geschichte jene Symptome zu entdecken, die den tödlichen Einfluß der Vergangenheit auf eine potentiell lebendigere Zukunft enthüllen und Möglichkeiten einer umfassenderen Solidarität selbst im Kern feindseliger Spannungen zu bemerken. Soll aber diese Art mit historischen Daten umzugehen auf die zeitgenössische Geschichte angewendet werden, bedarf es einer entsprechenden Bemühung von seiten der politischen Historiker und der geschichtsbewußten Politiker, um in den ihnen vertrautesten Prozessen dasjenige sorgfältig auszusondern, was sie selber deutlich als traditionelle »Komplexe« erkennen, die die gegenwärtige Geschichte mit Vorurteilen belasten. In fragmentarischer Form finden wir derartige Bemühungen überall um uns: ein ausgereiftes Beispiel dafür wäre George Kennans Buch *Russia and the West under Lenin and Stalin*, das eine Tatsache ausspricht, die er selbst ganz offenbar als Grenzfall von Psychologie und Politik sieht, nämlich das gefährliche Bedürfnis seiner Landsleute, einen geschlagenen Feind zur bedingungslosen Unterwerfung zu zwingen — ein Bedürfnis, das entscheidend zu der internationalen Spannung beigetragen hat, unter der wir augenblicklich leben. Die Frage ist, ob Historiker und Psychoanalytiker die Kluft zwischen psychischer Realität und historischer Aktualität überbrücken und gemeinsam feststellen können, nicht nur ob und warum die Meinungen und Aktionen eines Führers oder eines Volkes vom rationalistischen Standpunkt aus irrational erscheinen, sondern auch welche Alternative in der historischen Aktualität am akutesten sind; nicht nur, welche Ängste

ein umfassenderes Identitäts- und Sicherheitsgefühl gefährden, sondern auch welche möglichen Entwicklungen diese
Gefühle stärken und fördern könnten. Denn die kollektive wie
die individuelle Anpassung wird nur durch das richtige Verhältnis zwischen angebotener Einsicht und »sanktionierter«
Tat gefördert.

Ich habe jetzt (soweit ich dazu imstande bin) den Platz dessen
abgesteckt, was ich Aktualität sowohl in der Lebensgeschichte
wie in der Völkergeschichte nennen würde. Die Epistemologen
unter Ihnen sind zweifellos zu dem Schluß gelangt, daß
»Realität« schon immer das verkörpert hat, was ich hier der
Aktualität zuschreibe. Aber ich hoffe, Ihre Zeit nicht um-
sonst beansprucht zu haben, wenn ich darauf dränge, daß das
Aktuelle wohlüberlegter und systematischer in die Diskussion
einbezogen werden sollte, um eine Kluft in unserem Verständnis des historischen wie des infantilen Menschen aus-
zufüllen.

VI Die Goldene Regel im Licht neuer Einsicht

Man kann die Verantwortung, die durch neue Einsichten auf uns zukommen, nicht lange bedenken, ohne auf das Gebiet der Ethik zu geraten. Das erste Mal wurde ich dazu ermutigt, als ich im letzten Jahr aufgefordert wurde, die jährliche George W. Gay-Vorlesung über Medizinische Ethik an der *Harvard Medical School* zu übernehmen. Die dort vorgetragenen Themen wurden in der nachfolgenden und endgültigen Ansprache wiederholt und ausgearbeitet, die ich für die Universität in Delhi und das Indische Internationale Zentrum in Neu-Delhi im Januar 1963 hielt.

1

Wenn ein Vortrag angekündigt wird, erwartet man im allgemeinen nicht, daß der Titel sehr viel über den Inhalt verrät. Aber es sollte tatsächlich selten sein, daß ein Titel so undurchsichtig ist, wie der auf Ihrer Einladung zu diesem Vortrag: denn er gibt keinen Hinweis auf das Gebiet, aus dem die neue Einsicht stammen sollte, um neues Licht auf das alte Prinzip der Goldenen Regel werfen zu können. Sie haben sich daher, als Sie kamen, auf ein Risiko eingelassen, und nun, wo ich Ihnen als Psychoanalytiker vorgestellt wurde, müssen Sie das Gefühl eines doppelten Risikos haben.

Lassen Sie mich daher erzählen, wie ich auf unseren Gegenstand geriet. In Harvard halte ich einen Kurs ab »Der menschliche Lebenszyklus«. Dort fangen wir damit an (denn ich bin meinen Erfahrungen nach in erster Linie Kliniker), jene erschwerten *Krisen* zu untersuchen, die jedes Lebensstadium auszeichnen und die der Psychiatrie als potentiell pathogen bekannt sind. Aber wir gehen dann weiter, indem wir die potentiellen *Stärken* besprechen, die jedes Stadium zum menschlichen Reifungsvorgang beisteuert. Wie uns die psychiatrische Erfahrung und die Beobachtung an gesunden Kindern lehrt, hängt in beiden Fällen viel vom Wechselspiel zwischen den Generationen ab, in dem die menschliche Stärke neu belebt werden kann, oder die menschliche Schwäche »bis ins zweite und dritte Glied« fortbesteht. Das aber führt uns zu der Rolle des Individuums in der Generationenfolge und damit zu jener sich entfaltenden Ordnung, die Ihre Schriften *Lokasangraha* nennen — die »Maintenance of the world« (»Erhaltung der Welt«) nach der Übersetzung Prof. Radhakrishnans.

Wir Psychoanalytiker haben durch das Studium von Falldarstellungen und Lebensgeschichten begonnen, bestimmte
verhängnisvolle und bestimmte fruchtbare Grundformen der
Wechselwirkung in jenen konkretesten Kategorien (Eltern
und Kind, Mann und Frau, Lehrer und Schüler) zu unterscheiden, die die Last der Erhaltung von Generation zu Generation tragen. Die ethischen Folgerungen, die aus unseren Einsichten erwachsen, haben mich, bevor ich hierher kam, beschäftigt; und Sie werden wohl verstehen, daß einige Monate
angeregter Diskussion in Indien mich nicht gerade von ethischen Themen abgelenkt haben. Ich möchte Ihnen daher erzählen, wo ich als Lehrer stehe, in der Hoffnung, in weiteren
Diskussionen mehr von Ihnen zu lernen.
Mein Ausgangspunkt ist die Goldene Regel, die empfiehlt,
daß man einem anderen nur das antut (oder nicht antut),
wovon man wünscht, daß es einem angetan würde (oder
nicht angetan würde). Systematische Studierende der Ethik
zeigen häufig eine gewisse Verachtung für diesen allzu primitiven Vorläufer eines logischeren Prinzips. Bernhard Shaw
empfand die Regel als leichtes Ziel für seinen Witz: »Tu
einem anderen nicht an, wovon Du wünschst, daß man's Dir
antäte, denn er könnte einen anderen Geschmack haben als
Du!« Aber diese Regel bezeichnet einen geheimnisvollen
Treffpunkt zwischen sehr alten Völkern, die durch Ozeane
und Kontinente getrennt lebten, und sie ist das verborgene
Thema der unvergeßlichen Aussprüche vieler Denker.
Die Goldene Regel befaßt sich offensichtlich mit einem der
grundlegendsten Paradoxe des menschlichen Daseins. Jeder
Mensch nennt einen eigenen, von anderen getrennten Körper,
eine ihrer selbst bewußte Individualität, ein persönliches Gewahrwerden des Kosmos und einen sicheren Tod sein eigen.
Und doch teilt er diese Welt mit anderen als eine *Realität*,
die auch von anderen wahrgenommen und beurteilt wird,
und als eine *Aktualität*, innerhalb derer er sich auf unaufhör-
liche Wechselwirkung einlassen muß. Das wird in Ihren Schriften als das Prinzip des Karma ausgedrückt.
Um das Eigen-Interesse und das Interesse anderer »Selbsts«
zu identifizieren, verwendet die Regel abwechselnd die Methode der Warnung, »Tu nicht, was Du nicht willst, daß
man Dir tue«, und die der Ermahnung, »Tu, wie Du willst,
daß man Dir tue«. Um des psychologischen Anreizes willen
stützen sich manche Versionen auf ein Minimum an *egoisti-
scher Klugheit*, während andere ein Maximum an *altrusti-
scher Sympathie* fordern, »Tue anderen nichts an, was Dir
Schmerzen bereiten würde, wenn man es Dir zufügte« setzt,
wie man zugeben muß, nicht viel mehr voraus als das geistige

Niveau eines kleinen Kindes, das darauf verzichtet zu zwicken, wenn es dafür wieder-gezwickt wird. Mehr reife Einsicht wird von dem Spruch vorausgesetzt: »Keiner ist ein Gläubiger, ehe er nicht für seinen Bruder liebt, was er für sich selbst liebt.« Von allen Versionen aber fordert und keine so bedingungslos heraus, wie die der Upanishaden: »Er, der alle Wesen in seinem eigenen Selbst sieht und sein eigenes Selbst in allen Wesen« und das biblische Gebot »Liebe Deinen Nächsten wie Dich selbst«. Sie sprechen sogar von echter Liebe zu uns selber und echter Kenntnis unserer selbst. Freud natürlich sezierte diese christliche Maxime geschickt als völlig illusorisch und verleugnete so, mit der Ironie der Aufklärung, was eine Maxime wirklich ist — und wofür (wie ich zu zeigen hoffe) seine eigene Methode tatsächlich stehen kann.

Ich will die Versionen der Regel nicht auf die verschiedenen Welt-Religionen zurückverfolgen — ich könnte es auch gar nicht. Zweifellos sind sie in der englischen Übersetzung alle etwas den biblischen Auffassungen angeglichen worden. Aber die Grundformel scheint universell zu sein, und sie tritt uns in einer erstaunlichen Anzahl der berühmtesten Aussprüche unserer Kultur entgegen, vom Gebet des heiligen Franziskus bis zu Kants moralischem Imperativ und bis zu Lincolns einfachem politischem Glauben: »Wie ich nicht Sklave sein möchte, so möchte ich nicht Herr sein.«

Die Variationen der Regel haben natürlich Material für mancherlei ethische Diskussionen geliefert, bei denen die Richtigkeit der jeweiligen Logik, die in ihr zum Ausdruck kommt, abgewogen und das Maß der jeweilig erreichten ethischen Größe bemessen wurde. Mein eigenes Forschungsgebiet, die klinische Untersuchung des menschlichen Lebenszyklus, legt nahe, daß ich von einer Diskussion logischer Vorzüge und geistiger Werte absehe und statt dessen *Variationen* in der *moralischen und ethischen Sensibilität* in Übereinstimmung mit Entwicklungsstadien des menschlichen Gewissens unterscheide.

Das Wörterbuch, unser erster Schutz auf der Flucht vor Unklarheiten, stiftet in diesem Fall nur weitere Verwirrung: Moral und Ethik werden als Synonyme *und* als Gegensätze bezeichnet. Mit anderen Worten, sie bedeuten das gleiche mit einem Unterschied — und diesen Unterschied möchte ich betonen. Denn es ist ja klar, daß einer, der weiß, was rechtlich oder was nicht rechtlich ist, oder was moralisch oder unmoralisch ist, nicht unbedingt daraus gelernt hat, was ethisch ist. Höchst moralische Leute können unethische Dinge tun, während die Verwicklung eines ethischen Menschen in unmora-

194

lische Handlungen durch innere Notwendigkeit zur Tragödie führt.

Ich würde vorschlagen, daß wir *moralische Verhaltensregeln* als auf der Furcht vor *Drohungen* beruhend ansehen, denen vorgebeugt werden muß. Das können äußere Drohungen des Verlassenwerdens, der Bestrafung und öffentlichen Bloßstellung sein, oder aber ein drohendes inneres Gefühl von Schuld, Scham oder Isolierung. In jedem Fall braucht die Begründung für den Gehorsam gegenüber einem Gesetz nicht allzu deutlich zu sein; es ist die Drohung, die zählt. Im Gegensatz dazu würde ich *ethische Regeln* für auf *Idealen* beruhend halten, nach denen mit einem hohen Grad an rationaler Billigung und mit einer bereitwilligen Zustimmung zu einem formulierten Guten, zu einer Definition der Vollkommenheit und mit einem gewissen Versprechen der Selbstverwirklichung gestrebt wird. Diese Unterscheidung stimmt vielleicht nicht mit allen bestehenden Definitionen überein, aber sie wird durch die Beobachtung der menschlichen Entwicklung bestätigt. Dies nun ist meine erste Behauptung: das moralische und das ethische Gefühl sind in ihrer psychologischen Dynamik verschieden, weil sich das moralische Gefühl auf einer früheren, unreiferen Ebene entwickelt. Das bedeutet nicht, daß das moralische Gefühl sozusagen übersprungen werden könnte. Im Gegenteil, alles das, was Schicht um Schicht im Seelenleben eines Erwachsenen existiert, hat sich Schritt um Schritt im Seelenleben des heranwachsenden Kindes entwickelt, und alle die größeren Schritte im Verständnis dessen, was in der eigenen kulturellen Welt als gutes Benehmen gilt, stehen im Guten wie im Schlechten in Beziehung zu unterschiedlichen Stadien der individuellen Reifung.

Die Reaktion auf einen moralischen Ton in der Stimme entwickelt sich früh, und mancher Erwachsener ist verwirrt, wenn er ein Kind unbeabsichtigterweise zum Weinen bringt, weil seine Stimme mehr Mißbilligung ausdrückte, als er beabsichtigt hatte. Aber das kleine Kind, das so sehr auf die Intensität des Augenblicks beschränkt ist, muß irgendwie die mit »Du darfst nicht« bezeichneten Grenzen lernen. Hier weichen die Kulturen in der Betonung der Bravheit dessen, der sich keine Übersdreitung zuschulden kommen läßt, und der Bösheit dessen, der es tut, etwas voneinander ab. Aber die Schlußfolgerung ist unvermeidbar, daß Kinder veranlaßt werden können, sich als böse zu empfinden, und daß Erwachsene darin fortfahren, Böses aufeinander und auf ihre Kinder zu projizieren, weit über das Verdikt des rationalen Urteils hinaus. Mark Twain charakterisierte den Menschen einmal als »das Tier, das errötet«.

Die psychoanalytische Beobachtung hat als erste die psychologische Grundlage der Tatsache geliefert, die den östlichen Denkern schon immer bekannt war, daß nämlich die radikale Trennung in Gut und Böse *die* Krankheit des Geistes sein kann. Sie hat die moralischen Skrupel und Exzesse des Erwachsenen bis zu den Kindheitsstadien zurückverfolgt, in denen Schuldgefühl und Scham leicht zu erregen und leicht auszubeuten sind. Sie hat das »Über-Ich« untersucht und benannt, das als die innere Verewigung der Unterwerfung des Kindes unter den einschränkenden Willen seiner Eltern über dem Ich schwebt. Die Stimme des Über-Ichs ist nicht immer grausam und verächtlich, aber sie ist immer bereit, es zu werden, wenn das schwankende Gleichgewicht, das wir als gutes Gewissen bezeichnen, gestört wird. Das sind die Zeiten, wo die geheimen Waffen dieses inneren Regenten sich zeigen: das Feuer der Scham und der Biß des Gewissens. Wir, die wir uns mit den Folgeerscheinungen dieser Situation in individuellen Neurosen und in kollektiver Unvernunft beschäftigen, müssen uns fragen, ob übermäßiges Schuldgefühl und übermäßige Scham durch den Druck der Methoden der Eltern und der Gemeinschaft, durch die Bedrohung mit Liebesverlust, mit körperlicher Strafe oder öffentlicher Beschämung »verursacht« oder nur verschärft werden. Oder stellen sie inzwischen einen Hang zur Selbstentfremdung dar, die zu einem Anteil — und in einem gewissen Maß zu einem notwendigen Anteil — der evolutionären Erbschaft des Menschen geworden ist?

Das einzige, was wir sicher wissen, ist, daß die moralische Tendenz im Menschen sich nicht entwickelt ohne die Erregung eines gewissen dauernden Zweifels und einer gewissen, wahrhaft schrecklichen — wenn auch weitgehend unterdrückten — Wut gegen alles und jeden, die diesen Zweifel verstärken. Das »Niedrigste« im Menschen ist also imstande, im Gewand des »Höchsten« wieder zu erscheinen. Irrationale und vorrationale Kombinationen von Gutsein, Zweifel und Wut können beim Erwachsenen in jenen bösartigen Formen der Rechtschaffenheit und des Vorurteils wieder auftauchen, die wir als Moralismus bezeichnen können. Im Namen hoher moralischer Prinzipien kann all die Rachsucht in der Form der Verachtung, der Folter und der Massenvernichtung angewendet werden. Man muß entschieden zu dem Schluß kommen, daß der Goldenen Regel nicht nur die Aufgabe zukam, den Menschen gegen die offenen Angriffe seiner Feinde zu schützen, sondern auch gegen die Rechtschaffenheit seiner Freunde.

Damit diese Ansicht (trotz der Beweise der Geschichte) nicht zu klinisch erscheint, wenden wir uns den Schriften der Evolutionstheoretiker zu, die sich in den letzten Jahrzehnten den Psychoanalytikern in der Erkenntnis angeschlossen haben, daß das Über-Ich ein evolutionäres Faktum ist — und eine evolutionäre Gefahr. Zum Prinzip der *Entwicklung* kommt somit ein *evolutionäres* Prinzip hinzu. Waddington[1] geht sogar so weit, zu vermuten, daß die Starrheit des Über-Ichs eine Überspezialisierung der menschlichen Rasse darstellt, wie die übermäßige Panzerung der späten Dinosaurier. In einer weniger grandiosen Parallele vergleicht er das Über-Ich mit »der wählerischen Anpassung gewisser Parasiten, die sie veranlaßt, nur mehr auf einem Wirtstier zu leben«. Wenn ich sein Buch »Das ethische Tier« empfehle, muß ich hinzufügen, daß seine Terminologie der meinen widerspricht. Er nennt das Erwachen der Moralität in der Kindheit einen Hang zum »Ethisieren«, während ich es lieber »Moralisieren« nennen möchte. Wie viele Tierpsychologen, ergeht er sich in Analogien zwischen dem sehr jungen Kind und dem jungen Tier, anstatt das junge Tier mit dem vor-erwachsenen Menschen, einschließlich des Jugendlichen, zu vergleichen, was meiner Ansicht nach das Richtige ist.

Ich muß hier tatsächlich meiner ersten »entwicklungsmäßigen« Behauptung einen Zusatz beifügen, denn zwischen der Entwicklung der *moralischen* Neigung des Menschen in der Kindheit und der seiner *ethischen* Kräfte im erwachsenen Leben vermittelt die Adoleszenz, wo er das universelle Gute in *ideologischen* Termini wahrnimmt. Die Bildersprache von den Stufen der Entwicklung ist natürlich nur da brauchbar, wo angedeutet werden soll, daß eine Sache einer anderen in der Weise vorausgeht, daß die frühere für die spätere notwendig ist und jede spätere von höherer Ordnung ist.

Dies »epigenetische« Prinzip, demgemäß sich die wesentlichen Bestandteile eines Grundplanes während aufeinanderfolgender Stadien entwickeln, wird Ihnen sofort verständlich und vertraut sein. Denn im traditionellen hinduistischen Konzept der Lebenskreise kommen die vier wahren Ziele des Lebens (Dharma, die Ordnungen, die die Tugend festlegen; Artha, die Mächte des Aktuellen; Kama, die Freuden der libidinösen Hingabe; Moksha, der Friede der Erlösung) zu ihrer aufeinanderfolgenden und wechselweisen Vollkommenheit während der vier Stadien, den Ashramas des Lehrlings, des Haushälters, des Eremiten und des Asketen. Diese Stadien sind

1 C. H. Waddington, The Ethical Animal, Allen and Unwin, London 1960.

197

durch scharfe Richtungswendungen voneinander geschieden, doch hängt jedes vom vorhergehenden ab, und jede mögliche Vollkommenheit hängt von allen ab.

Ich wäre nicht imstande, die Beziehung der zwei Vierergruppen zueinander darzustellen, noch kann ich diese ideale Konzeption mit unserer epigenetischen Ansicht über die Lebenszyklen vergleichen. Aber die Verwandtschaft der beiden Konzeptionen ist offensichtlich und mindestens die ideologische Indoktrination des Lehrlings, des Brahmacharya, und ebenso die ethische des Grihasta, des Haushälters, entsprechen den entwicklungsmäßigen Kategorien, an die wir hier denken.

Das ist auch gar nicht zu verwundern; denn es ist die gemeinsame Entwicklung cognitiver und emotionaler Fähigkeiten, gepaart mit dem angemessenen sozialen Lernen, die das Individuum in den Stand setzen, die Möglichkeiten eines Stadiums zu verwirklichen. So wird die Jugend — wenn auch oft erst nach einer ernsthaften Begegnung mit moralistischen Regressionstendenzen — bereit, die universelleren Prinzipien eines höchsten humanen Gutes ins Auge zu fassen. Der Jugendliche lernt, den Fluß der Zeit zu fassen, die Zukunft in zusammenhängenderer Weise vorauszuplanen, Ideen zu begreifen und Idealen zuzustimmen, kurzum eine *ideologische* Position einzunehmen, für die das jüngere Kind erkenntnismäßig noch nicht bereit ist. In der Adoleszenz nähert sich der Mensch also einem ethischen Standpunkt, aber dieser bleibt einem Wechsel des impulsiven Urteils und ungewöhnlicher Rationalisierung ausgesetzt. Es gilt also ebenso sehr für die Jugend wie für die Kindheit, daß die Stationen auf dem Wege zur Reifung sich fixieren können, zu vorzeitigen Endstationen oder zu Stationen zukünftiger Regression werden.

Das moralische Gefühl, in seinen Vervollkommnungen wie in seinen Perversionen, war ein wesentlicher Bestandteil der *Evolution* des Menschen, während seine *Revolutionen* vom Gefühl ideologischer Verjüngung durchdrungen waren, und zwar sowohl von prophetischem Idealismus wie von destruktivem Fanatismus. Der jugendliche Mensch in all seiner Sensitivität gegenüber dem Ideal, läßt sich leicht durch Hoffnungen auf falsche Tausendjährige Reiche ausnutzen und verfällt schnell dem Versprechen einer neuen und hochmütigexklusiven Identität.

Das *wahre* ethische Gefühl des jungen Erwachsenen schließlich umfaßt und transzendiert moralische Einschränkung und ideale Vision, während es auf den konkreten Verwirklichungen jener intimen Beziehungen und auf dem Zusammenwirken in der Arbeit besteht, durch die der Mensch hoffen darf, ein ganzes Leben der Produktivität und der Leistung mit anderen zu teilen. Aber das Dasein des jugendlichen Erwachsenen erzeugt seine eigenen Gefahren. Es fügt der moralistischen Rechtschaffenheit und der fanatischen Ablehnung alles Andersseins durch den Ideologen die *territoriale Verteidigungsbereitschaft* desjenigen zu, der sein irdisches Besitztum festgelegt und abgesteckt hat und unsterbliche Sicherheit in der Über-Identität von Organisationen sucht. Was die Goldene Regel in ihrer höchsten Form allumfassend zu gestalten versucht, das haben Stämme und Nationen, Kasten und Klassen, Morallehren und Ideologien beständig wieder ausschließlich und ausschließend gemacht — indem sie denen »draußen« stolz, abergläubisch und bösartig die Anerkennung gegenseitiger ethischer Verpflichtung verweigerten.

Habe ich bisher die verderblichen Möglichkeiten der langsamen Reifung des Menschen unterstrichen, so geschah das nicht, um eine Art von dogmatischem Pessimismus zu vertreten, der sich allzu leicht aus der vorwiegend klinischen Arbeit entwickelt und häufig nur zu ängstlichen Vermeidungen führt. Ich weiß, daß die moralischen, ideologischen und ethischen Tendenzen des Menschen gelegentlich eine erhabene Integration in Individuen und in Gruppen finden können und gefunden haben, welche sowohl tolerant wie fest, sowohl weise wie gehorsam waren. Vor allem aber haben die Menschen immer ein ahnungsvolles Wissen in bezug auf ihre besseren Möglichkeiten bewiesen, indem sie den reinsten Führern huldigten, die die einfachsten und umfassendsten Regeln für eine ungeteilte Menschheit lehrten. Ich werde später noch ein Wort über Gandhis fortdauernde »Gegenwart« in Indien zu sagen haben. Aber die Menschen haben diese Führer auch ständig aus Gründen, die zeitweise als moralisch oder ideologisch imponierten, verraten, ebenso wie sie jetzt einen potentiellen Verrat des menschlichen Erbgutes aus wissenschaftlichen und technologischen Gründen vorbereiten, im Namen dessen, was als gut gilt, bloß weil es funktioniert — gleichgültig, wohin es führt. Wir haben keine Berechtigung mehr, entweder das »Positive« oder das »Negative« im Menschen zu betonen. Schritt um Schritt gehen sie miteinander: Moralismus mit moralischem Gehorsam, Fanatismus mit ideologischer Treue, starres konservatives Denken mit erwachsener Ethik.

Die sozio-genetische Entwicklung des Menschen ist dabei, eine Krise im vollen Sinn des Wortes zu erreichen, einen Kreuzweg, von dem ein Pfad zum Untergang führt und einer zur Heilung und zu weiterem Wachstum. Der Mensch, dieser kunstreiche Verderber der Freude und eifrige Ausbeuter der Stärke, ist die Kreatur geworden, die gelernt hat »in gewisser

Weise« zu überleben, sich zu vermehren ohne Nahrung für die Massen, gesund aufzuwachsen ohne persönliche Reife zu erreichen, ohne Zweck gut zu leben, ohne Ziel geschickt zu erfinden und ohne Not in großem Maßstab zu töten. Aber die sozio-genetischen Entwicklungsprozesse scheinen doch auch einen neuen Humanismus zu versprechen, zu versprechen, daß der Mensch — als ein sich entfaltendes Produkt wie als Produzent und als ein seiner selbst bewußtes Werkzeug weiterer Evolution — die Verpflichtung auf sich nimmt, sich bei seinen geplanten Aktionen und seinen erwählten Selbstbeschränkungen durch sein Wissen und seine Einsicht lenken zu lassen. Bei diesem Bemühen könnte es daher von gewisser Bedeutung sein, die Unterschiede zwischen der infantilen Moral, der jugendlichen Ideologie und der Ethik des Erwachsenen zu verstehen und beherrschen zu lernen. Jede von ihnen ist notwendig für die nächste, aber jede ist nur wirksam, wenn sie sich schließlich zu jener Weisheit vereinigt, die, wie Waddington das ausdrückt, »zureichend die Funktion erfüllt, den evolutionären Fortschritt zu vermitteln«.

An diesem Punkt aber, wo man das Argument mit der globalen Verordnung dessen, was wir nun alle tun *müssen*, zu beenden pflegt, tut man gut daran, Blakes Warnung zu beherzigen, daß das gemeinsame Wohl leicht zur Sache »der Schurken, der Lügner und der Schmeichler wird«, und daß der, der etwas Gutes tun will, es in »kleinsten Einzelheiten« tun muß. Ich habe in der Tat bisher nur vom entwicklungsmäßigen und evolutionären Prinzip gesprochen, demgemäß die Neigung zur Ethik im Individuum als Teil einer Anpassung heranreift, die von der Evolution in groben Umrissen vorgezeichnet ist. Aber um im Individuum heranzureifen, muß die Ethik in einer Generation und durch eine Reihe von Generationen erzeugt und wiedererzeugt werden — wiederum eine Sache, die in der hinduistischen Tradition voll erfaßt und systematisiert — mancher würde sogar sagen, stereotypisiert — worden ist. Ich muß nun genauer ausführen, was unsere Einsichten uns über diesen Prozeß zu sagen wissen.

3

Lassen Sie mich hier nochmals ganz genau beginnen. Lassen Sie uns den wissenschaftlichen Menschen in seinem Umgang mit Tieren betrachten und lassen Sie uns annehmen (in Indien ist das keine merkwürdige Vorstellung), daß auch Tiere einen Platz einnehmen, der nicht weit von dem des »Anderen«, von dem die Regel spricht, entfernt ist. Die Psychologen unter Ihnen kennen Professor H. Harlows Untersuchungen über die Entwicklung dessen, was er »Zuneigung« bei Affen nennt[2]. Er hat ausgezeichnete experimentelle und photographische Arbeiten bei dem Versuch geleistet, »die Mutter-Variable« im Leben von Laboratoriums-Affen »zu kontrollieren«. Er nahm Affen wenige Stunden nach ihrer Geburt von ihren Müttern fort, isolierte sie und gab ihnen eine »Mutter«, die aus Draht, Metall, Holz und Plüschstoff gemacht war. Ein Gummisauger irgendwo in ihrer Mitte spendete eingepumpte Milch und der ganze Apparat war mit Heizdrähten ausgerüstet, um Körperwärme zu erzeugen. Alle Variablen dieser Mutter-Situation waren kontrolliert: das Ausmaß an Wiegebewegungen, die der Apparat lieferte, die Temperatur der »Haut« und der genaue Neigungswinkel des mütterlichen Körpers, der notwendig war, damit ein erschrockenes Äffchen sich sicher und wohl fühlte. Vor Jahren, als diese Methode als eine Untersuchung über die Entwicklung der Gemütsbewegung beim Affen vorgestellt wurde, konnte der Kliniker nicht umhin, sich zu fragen, ob die offensichtliche Zuneigung des kleinen Tieres zu dieser Apparatur wirklich Affen-*Liebe* war, oder eine fetischistische Sucht nach unbelebten Objekten. Und tatsächlich wurden diese im Labor großgezogenen Affen, während sie immer gesünder und sogar leichter zu technischem Können trainierbar wurden, als die unterlegenen Tiere, die nur von Affenmüttern betreut waren, am Ende das, was Harlow »psychotisch« nennt. Sie sitzen passiv da, sie starren ins Leere, und manche tun etwas Erschreckendes: gibt man ihnen einen Stoß, dann beißen sie sich selbst und zerren an ihrem Fleisch, bis das Blut fließt. Sie haben nicht gelernt, den »Anderen« zu erleben, sei es als Mutter, Gefährte, Kind — oder Feind. Nur ein winziger Teil der Weibchen brachte Junge zur Welt und nur eines unter ihnen machte den Versuch, das seine zu nähren. Aber die Wissenschaft bleibt eine wundervolle Sache. Nun, wo es uns gelungen ist, »psychotische« Affen experimentell herzustellen, dürfen wir überzeugt sein, daß wir zumindest die Theorie, wonach ernsthaft gestörte Mutter-Kind-Beziehungen menschliche Psychosen »verursachen«, wissenschaftlich unterstützt haben.

Das ist eine lange Geschichte; aber es spricht für Professor Harlows Methode, daß das, was sie demonstriert, unvergeßlich bleibt. Gleichzeitig führt sie uns an jene Grenze, wo wir erkennen, daß das wissenschaftliche Vorgehen, mit dem wir uns lebenden Wesen nähern, Konzepte und Methoden ver-

2 H. F. Harlow und M. K. Harlow, A Study of Animal Affection, The Journal of the American Museum of Natural History 70, No. 10, 1961.

wenden muß, die der Untersuchung des lebendigen Lebens adäquat sind und nicht der selektiven Ausrottung. Ich habe es so ausgedrückt: man kann das Wesen der Dinge untersuchen, indem man ihnen etwas *antut*, aber etwas über die eigentliche Natur lebender Wesen kann man nur lernen, wenn man etwas *mit* ihnen oder *für* sie tut. Hier handelt es sich natürlich um das Prinzip der klinischen Wissenschaft. Sie leugnet nicht ab, daß man etwas lernen kann, indem man die Toten seziert, oder daß Tiere oder Menschen veranlaßt werden können, umschriebene Teile ihrer selbst für eine experimentelle Prozedur zur Verfügung zu stellen. Aber für die Untersuchung jener zentralen Verrichtungen, die die Träger der sozio-genetischen Evolution sind, und für die wir in der Zukunft die Verantwortung zu übernehmen haben, muß die zu wählende Beobachtungseinheit die Generation sein, nicht das Individuum. Ob ein einzelnes Tier oder ein menschliches Wesen am Gewebe des Lebens teilgenommen hat, kann nur durch die Art von Beobachtung nachgeprüft werden, die seine Fähigkeit miteinschließt, Leben — in irgendeiner wesenhaften Form — an die nächste Generation weiterzugeben.

Wir erinnern uns hier der Arbeiten von Konrad Lorenz und an die von ihm und anderen Forschern entwickelte Beobachtungsmethode, wobei — im Prinzip — die Lebenszyklen bestimmter ausgewählter Tiere zum Teil der Umgebung werden, in der der Beobachter selbst seinen Lebenszyklus lebt. Er untersucht dabei seine eigene Rolle ebenso wie die der Untersuchungstiere und läßt es darauf ankommen, was sein Einfallsreichtum in solch einem Milieu verfeinerter naturkundlicher Forschung entdecken kann. Man erinnert sich auch an die Löwin Elsa, den Findling, der im Haushalt der Adamsons in Kenya heranwuchs. Hier war die Mutter-Variable nicht kontrolliert, sondern unter Kontrolle. Mrs. Adamson und ihr Mann fühlten sich sogar dafür verantwortlich, die ausgewachsene Elsa wieder unter die Löwen zu bringen, und es gelang ihnen, sie zurück in den Busch zu schicken, wo sie sich paarte und Junge bekam, und doch von Zeit zu Zeit zurückkam (begleitet von ihren Kindern), um ihre menschlichen Pflegeeltern zu besuchen. In unserem Zusammenhang können wir nicht umhin, uns über das eingebaute »Moral«-Gefühl zu wundern, das Elsa auf die Worte »nein, Elsa, nein« reagieren ließ — und zwar in tatsächlich sehr kritischen Situationen — wenn die Worte von Menschen kamen, denen sie vertraute. Doch selbst mit dieser eingebauten »moralischen« Reaktion und mit dem dauernden Vertrauen in ihre Pflegeeltern (das sie auf ihre wilden Jungen übertrug) war sie imstande, als wilde

Löwin zu leben. Ihr Mann allerdings erschien niemals; offenbar war er nicht neugierig auf ihre Familie.

Die Pointe dieser und ähnlicher Geschichten ist, daß unsere gewohnheitsmäßige Beziehung zu »Bestien« in der Natur und zur instinktiven oder triebhaften »Bestialität« in uns selbst wahrscheinlich durch Tausende von Jahren andauernden Aberglauben völlig entstellt ist, und daß es selbst in unserer »tierischen Natur« Möglichkeiten zum Frieden gibt, wenn wir nur lernen, die Natur zu nähren, und nicht nur zu bemeistern. Heute können wir einen Affen lehren, »das Fleisch seines eigenen Arms« zu verzehren, wie es in der Bibel heißt, ebenso wie wir »irrenden Führern« gestatten können, die gesamte Menschheit »zum Raub der Flammen« zu machen. Aber es scheint doch ebenso glaubhaft, daß wir unsere Kindes-Kinder werden aufwachsen lassen können, auf daß sie »das Kalb, den jungen Löwen und den Stier« lenken — in der Natur und in ihrem eigenen Wesen.

4

Um eine der vorzüglichsten Kraftquellen des Menschen erkennen zu können, müssen wir seine individuelle Entwicklung bis auf seine *vormoralischen* Tage zurückverfolgen, auf seine Kindheit. Seine frühesten sozialen Experimente in jener Zeit führen zu einem bestimmten Verhältnis zwischen Ur-Vertrauen und Ur-Mißtrauen, einem Verhältnis, das, wenn es günstig ist, die fundamentale menschliche Stärke, die *Hoffnung,* begründet. Diese Allgemeinhaltung entsteht, wenn der neugeborene Organismus sich seinen Versorgern fordernd zuwendet und sie ihm das zubringen, was wir nun als *Wechselseitigkeit* besprechen wollen. Die Psychiatrie hat das Mißlingen des Ur-Vertrauens und der Wechselseitigkeit als die folgenschwerste Fehlentwicklung überhaupt erkannt, die aller Entwicklung entgegensteht. Wir wissen, wie tragisch und tief pathogen dieser Mangel für Kinder und für Eltern sein kann, die kein Gefühl erregen und auf kein Gefühl reagieren können. Meine weitere Behauptung lautet nun, daß alle moralischen, ideologischen und ethischen Neigungen von dieser frühen Erfahrung der Wechselseitigkeit abhängen

Als Wechselseitigkeit möchte ich eine Beziehung bezeichnen, in der die Partner für die Entwicklung ihrer jeweiligen Stärken voneinander abhängig sind. Die ersten Reaktionen eines Säuglings können als Teil einer Aktualität angesehen werden, die aus vielen Einzelvorgängen der gegenseitigen Erregung und der wechselseitigen Reaktion bestehen. Während das kleine Kind anfangs einen bloßen Umriß, der dem menschlichen Antlitz gleicht, anlächelt, kann der Erwachsene nicht umhin, zurückzulächeln, voll der Erwartung auf ein »Erkennen«, dessen er sich unbedingt von dem neuen Wesen versichern muß — so sicher, wie es ihn braucht. Tatsache ist, daß die Wechselseitigkeit von Erwachsenem und Säugling die ursprüngliche Quelle der Hoffnung ist, die grundlegende Ingredienz aller bewirkenden wie aller ethischen menschlichen Aktion. Schon im Jahre 1895 hat Freud in seinem ersten Umriß einer Psychologie für Neurologen[3] dem hilflosen Neugeborenen einen hilfreichen Erwachsenen gegenübergestellt und postuliert, daß ihr wechselseitiges Verstehen der Urquell aller moralischen Motive sei. Sollten wir also versuchen, die Goldene Regel mit einem Prinzip der lebendigen Wechselseitigkeit auszustatten, anstelle eines reziproken Vertrages, der auf Schlauheit und Sympathie beruht?

Hier müssen wir die Beobachtung hinzufügen, daß Eltern, die sich mit einem Kind beschäftigen, in *ihrer* Vitalität, in *ihrem* Identitätsgefühl und in *ihrer* Bereitschaft zum ethischen Handeln bestärkt werden, eben durch den Dienst, durch den sie dem Kind Vitalität, künftige Identität und schließlich die Bereitschaft zum ethischen Handeln zusichern.

Aber wir müssen uns hüten, aus der »Mutter-Kind-Beziehung« eine neue Utopie zu machen. Das Paradies der frühen Kindheit muß verlassen werden — eine Tatsache, die der Mensch noch immer nicht zu akzeptieren gelernt hat. Die früheste Wechselseitigkeit ist nur ein Anfang und führt zu differenzierteren Begegnungen, wenn sowohl das Kind wie seine Wechselwirkung mit einem sich erweiternden Personenkreis differenzierter werden. Ich brauche nur darauf hinzuweisen, daß die zweite grundlegende Gruppe von vitalen Stärken in der Kindheit (die dem Vertrauen und der Hoffnung folgt) die Autonomie und der Wille ist, und es ist ja klar, daß eine Situation, in der der Eigenwille des Kindes dem Willen des Erwachsenen entgegentritt, ein anderes Unternehmen darstellt als das wechselseitige Einflößen von Hoffnung. Aber jeder Erwachsene, dem es gelungen ist, den Willen eines Kindes zu erziehen, muß — im Guten wie im Bösen — zugeben, daß er viel über sich selbst und über den Willen gelernt hat, was er vorher nicht wußte und was sich auf keine andere Weise erlernen läßt. So ist die sich entwickelnde Stärke jedes heranwachsenden Individuums mit den Stärken einer wachsenden Anzahl von Menschen »ineinander verfugt«, die rings

---

3 S. Freud, Aus den Anfängen der Psychoanalyse. Briefe an Wilhelm Fliess, Abhandlungen und Notizen aus den Jahren 1887–1902, Imago Publishing Co. LTD, London 1950.

um es her in den geprägten Ordnungen von Familie, Schule, Gemeinschaft und Gesellschaft angeordnet sind. Aber Ordnungen und Regeln werden nur von jenen »Tugenden« lebendig erhalten, von denen Shakespeare sagt, »daß auf andre strahlend ihre Kraft sie wärmt, und deren Wärme wiederum zum ersten Spender kehrt« (was mir *seine* leidenschaftliche Version der Regel zu sein scheint!).

Noch ein weiteres Postulat muß dem entwicklungsmäßigen, dem generationenmäßigen und dem von der Wechselseitigkeit hinzugefügt werden. Es ist in dem Begriff »aktivieren« enthalten, und ich würde es das Prinzip der *aktiven Wahl* nennen. Am verehrungswürdigsten kommt es, meinem Gefühl nach, in dem Gebet des heiligen Franziskus zum Ausdruck: »Gib mir, daß ich nicht so sehr suche, getröstet zu werden als zu trösten, verstanden zu werden als zu verstehen, geliebt zu werden als zu lieben; denn im Geben nur empfangen wir.« Eine derartige Hingabe an die Initiative in der Liebe ist natürlich in der Mahnung enthalten »den Nächsten zu lieben«. Ich glaube, daß wir in diesen Worten eine psychologische Wahrheit erkennen, daß nämlich nur der, der sich einer Begegnung in (bewußt oder unbewußt) aktiver und gebender Haltung zuwendet, statt in einer fordernden und abhängigen, imstande sein wird aus dieser Begegnung das zu machen, was sie sein kann.

5

Angesichts dieser Überlegungen will ich nun versuchen, meine Auffassung von der Goldenen Regel zu formulieren. Ich habe gezögert, zu diesem Punkt zu kommen. Es hat Tausender von Jahren und vieler sprachlicher Kunststücke bedurft, um diese Regel von einem Zeitalter zum anderen und von einer Sprache in eine andere zu übertragen, und im besten Fall kann man sie nur wieder, auf etwas andere Weise, verwirren.

Ich würde aber eine allgemeine Orientierung empfehlen, in deren Mittelpunkt all die Aktivität und all die Aktivitäten stehen, die dem Menschen irgend das Gefühl vermitteln »am tiefsten und am intensivsten aktiv und lebendig zu sein«, wie William James das ausdrückt. Hierin, verspricht uns James, wird jeder sein »wirkliches Ich« finden. Ich aber möchte jetzt ergänzen: er wird auch die Erfahrung machen, *daß wahrhaft lohnende Taten die Wechselseitigkeit zwischen dem Täter und den anderen erhöhen — eine Wechselseitigkeit, die den Täter stärkt, ebenso wie sie die anderen stärkt.* So sind der »Täter«

und »die anderen« Partner in einer Tat. Im Licht der menschlichen Entwicklung gesehen, bedeutet das, daß der Täter jeweils in der Stärke aktiviert wird, die seinem Alter, seinem Stadium und seiner Kondition gemäß ist, ebenso wie er in den anderen die Stärke aktiviert, die ihrem Alter, ihrem Stadium und ihrer Kondition gemäß ist. So verstanden würde die Regel besagen, daß es am besten ist, das dem anderen anzutun, was dich stärken wird, ebenso wie es ihn stärken wird — das heißt, was seine besten Möglichkeiten entwickeln wird, ebenso wie es die deinen entwickelt.

Diese Variation der Regel wird einleuchtend genug, wenn man sie auf die Eltern-Kind-Beziehung anwendet. Aber besitzt die Einzigartigkeit ihrer jeweiligen Positionen, die uns bisher als Modell dienten, irgendwelche Analogien in anderen Situationen, in denen die Einzigartigkeit von einer getrennten Funktion abhängt?

Um zu Einzelsituationen zurückzukommen, will ich meine zusätzliche Behauptung auf die Unterschiede in der Funktion der beiden Geschlechter anwenden. Ich habe mich bisher noch nicht mit diesem gebräuchlichsten Gegenstand psychoanalytischer Abhandlungen befaßt, mit der Sexualität. Vieles an diesem sonst so fesselnden Aspekt des Lebens ist in den letzten Jahren in theoretischen Diskussionen stereotypisiert worden. Unter den terminologischen Schuldigen, denen man diese traurige Tatsache zum Vorwurf machen muß, findet sich auch der psychoanalytische Ausdruck »Liebesobjekt«. Denn dies Wort »Objekt« in Freuds Theorie ist von vielen seiner Freunde und den meisten seiner Feinde zu wörtlich genommen worden — und moralischen Kritikern bereitet es Vergnügen, die vorläufigen Formulierungen eines Mannes als seine höchsten »Wertbegriffe« darzustellen. Die Tatsache besteht, daß Freud, rein aus Gründen der Begriffsbildung und auf der Grundlage der wissenschaftlichen Sprache seiner Laboratoriumszeiten, darauf hinwies, daß Triebenergien »Objekte« haben. Aber er hat ganz gewiß niemals empfohlen, daß Männer und Frauen einander als Objekte behandeln sollten, an denen sie ihre sexuellen Idiosynkrasien ausleben.

Statt dessen weist seine zentrale Theorie der Genitalität, die sexuelle Strebungen und Liebe in sich vereint, auf eine jener grundlegenden Wechselseitigkeiten hin, in der Potenz und Möglichkeiten eines Partners aktiviert werden, während er selbst die Potenz und die Möglichkeiten des anderen aktiviert. Freuds Theorie besagt letztlich, daß ein Mann mehr ein Mann sein wird, in dem Maße, in dem er eine Frau mehr zu einer Frau macht — und umgekehrt — weil nur zwei einzigartig verschiedene Wesen ihre jeweilige Einzigartigkeit füreinander zu erhöhen vermögen. Ein »genitaler« Mensch im Sinne Freuds ist also fähiger, sich in Übereinstimmung mit Kants Version der Regel zu verhalten, die den Menschen auffordert, so zu handeln »daß du die Menschheit, sowohl in deiner Person als in der eines jeden anderen, jederzeit zugleich als Zweck, niemals bloß als Mittel brauchst«. Was Freud aber dem ethischen Prinzip hinzufügte, ist eine Methodologie, die das Kraftwerk der inneren Spannungen unserer Forschung und unserem Einfluß zugänglich macht. Denn sie produzieren die strahlende Hitze für unsere Stärken, wie sie den schwelenden Rauch unserer Schwäche erzeugen.

Ich kann das Problem der beiden Geschlechter nicht ohne ein Wort über die Einzigartigkeit der Frau verlassen. Man kann durchaus fragen, ob die Regel in ihrer ältesten Form die Frauen stillschweigend in den goldenen Handel mit ein- oder ausschloß. Die modernen Untersuchungen von Lebensgeschichten lassen den Platz der Frau in dem, was im männlichen Bild vom Menschen am bedeutsamsten ist, noch völlig unklar. Man hat den Frauen zwar die *Gleichheit* in den politischen Rechten zugebilligt und auch eine gewisse Identität in der geistigen und moralischen Ausstattung zuerkannt. Aber was sie noch nicht einmal zu sichern begonnen haben, teils weil sie sich nicht bemüht haben, es zu fordern, das ist die volle *Gleichheit* im Sinne des Rechtes, *wirkungsvoll einzigartig zu sein* und schwer erworbene Rechte im Dienst dessen zu verwenden, was sie in der menschlichen Entwicklung einzigartig repräsentieren. Der Westen hat zum Beispiel viel von der unbeeinträchtigten Weiblichkeit der modernen Frauen Indiens zu lernen. Aber es gibt heute ein weltweites Gefühl, daß ein neuer Feminismus als Teil eines umfassenderen Humanismus im Aufstieg ist. Das stimmt zu einer wachsenden Überzeugung — zweifellos einer sehr ambivalenten —, daß die Zukunft der Menschheit nicht allein vom Mann abhängen kann und durchaus durch das Schicksal einer »Mutter-Variablen«, die vom technischen Mann nicht zu kontrollieren ist, bestimmt werden könnte. Der Widerstand gegen derartige Überlegungen stammt immer von Männern und Frauen her, die tödliche Angst haben, daß man durch die Betonung dessen, was einzigartig ist, dazu kommen könnte, wieder zu betonen, was ungleich ist. Und tatsächlich bestätigt die Untersuchung von Lebensgeschichten eine weitreichende Gleichheit bei Männern und Frauen, insoweit sie die mathematische Architektur des Universums, die Organisation des logischen Denkens und die Struktur der Sprache ausdrücken. Aber derartige Untersuchungen lassen auch vermuten, daß, während Knaben und Mädchen in gleicher Weise denken, handeln und reden können, sie ihre Körper (und damit die Welt) natürlich nicht gleich erleben. Ich habe versucht das nachzuweisen, indem ich auf die Geschlechtsunterschiede bei der Strukturierung des Raumes beim Spiel von Kindern hinwies[4]. Aber ich nehme an, daß die Einzigartigkeit jedes Geschlechts ohne Beweis zugebilligt wird, und daß der »kleine Unterschied«, den der oft-zitierte Franzose begrüßt, nicht nur als eine Angelegenheit der anatomischen Bestimmung zum wechselseitigen Sexualgenuß angesehen wird, sondern als ein psychobiologischer Unterschied, der im Mittelpunkt zweier großer Seinsweisen steht, der väterlichen und der mütterlichen. Die erweiterte Goldene Regel weist darauf hin, daß ein Geschlecht die Einzigartigkeit des anderen erhöht; sie besagt zugleich, daß jedes Geschlecht, um wirklich einzigartig zu sein, von der Wechselseitigkeit mit einem gleichermaßen einzigartigen Partner abhängt.

6

Von den intimsten menschlichen Beziehungen wenden wir uns jetzt einer beruflichen und doch relativ intimen Begegnung zu, der zwischen dem Heiler und dem Patienten. Es besteht eine sehr reale und spezifische Ungleichheit in der Beziehung von Arzt und Patient in ihren Rollen des Erkennenden und des Erkannten, des Helfers und des Leidenden, des Lebenspraktikers und des Opfers von Krankheit und Tod. Aus diesem Grund haben die Ärzte ihren eigenen und einzigartigen Berufseid und sind bestrebt, einem weltweiten Ideal des »Doktors« gerecht zu werden. Trotzdem läßt die Praxis der heilenden Künste extreme Typen von Ausübenden zu, vom Vertreter absoluter Autorität, die er über Heime und Kliniken ausübt, bis zum geplagten Diener der fordernden Menschheit, vom Sadisten der reinen Tüchtigkeit bis zum überschwenglichen Liebhaber aller (nun, sagen wir, fast aller) seiner Patienten. Auch hier war es Freud, der ein intimes und originelles Licht in das Wirken einer einzigartigen Beziehung brachte. Seine Briefe an seinen Freund und Mentor Fließ illustrieren die merkwürdige Erfahrung, die ihn in seinen Patienten etwas erkennen ließ, was er »Übertragung« nannte — das heißt den Wunsch des Patienten, Krankheit und Behandlung zu infantilen und regressiven Zwecken auszunützen. Aber darüber hinaus entdeckte Freud eine »Gegen-

4 E. H. Erikson, Sex Differences in the Play Constructions of Pre-Adolescents, in: Discussions in Child Development. World Health Organization III, International Universities Press, New York 1958. Siehe auch: Reflections on Womanhood, Daedalus, 1964.

übertragung« in der Motivation des Heilers, die Übertragung des Patienten auszunützen und ihn zu beherrschen oder ihm zu dienen, ihn zu besitzen oder zu lieben — zum Nachteil seiner wahren Aufgabe und Funktion. Freud machte die systematische Einsicht in Übertragung und Gegenübertragung zum Bestandteil der Ausbildung des psychoanalytischen Praktikers.

Ich könnte mir vorstellen, daß alle Motivationen, die in einem so weiten und verwickelten Gebiet notwendigerweise auftreten, sich in einer Goldenen Regel vereinigen ließen, die derart erweitert wäre, daß sie eine Wechselseitigkeit getrennter Funktionen mit einschließen könnte. Jedes Spezialfach und jede Technik ermöglichen es dem Arzt auf ihre eigene Weise, sich als Praktiker und als Person zu entwickeln, ebenso wie der Patient als Patient und als Person geheilt wird. Denn eine wirkliche Heilung übersteigt den vorübergehenden Status der Patientenschaft. Sie ist ein Erlebnis, das den geheilten Patienten in den Stand setzt, eine Haltung gegenüber der Gesundheit zu entwickeln und sie der Familie und der Nachbarschaft zu vermitteln, die einer der wesentlichsten Bestandteile einer ethischen Weltsicht ist.

Können die heilenden Künste und Wissenschaften nun über dies hinaus zu einer neuen ethischen Weltsicht beitragen? Diese Frage taucht in der Psychoanalyse immer wieder auf und wird meist mit Freuds ursprünglicher Antwort abgetan, daß die Psychoanalyse ausschließlich die Ethik der wissenschaftlichen Wahrheit darstelle und sich sonst der Untersuchung der Ethik (oder der Moral) nur in wissenschaftlicher Weise widme. Darüber hinaus überließ er die Weltanschauung anderen.

Es scheint mir aber, daß die klinischen Künste und Wissenschaften, wenn sie auch die wissenschaftlichen Methoden anwenden, doch nicht durch sie definiert oder begrenzt sind. Der Heiler widmet sich einem höchsten Gut, der Bewahrung des Lebens und der Förderung des Gesundseins — also der »Aufrechterhaltung des Lebens«. Er braucht nicht wissenschaftlich nachzuweisen, daß dies tatsächlich die höchsten Güter sind; vielmehr hat er sich dieser grundlegenden Aufgabe schon von vornherein verpflichtet, während er das erforscht, was mit wissenschaftlichen Mitteln verifiziert werden kann. Das ist meiner Ansicht nach der Sinn des hippokratischen Eides, der alle medizinische Methodik einer humanistischen Ethik unterstellt. Es stimmt zwar, daß der Mensch seine persönliche, seine berufliche und seine wissenschaftliche Ethik voneinander trennen kann, indem er die Erfüllung seiner persönlichen Bedürfnisse im Privatleben, die Wohlfahrt der anderen im

Beruf, die Wahrheiten, die unabhängig von persönlicher Vorliebe und Verpflichtungen sind, in seiner Forschung sucht. Aber es gibt eine psychologische Grenze der Vielfältigkeit der Werte, von denen ein Mensch leben kann, und am Ende hängen nicht nur der Arzt, sondern auch sein Patient und seine Forschung von einer gewissen Einswerdung seines Temperaments, seines Intellekts und seiner Ethik ab. Diese Einheitlichkeit charakterisiert große Ärzte eindeutig.

Während es also zutrifft, daß wir als Wissenschaftler die Ethik objektiv untersuchen müssen, sind wir als berufliche Individuen einer Vereinheitlichung der Persönlichkeit, der Ausbildung und der Überzeugung verpflichtet, die allein uns helfen kann, unsere Arbeit adäquat zu leisten. Gleichzeitig müssen wir, als vergängliche Glieder der menschlichen Art, den wahrsten Sinn aufzeichnen, den die fehlbaren Methoden unserer Zeit und die zufälligen Umstände unserer Existenz uns zu Bewußtsein gebracht haben. In diesem Sinn gibt es nicht nur eine Ethik (und hat es sie immer gegeben), die die klinische Arbeit lenkt, und eine klinische Methode der Untersuchung der Ethik, sondern auch eine Anwendung der Heilkunde auf die Ethik. Außerdem hat sich der Heilende nun der Vorbeugung im großen Maßstab verschrieben, und er kann dem Problem nicht ausweichen, all den Leben, die vor der Unterernährung, der Krankheit und der frühen Sterblichkeit gerettet wurden, ihre ethische Lebendigkeit zuzusichern. Die technische Fähigkeit des Menschen und sein sozialer Entschluß, die ungewollte Zeugung zu verhindern, macht jedes erzeugte Kind zum Gegenstand weltweiter Verantwortung.

7

Ich nähere mich dem Ende meiner Betrachtungen, möchte aber noch einmal meine Blickrichtung ändern und einige Minuten einem historischen Ereignis widmen, welches das Politische und Ökonomische mit dem Ethischen verbindet: Gandhis »Regel«.

In Ahmedabad hatte ich Gelegenheit, Gandhis Ashram jenseits des Flusses Sabarmati zu besuchen. Sehr bald wurde mir deutlich, daß in Ahmedabad ein geheiligtes und doch konkretes Ereignis stattgefunden hatte, das vollkommen all das enthält, was ich zu sagen versuche. Ich meine natürlich Gandhis Führerschaft bei dem Ausschluß und dem Streik der Fabrikarbeiter im Jahre 1918 und seinen ersten Hungerstreik um einer öffentlichen Sache willen. Das Ergebnis ist innerhalb der Geschichte der industriellen Beziehungen in der ganzen Welt bekannt, und alle gebildeten Inder wissen darüber einigermaßen Bescheid. Doch glaube ich, daß man sich nur in Ahmedabad unter überlebenden Zeugen und lebenden Institutionen die »Präsenz« dieses Ereignisses als eines fortdauernden erfolgreichen »Experimentes« in lokalen industriellen Beziehungen vorstellen kann, das Einfluß auf die indische Politik gewonnen hat und das vor allem einen neuen Typus der Begegnung zwischen getrennten menschlichen Funktionen darstellt. Die Einzelheiten des Streiks und seiner Beilegung brauchen uns hier nicht zu beschäftigen. Wie gewöhnlich begann er als Angelegenheit von Löhnen. Ich habe auch nicht die Zeit, um auf die begrenzte politische und ökonomische Anwendbarkeit des Experimentes von Ahmedabad auf andere Industriegebiete inner- und außerhalb Indiens hinzuweisen. Was uns hier interessiert, ist die Tatsache, daß Gandhi vom Augenblick seines Eintritts in den Kampf an ihn nicht als Gelegenheit für maximale gegenseitige Zwangsausübung ansah, bei der es zu dem üblichen Kompromiß kommt, sondern als eine Möglichkeit für alle — die Arbeiter, die Besitzer und ihn selbst —, »sich aus den gegenwärtigen Zuständen zu erheben«[5].

Die utopische Qualität der Prinzipien, auf die er sich zu konzentrieren beschloß, kann nur der begreifen, der sich das Elend und den Schmutz, unter dem die Arbeiter lebten, vorstellen kann, die latente Panik in den Reihen der vaterrechtlich orientierten Fabrikbesitzer (verfolgt von Sorgen über die englische Konkurrenz), und die damals noch relativ geringe Erfahrung Gandhis im Umgang mit den Massen Indiens. Die Schatten der Niederlage, der Gewalttätigkeit und Korruption schwebten über jedem der erhabenen Worte, die ich zitieren will. Aber für Gandhi mußte jeder lohnende Kampf »das innere Leben des Volkes umformen«. Täglich sprach er unter dem berühmten Babul-Baum am mittelalterlichen Shahpur-Tor zu den Arbeitern. Er hatte ihre verzweifelten Lebensbedingungen untersucht, trotzdem beschwor er sie, die Drohungen und Versprechungen der Fabrikbesitzer nicht zu beachten, die in der eigensinnigen Art aller »Habenden« die anarchistische Frechheit und Gewalttätigkeit der »Habenichtse« fürchteten. Er wußte, daß sie auch ihn fürchteten, denn sie hatten angedeutet, daß sie sogar seine Bedingungen annehmen würden, wenn er nur verspräche, fortzugehen und niemals wiederzukommen. Aber er ließ sich nieder, um zu beweisen, daß ein gerechter Mann »das Wohl der Arbeiter

5 Mahadev Haribhai Desai, A Righteous Struggle, Navajivan Publishing House, Ahmedabad 1951.

sichern konnte, während er das Wohl der Arbeitgeber schützte« — wobei die beiden opponierenden Seiten durch zwei Freunde Gandhis, die zudem auch Schwester und Bruder waren, dargestellt waren, nämlich Anasuyabehn und Ambalal Sarabhai. Unter dem Babul-Baum verkündete Gandhi das Prinzip, das irgendwie unserer erweiterten Regel entspricht: »Allein die Handlungsweise ist Gerechtigkeit, die keiner der streitenden Parteien Harm zufügt«. Mit Harm meinte er — und seine täglichen Ankündigungen lassen keinen Zweifel darüber — eine nicht zu trennende Kombination von ökonomischer Benachteiligung, sozialer Entwürdigung, Verlust der Selbstachtung und latente Rachegefühle.

Keiner der beiden Seiten fiel es leicht, dies Prinzip zu begreifen. Als die Arbeiter schwach zu werden begannen, kündigte Gandhi plötzlich ein Fasten an. Er gibt zu, daß einige seiner Freunde dies für »töricht, unmännlich oder schlimmeres« hielten. Manche waren tief verzweifelt. »Aber ich wollte Euch zeigen, daß ich nicht mit Euch spiele«, sagte er zu den Arbeitern. Es war ihm »tödlich Ernst«, und diese Tatsache erhob — damals und später — eine Angelegenheit des lokalen Gewissens sofort zu nationaler Bedeutsamkeit. In täglichen Appellen unterstrich Gandhi immer wieder jene grundlegenden inneren Stärken, ohne die keine Sache »Tugend« besitzt, nämlich Wille mit Gerechtigkeit, Zielstrebigkeit mit Disziplin, Respekt vor jeder Art von Arbeit und Aufrichtigkeit. Aber er wußte und sagte es auch, daß diese Massen analphabetischer Männer und Frauen, die eben erst aus ihren Dörfern kamen und schon der Proletarisierung ausgesetzt waren, nicht die moralische Kraft oder die soziale Solidarität besaßen, um sich ohne starke Führerschaft an ein Prinzip zu halten. »Ihr müßt lernen, wie und wann man einen Schwur ablegt.« Der Schwur, der tödliche Ernst, war also noch das Privileg und die Aufgabe des Führers. Schließlich wurde die Angelegenheit beigelegt, nicht ohne einige Gandhi'sche Kompromisse, um ringsumher das Gesicht zu wahren, aber mit der echten Annahme der von Gandhi ursprünglich vorgeschlagenen Regelung.

Ich behaupte nicht, die komplizierten Motivationen und die merkwürdigen Wendungen in Gandhis Denken zu verstehen — von denen einige der westlichen Starrheit in Sachen des Prinzips widersprechen und andere, wie ich annehme, auch dem indischen Beobachter sonderbar scheinen. Ich kann in Gandhis Aktionen auch eine Vaterhaltung erkennen, die heute vielleicht überholt ist. Aber seine monumentale Einfachheit und sein völliges Aufgehen in dem Experiment führte dazu, daß Arbeiter wie Fabrikbesitzer ihn verehrten. Und er selbst sagte mit humorvollem Erstaunen: »Solch einem Kampf bin ich noch nie begegnet.« Denn tatsächlich waren beide Seiten in einer Weise herangereift, die die Arbeitsbeziehungen in Ahmedabad auf eine neue und dauerhafte Ebene erhoben. Lassen Sie mich nur die Tatsache erwähnen, daß die Ahmedabad-Textil-Gewerkschaft 1950 nur ein Zwanzigstel der indischen Gewerkschaftsmitglieder umfaßte, aber 80 Prozent ihrer Wohlfahrtsausgaben trug.

Solch ein einmaliges historisches Ereignis enthüllt also etwas Wesentliches an der menschlichen Kraft, an der traditionellen indischen Stärke und an der Macht von Gandhis eigener persönlicher Umformung zu jener Zeit. Für mich lag das Wunder des Ahmedabad-Experimentes nicht nur in seinem dauernden Erfolg und in seinem zähen Fortbestehen während jener Tage anarchischer Gewalttätigkeit, die nach der großen Teilung so viele Dämme der Solidarität niederriß, sondern vor allem in dem Geist, der über die Ereignisse hinausweist.

8

Und nun ein letztes Wort über das, was den düsteren Horizont der Welt bildet und auf lange Zeit hinaus bilden wird, in der wir alle lernen und arbeiten — die internationale Situation. Auch hier können wir es uns nicht leisten, lange in einer Teilung von persönlicher, beruflicher und politischer Ethik zu leben — in einer Teilung, die gerade das Leben gefährdet, das zu erhalten unser Beruf gelobt hat, und die damit das Gewebe unserer persönlichen Existenz zerschneidet. Erst unsere Zeit und unsere Generation sind sich mit traumatischer Plötzlichkeit dessen bewußt geworden, was bisher immer selbstverständlich war, daß nämlich in der ganzen bisherigen Geschichte die Regel, in welcher Form auch immer, bequem mit der Kriegsführung koexistiert hat. Ein gerüsteter und gewappneter Krieger, entschlossen, einem anderen anzutun, wovon er durchaus erwartete, daß der andere es ihm anzutun gewillt war, sah keinen ethischen Widerspruch zwischen der Regel und seiner militärischen Ideologie. Er konnte tatsächlich seinem Gegner einen Respekt entgegenbringen, den er seinerseits zu verdienen hoffte. Diese brüchige Koexistenz von Ethik und Kriegsführung geht in unserer Zeit wohl ihrem Ende entgegen. Selbst der militärische Geist könnte dahin kommen, sich Sorge um seine historische Identität zu machen, wenn das hemmungslose Schlachten an die Stelle der taktischen Kriegsführung tritt. Was bleibt noch für den wahren »Kämpfer« an der Goldenen Regel des Atomzeitalters, die zu besagen scheint: »Tu den anderen nichts an — außer Du bist sicher, Du kannst sie schneller und so vollständiger abtun, wie sie Dich abtun können«?

Man fragt sich aber, ob dieser tote Punkt in der internationalen Moral durch die mutigsten Proteste, die schärfsten Erklärungen oder die prophetischste Warnung zu beseitigen wäre — die Warnung vor einer so gänzlich zerstörerischen Katastrophe, daß die meisten Menschen sie nicht erfassen können, so wie sie ja ihren eigenen Tod verleugnen müssen und es immer wieder gelernt haben, die monotone Warnung vor dem Weltuntergang und vor der Hölle aus ihrem Denken zu verbannen. Statt dessen scheint nur eine ethische Orientierung, eine Ausrichtung auf tatkräftige Zusammenarbeit die Energien unserer Tage aus ihren Fesseln bewaffneter Abwehr befreien zu können. Wir leben in einer Zeit, in der wir — mit all der möglichen, die gesamte Spezies erfassenden Zerstörung — zum erstenmal an eine unsere gesamte Spezies umfassende Identität denken können, an eine wahrhaft universale Ethik, wie sie in den Weltreligionen, im Humanismus und bei großen Philosophen angelegt ist. Aber Ethik kann nicht fabriziert werden. Sie kann nur aus einer beseelten Suche nach einer umfassenderen menschlichen Identität erwachsen, die von einer neuen Technologie und einem neuen Weltbild zugleich möglich und zwingend notwendig gemacht worden sind. Aber wiederum besteht alles, was ich Ihnen hier bieten kann, aus einer weiteren Variation unseres Themas. Was über die Beziehungen von Eltern und Kind, von Mann und Frau und von Arzt und Patient gesagt wurde, läßt sich vielleicht in manchem auf die Beziehung von Nationen zueinander anwenden. Nationen sind heute definitionsgemäß Einheiten in verschiedenen Stadien politischer, technologischer und ökonomischer Umformung. Unter diesen Umständen ist es für überentwickelte Nationen allzu leicht zu glauben, daß auch Nationen einander mit überlegener erzieherischer oder ärztlicher Haltung behandeln sollten. Die Pointe dessen, was ich sagen will, besteht aber nicht darin, die Ungleichheit zu betonen, sondern die Einzigartigkeit innerhalb historischer Unterschiede zu respektieren. Insofern sich eine Nation als ein kollektives Individuum auffaßt, kann sie also wohl lernen, ihre Aufgabe darin zu sehen, die Wechselseitigkeit in den internationalen Beziehungen aufrechtzuerhalten. Denn die einzige Alternative zum bewaffneten Wettstreit scheint die Anstrengung zu sein, *im historischen Partner das zu aktivieren, was ihn in seiner historischen Entwicklung stärkt, ebenso wie es den Aktivierenden in seiner eigenen Entwicklung bestärkt* — nämlich in der Entwicklung auf eine gemeinschaftliche künftige Identität zu.

Klingt das wie eine Utopie? Ich glaube im Gegenteil, daß alles, was ich gesagt habe, schon auf viele Arten bekannt ist, in vielen Sprachen ausgedrückt wurde und auf vielen Ebenen verwirklicht wird. In unserem historischen Augenblick wird auf handgreiflichste Weise deutlich, daß der »Antuer« der Goldenen Regel, und der, dem angetan wird, der gleiche Mann ist — daß es der Mensch ist.

Ärztlich orientierte Menschen dürfen aber eine Dimension nicht aus dem Auge verlieren, die ich hier als selbstverständlich vorausgesetzt habe. Während die Goldene Regel in ihrer klassischen Form den Menschen anstachelt, bewußt nach einem höchsten Gut zu streben, und mit geschärfter Wahrnehmungsfähigkeit wechselseitige Verletzungen zu vermeiden, setzen unsere Einsichten eine *unbewußte* Unterschicht ethischer Stärke und gleichzeitig unbewußte Arsenale zerstörerischer Wut voraus. Das letzte Jahrhundert hat in traumatischer Weise das Gewahrwerden unbewußter Motivationen erweitert, die von den tierischen Vorfahren des Menschen herstammen, aus seiner ökonomischen Geschichte und aus seiner inneren Entfremdung. Es hat auch Methoden der produktiven Selbstanalyse (in all diesen Hinsichten) geschaffen. Das halte ich für die pragmatische westliche Version der universalen Neigung zur Selbsterkenntnis, die einst in der asiatischen Tradition zu solcher Höhe gelangte. Es wird die Aufgabe der nächsten Generation überall in der Welt sein, damit zu beginnen, neue und alte Methoden der Selbst-Bewußtwerdung mit den feinsten Einzelheiten einer universellen technischen Meisterschaft zu integrieren.

Es scheint nicht leicht, von ethischen Fragen zu sprechen, ohne etwas ins Moralisieren zu geraten. Als Gegenmittel will ich mit der talmudischen Version der Regel schließen. Rabbi Hillel wurde einst von einem Ungläubigen aufgefordert, die ganze Thora aufzusagen, während er auf einem Bein stand. Ich weiß nicht, ob er nur der Forderung nachkommen wollte oder vielleicht auch etwas über die besondere Bedingung bemerken, als er sagte: »Was Dir selbst hassenswert ist, das tu Deinem Mitmenschen nicht an. Das ist die ganze Thora und alles andere ist nur Kommentar.« Auf alle Fälle fügte er nicht hinzu: »Handle demgemäß«. Er sagte: »Geh hin und lerne es.«

Nachweise

Die in diesem Buch gesammelten Vorträge sind zum erstenmal in folgenden Büchern und Zeitschriften veröffentlicht worden:

»Der erste Psychoanalytiker« in: *Yale Review*, 46; 40–62, 1956, Neudruck in: *Freud and the Twentieth Century*, hrsg. von Benjamin Nelson, Gloucester (Peter Smith) 1958.

»Das Wesen der klinischen Beweisführung« in: *Daedalus*, 87; 65–87, 1958, Neudruck in: *Evidence and Inference*, hrsg. von Daniel Lerner, Glencoe (The Free Press) 1959.

»Identität und Entwurzelung in unserer Zeit« in: *Uprooting and Resettlement*, Bulletin of the World Federation for Mental Health, 1959.

»Die menschliche Stärke und der Zyklus der Generationen« zuerst in wesentlich verkürzter Form unter dem Titel »The Roots of Virtue« in: *The Humanist Frame*, hrsg. von Sir Julian Huxley, New York (Harper and Bros.) 1961.

»Die psychologische Realität und die historische Aktualität« in kürzerer Form unter dem Titel »Reality and Actuality« in: *The Journal of the American Psychoanalytic Association*, 10; 451–473, 1962.

»Die Goldene Regel im Licht neuer Einsicht« zuerst als »The Golden Rule and the Cycle of Life« in: *Harvard Medical Alumni Bulletin*, 37; 2, 1963; Neudruck in: *The Study of Lives*, hrsg. von R. W. White, New York (Appleton Century Crofts) 1963.

Alle Vorträge wurden für die vorliegende Veröffentlichung durchgesehen und erweitert.

Namen- und Sachregister

Ackerbauer 90
Adamson, J. 202
Adoleszenz 197
Affekte 22, 23
Agieren 149
Aggression 188
Ahmedabad 210
Aktivierung, Begriff der 145
—, wechselseitige 145, 155
American Psychoanalytic
    Association 141
Analytische Technik 20 ff.
Anamnese 41, 43
Angst, neurotische 90
Arzt-Patient-Beziehung 208
Assoziationen 47
Auden, W. H. 142
Austen Riggs Center 10, 84
Autonomie 204

Bakis, Dr. 74
»Beagle« 13
Ben-David 83
Beweisführung, klinische 68 f.
Biologie 18
Blake, W. 200
Breuer, J. 16
Brücke, E. W. v. 16
Butler, S. 25

Camus, A. 86, 139
Charcot, J. M. 141
Collingwood, R. G. 43
Cornford, F. M. 32

Dann, S. 81
Darwin, Ch. 13—18, 128
Desai, M. H. 211
Descartes R. 143 f., 175
Deutsch, F. 147, 152 f.
Deutung 41, 46
—, verbale 42
Du Bois-Reymond, E. von 16
Dvorak, A. 70

Ehrgeiz 171
Einwanderer, amerika-
    nische 70 ff.
Elternfiguren 21
Entfremdung 86, 90
Entwicklungskrisen 121, 150
Entwurzelung 70 ff., 84 ff.
Erikson, E. H. 52, 54, 74, 80, 99,
    108, 122, 126, 177, 208
Erikson, J. 10, 85
Eros 185
Ethik 192, 209
— und Heilkunde 210
— und Moral 195 f.
—, Wurzeln der 92
Ethische Wertung 110
Ethologie 98
Evolution 15

Familie 105
Fall Dora 146 ff.
Fliess, W. 22, 26—31, 208
Frankfurt 11, 37
Frau, Einzigartigkeit der 207 f.
Freedman, L. Z. 127
Freie Assoziation 177
Freischwebende Aufmerk-
    samkeit 48
Freud, A. 37, 81, 129, 142, 150
Freud, S. 11 f., 15—38, 46, 59 f.,
    65 f., 73, 115, 125—129, 141,
    143 f., 146—149, 177, 204,
    208 f.
Freuds Arbeitsideologie 22
— Begriffssystem 40
— Briefe 22 ff.
— Eisenbahnangst 30, 32, 165
— Falldarstellungen 146 ff.
— Interesse am deutschen
    Nationalismus 166
— Irrtum 25
— Kindheitsszenen 170 f.
— Krise 20, 22 ff.
— Selbstanalyse 26 ff., 32

217

– Symbolik 59
– Träume 157–170, 177
Ford Foundation 10
Fürsorge als menschliche Qualität 113

Galapagos Inseln 13, 15
Gegenübertragung 208 f.
Gesichtsverlust 81
Gestalt 79
Gewissen 89
Gill, M. 65
Goethe, J. W. von 15, 26, 162
Goethepreis 37
Grund-Tugenden 95 ff., 122
Gruppenidentität 84
Gruppentherapie 69

Hamlet 109
Hannibal 31
Hausfrauenpsychose 152
Harlow, H. F. und M. K. 201
Hartmann, H. 129, 142 f., 184
Harvard Medical School 192
Heidelberg 11
Herder, J. G. 162
Hitler, A. 25
Hippokrates 42
Hoffnung 99 ff.
Holm, O. W. 21
Huxley, J. 126, 128 f.
Hypnose 17, 20
Hysterie 20, 24, 147

Ich, das 76, 118, 137, 141
–, aktive Spannung im 74
–, synthetisierende Funktion des 47
–, Verletzlichkeit des 164
Ich-Aktualität 145
Ich-Stärke 95 ff., 112, 156
Ich-Synthese 96
Identifikation 77
Identität 53, 57, 70, 73, 77, 79, 109, 180, 204
–, Kernproblem der 82
–, Mißlingen der 75
–, negative 84, 86, 152
–, schöpferische 28
–, des Therapeuten 65
–, wissenschaftliche 18

Identitätsbildung 77 ff.
Identitätskonflikt 59
Identitätskrise 55
– Luthers 129
Identitätsverlust 80
Identitätsverwirrung 54 f., 180
Ideologien 110
Inaktivierung 145
Indische Politik 210 ff.
Industrialisierung 91 ff.
Inhelder, B. 99, 150
Intuition 39

James, W. 205
Jemeniten 83
Jerusalem 73
Jones, E. 16
Juden 73 ff.

Kant, I. 194, 207
Karma, Prinzip des 193
Kathartische Methode 20
Kennan, G. 190
Kierkegaard, S. 179
Kindheit, Einschätzung der 35 ff.
–, früheste 156
Klinische Voraussage 40
Kokain 162
Kommunistisches China 40
Konfirmation 75, 77, 109, 150, 161
Konflikt 102
– der Generationen 36
Kopernikus, N. 19
Krisen, psychosoziale 98
–, schöpferische 30

Lao-Tse 175
Lawrence von Arabien 178
Lebenskrisen 54
Lebenszyklus 116 f.
Lehranalyse 29, 34
Leibniz, G. W. 175
Lerner, D. 71
Lewin, B. 175
Liebe 111 ff.
Liebes-Objekte 101, 206
Lincoln, A. 194
Loewald, H. 143, 153
Lorenz, K. 202
Luther, M. 22, 180

Macfarland, M. 81
Mahatma Gandhi 179, 181 f.,
   199, 210 ff.
Marx, K. 91, 115
Massachusetts Institut of
   Technology 39, 178
Massenregression 36
Mechanisierung 93
Meditation, klösterliche 87
Medusa 59
Mirviss, S. 95
Modus-Analyse 167
Momismus 25
Moralsysteme 63
Mount Zion Medical Center 95
Mutter-Kind-Beziehung 98, 204
Mutterschaft, biologische 100

Nach-Darwinisten 132
Nestroy, J. 30
Neu-Delhi 192
Neurose 15, 28
Neurotische Konflikte 18, 21
Nietzsche, F. 26, 28

Ödipuskomplex 28
Oppenheimer, R. 14, 189
Orale Libido 124

Paquet, A. 38
»Parzentraum« 158 ff.
Patient, hospitalisierter 84
Physiologie 16
Piaget, J. 99, 119–122, 124, 150
Pittsburgh 54
Psychoanalyse 11, 21, 30, 33 f.,
   39, 88, 93, 100, 126 f., 130,
   142, 146, 177, 181, 209
— als klinische Methode 186 f.
Psychoanalytiker 26, 33 f., 39,
   95, 187, 190
Psychoanalytische Einsicht 21
— Therapie 34
Psychologie 19, 23, 33
Psychose 89
Psychosexualität 25
Psychosoziale Krise 159
— Stadien 122
Psychotherapeut 42–45, 52, 60
Psychotherapeutische Begeg-
   nung 42 f., 46
Psychotherapie 37, 45

Pubertät 108
Pythagoras 32

Rabbi Hillel 215
Radakrishnan, S. 192
Rapaport, D. 10, 33, 65, 145
Rassentrennung 81
Raubmenschen 90
Realitätsprinzip 142
Refugee 71 f.
Reifungskrisen 102
Regression 27, 36, 82
Rehabilitierung 83
Religion 136 ff.
Religiöse Gefühle 100
Rollenkonfusion 79
Roe, A. 127
Roosevelt, E. 179

Sarabhai, Geschwister 212
Schafer, R. 175
Scham 169, 171
Schuldgefühl 58, 75
Selbstanalyse 29, 34, 187, 215
Selbstentfremdung 196
Selbstentwurzelung 86
Selbstverantwortung 64
Sexualität 24, 206 ff.
Sexualtrauma 24
Sexuelle Libido 24
Shakespeare, W. 14, 146, 161,
   205
Shaw, B. 193
Simpson, G. C. 127
Spiel, kindliches 104 f.
Spitz, R. A. 82
Stärke, menschliche 95 ff.
Stewart, K. 175
St. Franziskus 134, 194, 205
Stockbridge 10, 54
»Studien über Hysterie« 20
Sucht 162
Suggestion 20
Symbol 59
Symptome 96

Testergebnisse 50
Tests, objektivierte 39
Therapeutische Beziehung 153
— Krisen 49
— Vertrag 40
Thora 215

219

Todestrieb 188
Totalitäre Ideologie 78, 80
»Totem und Tabu« 32
Träume 47, 50, 60,
    75, 170 f.
  s. a. »Parzentraum«
»Traumdeutung« 29, 158
Traumerlebnis 63
Traumgestaltung 51
»Traum vom Grafen Thun«
    166 ff.
»Traum von Irma« 177
Treueleistung 109
Triebtheorie 125
Twain, M. 195

Übertragung 28 f., 53, 67, 153
Über-Ich 196 f.
Umsiedlung 72 ff.
Upanishaden 194
Urethrale Zonen 169 ff.
Urvertrauen 88

Verschleppte 76
Viktorianische Epoche 18, 23
Voraussage, klinische 50

Waddington, C. H. 125, 197
Weibliche Leere 59
Wien 70
Wiener Gesellschaft der Ärzte 19
Wiener Institut für Physiolo-
    gie 162
Wilson, W. 179, 181
World Federation of Mental
    Health 70, 73
Wunscherfüllung im Traum 172
Wurzellosigkeit 93

Yurokindianer 90

Zweifel 103

Erik H. Erikson
Kindheit und Gesellschaft

Aus dem Englischen von Marianne von Eckardt-Jaffé

4. Auflage. 426 Seiten. Leinen. 26,50 DM.
Kartonierte Studienausgabe. 19,80 DM

»Den kühnsten und umfassendsten Versuch, die Bedeutung von Kindheit und Jugend für das Schicksal des einzelnen wie für die Gemeinschaft zu erhellen, hat dieser Autor unternommen – nicht in Form einer systematischen Darstellung, sondern eher in der Art einer Entdeckungsreise.«
Bayerischer Rundfunk, München

»Die Einmaligkeit der Erscheinung von Erik H. Erikson beruht ebenso stark auf der Originalität seines Denkens wie auf der Tatsache, daß er sehr verschiedene Gebiete bearbeitet und auf diese Weise dazu beigetragen hat, den Zusammenhang von Disziplinen sichtbar zu machen, die bis vor kurzem zwischen verschiedenen Fakultäten aufgeteilt waren, zwischen Anthropologie und Medizin, Psychologie und Sozialwissenschaften, Verhaltensforschung und Geschichtswissenschaft ... Das große Verdienst des Autors liegt nun darin, daß er – wenngleich auf überaus behutsame Weise – dem Dogmatismus der engstirnigen Freudianer entgegenwirkt; daß er auf bestimmten Gebieten Freud neu interpretiert und der psychoanalytischen Arbeit, indem er sie weiterführt, neue Territorien erschließt ...«
Margret Boveri in MERKUR, Stuttgart

Fischer Taschenbuch Verlag

Psychologie und Verhaltensforschung.

Alfred Adler
Menschenkenntnis (Band 6080)

Michael Balint
Die Urformen der Liebe und die Technik der Psychoanalyse (Band 1035)

Der Arzt, sein Patient und die Krankheit (Band 6005)

S. A. Barnett
Instinkt und Intelligenz
Rätsel des tierischen und menschlichen Verhaltens (Band 6067)

Walter Baust (Hrsg.)
Ermüdung, Schlaf und Traum (Band 6090)

Johannes Cremerius (Hrsg.)
Psychoanalyse und Erziehungspraxis (Band 6076)

Erik H. Erikson
Einsicht und Verantwortung (Band 6089)

C. G. Jung
Bewußtes und Unbewußtes (Band 6058)

Alfred C. Kinsey
Das sexuelle Verhalten der Frau (Band 6002)

Das sexuelle Verhalten des Mannes (Band 6003)

Marxismus Psychoanalyse Sexpol
Hrsg.: Hans-Peter Gente
Band 1 (6056) / Band 2 (6072)

Peter R. Hofstätter (Hrsg.)
Psychologie (Fischer Lexikon Band 6)

Paul Ricœur
Sexualität. Wunder – Abwege – Rätsel (Band 811)

Georg B. Schaller
Unsere nächsten Verwandten (Beobachtungen an Menschenaffen) (Band 918)

Robert Waelder
Die Grundlagen der Psychoanalyse (Band 6099)

Hans Zulliger
Heilende Kräfte im kindlichen Spiel (Band 6006)

Helfen statt strafen – auch bei jugendlichen Dieben (Band 6037)

Umgang mit dem kindlichen Gewissen (Band 6074)

Die Angst unserer Kinder. Zehn Kapitel über Angstformen, Angstwirkungen, Vermeidung und Bekämpfung der kindlichen Ängste (Band 6098)

Fischer
Taschenbuch
Verlag

Sigmund Freud.

Studien über Hysterie
Band 6001

**Darstellungen
der Psychoanalyse**
Band 6016

**Abriß der Psychoanalyse /
Das Unbehagen in der Kultur**
Band 6043

**Drei Abhandlungen
zur Sexualtheorie**
Band 6044

Totem und Tabu
Band 6053

**Massenpsychologie und
Ich-Analyse /
Die Zukunft einer Illusion**
Band 6054

**Zur Psychopathologie
des Alltagslebens**
Band 6079

**Über Träume und
Traumdeutungen**
Band 6073

**Der Witz und seine Beziehung
zum Unbewußten**
Band 6083

**Die Revolution
der Psychoanalyse**
Leben u. Werk Sigmund Freuds
Von Marthe Robert
Band 6057

Brautbriefe
Briefe an Martha Bernays aus
den Jahren 1882–1886
Band 899

Conditio humana
Ergebnisse aus den Wissenschaften vom Menschen

Die wissenschaftliche Reihe bei S. Fischer

Karl Abraham
Psychoanalytische Studien
Gesammelte Werke in zwei Bänden. Herausgegeben und eingeleitet von Johannes Cremerius.

Earl W. Count
Das Biogramm
Anthropologische Studien.

Sándor Ferenczi
Schriften zur Psychoanalyse (I)
Herausgegeben und eingeleitet von Michael Balint.

Franco Fornari
Psychoanalyse des ersten Lebensjahres

David Foulkes
Die Psychologie des Schlafs

Gemma Jappe
Über Wort und Sprache in der Psychoanalyse

Theodore Lidz
Familie und psychosoziale Entwieklung

Philip E. Slater
Mikrokosmos: Eine Studie über Gruppendynamik

Erwin Stengel
Selbstmord und Selbstmordversuch

Lew Semjonowitsch Wygotski
Denken und Sprechen

S. Fischer Eingeleitet von Thomas Luckmann.